개정판

새 행정개혁론

NEW ADMINISTRATIVE REFORM THEORY

이종수 · 전주상

DY 도서출판 대영문화사

개정판 머•리•말

오늘날 공 · 사부문을 막론하고 조직 현상에서 개혁은 풍토병과 같다. 그러나 개혁은 결코 쉽지 않다. 많은 연구결과들과 경험들이 이를 증명하고 있다.

근년 우리나라에서는 문화적 정합성을 고려하지 않은 채, 검증되지도 않은 외국의 이론과 개혁 사례를 껍질만 형식적으로 도입한다든지, 조직문화가 상이한 기업조직의 개혁 논리를 정제하지 않은 채 공공조직에 그대로 적용하려는 성급한 개혁이 시도되어 왔다. 특히 서구의 기업식 경영관리에 기원을 둔 신공공관리적 처방들이 무비판적으로 도입되기도 했다.

그리고 지나치게 잦은 '개혁의 과잉'은 개혁에 대한 내성을 기르고 개혁 피로감을 초래하게 된다. 중앙정부 조직을 한번 개편하는 데 오랫동안 준비했던 외국의 사례들은 우리에게 많은 시사를 준다. 개혁 강박 관념에 빠진 새 정권이 집권 초기 성급하게 추진하는 어설픈 개혁은 제도와 행태를 개선하기는커녕 그나마 작동하던 기존 제도마저 망가뜨리는 부작용을 초래하기도 한다.

제도개혁을 할 때는 새로운 제도나 정책의 효과가 제대로 발휘될 수 있도록 충분한 성숙 기간을 갖도록 하는 것이 중요하다.

전통적 관료제의 역기능과 병리 현상, 그리고 비능률성은 반드시 혁파되어야 한다. 특히 국민의 세금으로 운영되는 공공부문의 방만한 관리는 제어되어야 한다. 그렇다고 하여 새로운 집권 세력이, 국민의 개혁 요구에 호응하기 위해, 그동안 캐비닛 속에 방치되어 왔던 어설픈 개혁안을 들고 나와 시늉만 내는 행정개혁은 이제 그쳐야 한다. 행정개혁은 결코 쉬운 작업이 아니다. 행정개혁이 성공하기 위해서는 강력한 비전이 제시되어야 하고 치밀한 전략계획이 마련되어야 한다. 이 책을 펴낸 이유 가운데 하나다.

독자들의 애정 어린 격려로 이번에 개정판을 출간하게 되었다. 초판의 6부 17장 체계를 7부 18장 체계로 개편하였다. 전반적으로 가독성을 높이는 데 주안점을 두었다.

소제목을 추가하고, 전반적인 내용을 부분적으로 수정・보완하였다. 특히 외국 개혁 사례의 구체적인 내용과 우리나라 역대 정부의 개혁 내용을 보완하여 이론과 실제를 접목하여 이해할 수 있도록 하였다.

이 책이 나오기까지 소중한 조언을 아끼지 않은 선배・동료・후배 학자들께 깊이 감사드린다. 그리고 이 책의 출판을 기꺼이 허락해 주신 대영문화사의 임춘환 사장께도 깊이 감사드린다.

2022년 정초

이종수・전주상

차 례

제 1 부 행정개혁 일반론

제 5 부 외국의 행정개혁

제 7 부 한국 행정개혁의 성찰과 미래 행정의 모색

제 1 부

행정개혁 일반론

제1장

행정개혁의 의의

제1절 행정개혁의 개념과 유형

1 행정개혁의 개념

사회는 변화하기 마련이고, 사회의 모든 주체는 이러한 변화에 대응하기 위하여 많은 노력을 기울인다. 우리는 이를 흔히 개혁 또는 혁신이라는 용어로 표현한다. 이러한 노력들은 민간부문에서 먼저 강조되기 시작하였다. 특히 슘페터(Schumpter)는 기업경영에서의 혁신을 강조하였으며, 이후 혁신이라는 개념은 창의적 기업가 정신에 바탕을 둔 과학기술적 혁신(technological innovation) 또는 기업혁신(corporate innovation)과 같이 주로 민간부분에 적용되어 왔다. 특히 기업경영에서의 혁신은 체계내적인 복합적 상호작용의 산물로서, 기술적 · 관리적 성격이 강한 것으로 인식되어 왔다.

이러한 변화의 흐름은 공공부문으로 확산되었으며, 후술하는 바와 같이(제3장 제1절 참조) 다양한 이유로 공공부문 변화의 불가피성과 필요성이 강조되고 있다. 공공부문에서는 혁신이라는 용어보다는 개혁이라는 용어를 보다 일반적으로 사용하는 경향이 있다.

행정개혁(administrative reform)은 행정 체제를 더 나은 상태로 변화시키는 것을 말한다. 행정개혁은 특정한 행정 가치를 달성하기 위해 이루어지는 계획된 변화(planned change)로, 동태적 특성을 지닌다.

케이든(Caiden, 1969: 65)은 행정개혁을 "저항에 거스르는 행정 변화의 인위적 유도(artificial inducement of administrative transformation, against resistance)"로 정의한다. 케이든에 의하면, 행정개혁은 자연스럽게 이루어진 변화가 아니라는 점에서 인위적(artificial)이며, 설득과 주장 그리고 제재의 위협과 연관되기에 유도된(induced) 것이며, 결과 상태가 현재 상태보다 항상 더 나으리라는 믿음에 근거하여 추진되기에 도덕적 의미를 지닌다는 것이다.

한편 채프먼(Chapman, 1982: 59)은 행정개혁을 행정구조 또는 절차의 변혁 과정(the process of making changes in administrative structures or procedures)으로 규정한다. 또한 아부에바(Abueva, 1970: 22)는 행정개혁은 관료제의 목적, 구조, 과정을 변화시키기 위해 권력과 영향력을 사용하여 개개인의 행태까지 변화시키고자 하는 중요하고 세밀한 시도라고 정의한다.

행정개혁의 유사 용어로는 정부혁신(government reform)을 들 수 있다. 정부혁신이라는 개념은 특히 참여정부에서 강조했던 용어로서 행정 체제 내부의 합리화(internal administrative rationalization)를 의미하는 좁은 의미의 행정개혁과 구분되어 사용되기도 하나, 행정개혁과 동의어로 사용되기도 한다.[1] 학자에 따라서는 행정개혁의 의미 자체를 확장시켜 행정기관 내부의 변화(internal change)에 국한하지 않고, 환경의 요구를 충족시키기 위한 정부 및 공공 부문의 조직적, 수단적 또는 정책적 변화(program-

1) 각 정부에서는 개혁과 유사한 용어들을 차별적으로 사용하여 왔다. 문민정부에서는 '행정쇄신', 국민의 정부에서는 '행정개혁', 참여정부에서는 '정부혁신'이라는 용어를 사용한 것이 그 예이다. 특히 참여정부에서 사용했던 '정부혁신'은 기존 서비스의 효율성 및 고객만족 향상과 정부 능률성을 제고하기 위한 관리·행위 방식의 새로운 변화로서, 근본적 체계(구조 및 제도)의 변화를 강조하는 행정개혁과 다소 상이한 용어로 논의된 바 있다. 정부혁신은 서비스 또는 프로그램 위주의 변화와 행태의 변화를 특히 강조한다는 점에서 공공부문 전반의 구조변화를 강조하는 행정개혁과 차별화시키는 설명도 이루어진 바 있다. 이후 정부혁신이라는 용어가 일반화되어 사용되기도 하였으나, 이 책에서는 '행정개혁'과 '정부혁신'의 용어를, 문맥에 따라 그 의미를 엄밀하게 구분하지 않고 상호 교호적으로 사용하고자 한다.

related change)로 규정하기도 한다(Siedentopf, 1982: xi 참조).

2 행정개혁의 유형

행정개혁은 (1) 미시적 차원의 행정개혁과 (2) 거시적 차원의 행정개혁으로 그 유형을 나누어 볼 수 있다. 미시적 차원의 행정개혁은 앞에서 살펴본 바, '행정 체제 내부의 합리화'를 의미한다. 이는 행정조직의 구조 변경, 새로운 기술·방법의 채택·적용, 행정인의 가치관·신념·태도를 변화시켜 행정조직의 효율성을 제고하고자 하는 좁은 의미의 행정개혁을 말한다. 이에 반해 거시적 차원의 행정개혁은 정책 체제와 정책 기조의 변혁을 통해 정부 전체의 효율성을 제고하고자 하는 노력으로 규정할 수 있다.

폴릿과 부캐르트(Pollitt & Bouchaert, 2004: 8)는 '행정관리 개혁(public management reform)'이라는 용어를 사용하면서, 행정관리 개혁은 "공공조직이 잘 움직이도록, 그 구조와 절차를 계획적으로 변화시키는 것"이라고 정의한다. 여기서 구조개혁(structural change)은 공공조직을 신설·폐지·통합·분할하는 조치를 말한다. 조정을 용이하게 하기 위해 대규모 조직으로 통·폐합하거나, 초점을 뚜렷이 하고 전문화를 촉진하기 위해 소규모 조직으로 분할하는 것 등이 구조개혁에 포함된다.

절차개혁(process change)에는 인·허가 절차 및 여권 발급 등의 업무 처리 시스템을 재설계하거나, 의료 서비스 또는 교육 서비스의 질적 수준을 설정하거나, 또는 공무원이 원가 의식에 좀 더 투철하고 예산 지출 결과를 세밀하게 점검할 수 있도록 새로운 예산 절차를 도입하는 조치 등이 포함된다. 관리혁신에는 또한 공무원들의 채용, 훈련, 평가, 승진, 징계 및 퇴출 시스템의 변화를 포함하는바, 이 또한 다른 유형의 절차개혁에 속한다.

여기서 폴릿과 부캐르트가 말하는 '관리개혁'은 앞에서 얘기한 '행정 체제 내부의 합리화'와 그 의미가 같다고 하겠다. 우리가 일상적으로 접하는 행정개혁은 관료제의 역기능을 제거, 능률성을 제고하기 위한 '관리개혁' 차원에서 추진된다.

그러나 행정개혁은 행정 체제의 역기능 또는 병리 현상을 단순히 제거하기 위한 필요성에서, 즉 '관리개혁' 차원에서만 추진되는 것은 아니다. 행정개혁은 시대 사조가 크게 바뀌거나 이념을 달리하는 새 정권이 들어섰을 때, 또는 기존의 정책 기조를 크게 전환할 필요가 있을 때, 정책 기조 변동의 한 수단으로 추진된다. 이때 추진되는 행정개혁은 거시적 차원의 행정개혁으로 규정될 수 있을 것이다.

대처(Margaret Thatcher) 수상의 영국 정부가 1979년 이후 추진한 일련의 행정개혁과, 중국의 덩샤오핑(鄧小平, 1904~1997) 주석이 추구한 실용주의 정책, 구소련의 고르바초프(Mikhail Sergeyevich Gorbachev) 당서기장이 펼친 페레스트로이카, 글라스노스트 정책 등이 여기에 해당된다.

제 2 절 행정개혁의 특징

행정개혁은 아래와 같은 개념구조를 갖는다는 점에서 일반적인 '개선'과 구별된다. 우선 개혁은 근원적인 재고과정(rethinking)을 전제로 한다. 이는 개혁이 고정관념을 전제함이 없이 제로에서 출발한다는 것을 의미한다. 그리고 개혁은 근본적인 재설계(redesign)를 시도한다. 이는 행정개혁이 미봉적, 편의주의적 개념이 아님을 의미한다. 개혁은 이러한 과정을 거쳐 극적인 발전을 도모하고자 한다.

이러한 측면에서 개혁은 점증적·순차적 향상에 대칭되는 용어로서, 쇄신적 방법을 의미한다고 할 수 있다. 이와 같은 개념구조를 갖는 행정개혁은 다음과 같은 특징을 지닌다(김수영, 1996: 10－11; 박용치·송재석, 2006: 638; 오석홍, 2020: 5－7).

1) 목표지향성

기본적으로 행정개혁은 목표지향성을 갖는다. 행정개혁은 의식적으로 설정된 목표를 추구한다는 의미에서 목표지향성을 지닌다. 즉, 행정개혁은 의식적·계획적·유도적 성격을 지니기에 목표 지향적이라고 할 수 있다. 행정개혁이 목표 지향적이라고 하는 것은 개혁을 통해 달성하려는 최종 상태(end state)를 미리 설정하여 그 목표를 추구한다는 것을 의미한다. 목표 상태의 설정은 능률성·민주성과 같은 행정 가치의 인도를 받는다. 행정개혁의 가장 일반적인 목표는 행정 역량의 향상이라고 하겠다.

2) 동태성·행동지향성

행정개혁의 목표지향성으로 인하여 행정개혁은 동태성과 행동지향성을 갖게 된다. 즉 행정개혁은 목표 상태를 향한 사람들의 의식적 행동이기에 동태성과 행동지향성을 지닌다. 행정개혁은 목표 상태를 향한 행동 과정에서 환류를 받아 계획을 계속적으로 수정·발전시켜 간다는 취지에서 동태적(dynamic)이라고 할 수 있다. 그리고 목표 상태를 향해 계획된 바가 실천되어야 한다는 의미에서 행동 지향적이라고 할 수 있다. 행정개혁은 미래의 시간에 결부되어 있기에 행동 과정에는 불확실성과 위험이 개재된다. 따라서 개혁은 시행착오를 거치면서 연속적·순환적으로 이루어진다.

3) 포괄적 연관성

행정개혁은 개혁의 대상이 되는 조직 내·외적 요인들이 복잡하게 얽혀 있다는 의미에서 포괄적 연관성(comprehensive interdependencies)을 지닌다. 행정개혁의 내적 요인들은 복잡하게 서로 연관되어 있으며, 그러한 내적 요인들은 또한 환경적 요인과 상호의존적인 관계에 놓여 있다.

4) 지속성

지속성도 행정개혁의 주요한 특징으로 제시될 수 있다. 행정개혁은 행정 내외의 여건 변동에 따라 지속적으로 일어나는 현상이다. 행정 내외의 여건은 부단하게 변동하면서 행정개혁의 필요를 창출하기에, 행정개혁은 한 차례의 단절적 개혁으로 끝나서는 아니 되며 지속적으로 추구되어야 한다.

5) 저항의 야기

행정개혁에는 저항이 발생하기 마련이다. 행정개혁에는 언제나 저항이 수반되는 바, 행정개혁을 성공적으로 추진하기 위해서는 저항의 원인을 진단하여 그것을 극복하는 방안을 강구해야 한다. 케이든은 이러한 의미에서 행정개혁을 "저항을 거스르는 행정 변화의 인위적 유도"로 정의하여 개혁 과정에서의 '저항'을 강조했다. 개혁(reform)을 변화(change)와 구별짓는 요소는, '변화'는 자연적으로 그리고 천천히 일어나는(naturally and slowly) 변동인데 반해, 개혁은 인위적 · 급진적으로 추진되는 변동이라는 점이다. 따라서 개혁으로부터 손해를 입게 되는 집단은 개혁에 대해 저항을 하게 마련이다.

6) 민간부문 개혁과의 상이성

한편 행정개혁은 공공적 상황 또는 정치적 상황에서 추진된다는 점에서, 후술하는 바와 같이 민간부문의 개혁과 상이한 특징을 갖는다. 공공의 감시와 통제를 더 많이 받을 수 있고, 법적 · 정치적 제약도 더 크다는 점이 그것이다. 따라서 문제해결이 민간부문에 비하여 더 어려워질 수 있다.

제 3 절 행정개혁을 보는 관점: 행정개혁은 왜 어려운가?

오늘날 공 · 사 부문을 막론하고 조직 현상에서 개혁은 풍토병과 같다. 그러나 개혁이란 극히 소수만이 할 수 있고, 극히 소수만이 그것을 견뎌낼 수 있으며, 극히 소수만이 그 뒤에까지 살아남을 수 있다(Fishman, 1997). 개혁은 그만큼 힘든 것이다. 하버드대학 경영대학원의 연구 결과에 의하면, 개혁을 추진한 선두기업 가운데 단지 30%만이 손익계산상의 개선을 이룬 것으로 나타났다(Pascale et al., 1997; Dover, 2004).

사기업체의 개혁 성과가 이렇게 빈약함에도 불구하고, 여러 나라에서는 사기업의 개혁 모델을 따라 공공부문의 개혁을 추구하고 있다. 공공부문의 개혁은 더 어려운 작업이라고 할 수 있다. 행정개혁은 결코 쉬운 작업이 아니다. 적지 않은 개혁 노력들은 정부의 효율성 증대라는 당초의 목적을 달성하기보다는 엄청난 사회 · 경제적 비용만 초래한 채, 오히려 기존의 제도적 장치들을 못 쓰게 망가뜨리는 부작용을 낳았을 뿐이라는 경험적 증거들이 적지 않다.

그리고 비록 일부의 개혁 목표가 성공적으로 달성되었다고 하더라도, 개혁 과정에서 흔하게 나타나는 개혁 조치들 간의 상쇄 효과 및 딜레마로 인해 다른 측면에서 부작용이 초래되는 경우도 없지 않다. 상황에 따라서는 실적제 보호와 정치적 리더십의 강화, 정치적 통제의 강화와 성과 향상을 위한 관료의 자율성 제고와 같은 상충적 가치들이 동시에 개혁 목표로 나열되기도 한다.

어떻든 행정개혁은 정부의 효율성 제고를 위한 효과적인 방법 가운데 하나다. 그러나 정부 성과를 제고하는 통로는 다양하다. 정부의 성과는 행정개혁을 통해, 그리고 다양한 정책 이니셔티브를 통해 개선될 수 있다. 정부 성과 향상의 또 다른 루트는 정치개혁과 정책 기조의 변화라고 할 수 있다. 즉, 정부 성과는 선거 시스템 또는 의회 절차의 변혁과 같은 정치개혁을 통해, 그리고 새로운 거시경제 정책, 노동시장의 개혁, 또는 사회정책의 근본적 변화와 같은 정책 기조의 변화에 의해 개선될 수 있다. 개혁과 관련된 사례로 자주 소개되고 있는 뉴질랜드의 행정개혁은 거시경제 정책 및 선거 시스템의 근본적 개혁과 행정관리의 혁신을 접목시킨 것이다.

행정개혁의 편익은 일반적으로 더디게 나타난다. 행정기관의 구조 및 절차개혁의 전체적 편익은 통상 개혁이 착수된 뒤 3, 4년 또는 5년 이후에 나타나게 마련이다. 개혁 작업이 추진되기 위해서는 우선 의회에서 관련 법안이 통과되어야 하며, 개혁안을 구체화하고 관련자들을 훈련시키는 등 다양한 여러 선행 조치가 필요하다. 그러나 정치인들은 차기 선거, 차기 개각 또는 당장 오늘의 텔레비전 뉴스와 같은 단기적 효과에 관심을 가진다. 정치적 서치라이트는, 복잡한 조직 혁신이 효과를 나타내는 것보다 훨씬 빠르게, 하나의 이슈에서 다른 이슈로 움직인다. 정치인들의 '당장 보여줘야 할 무엇'에 대한 필요성과 개혁의 효과가 나타나기까지 필요한 '시간' 사이의 불일치는 행정개혁을 둘러싸고 일어나는 일상적인 현상이다.

행정개혁 작업은 국가 장치 속에서 일어나는 '불연속적 변화'다. 정권이 바뀔 때마다 혁신의 내용이 바뀌어서는 행정개혁이 결코 성공적으로 추진되기 어렵다. 우리나라 역대 정권의 개혁 작업과 같이 정권마다 새로운 개혁 방향을 내세워 이전 정부의 개혁 노력을 무효화시키거나 집권 초기에는 '개혁의 상징성'을 탐해 광범하게 시도되

다가 집권 후반기 들어 흐지부지될 경우, 오히려 개혁의 역효과만 초래될 뿐이다. 일본의 행정개혁이 여러 정권을 거치면서 장기간에 걸쳐 입안되고, 또한 정권의 교체에도 불구하고 일관성 있게 추진되는 데에서 우리는 교훈을 얻어야 한다.

또한 근년 들어 우리나라에서는 개혁의 이름 아래 우리의 사회·문화적 풍토에 적합하지 않을 수도 있는 서구 제도를 무분별하게 도입하는 경향이 있어 왔다. 경우에 따라서는 부분적으로 도입되는 새 제도가 기존의 여러 제도와 부합하지 않음으로써 효과를 나타내기보다는 불협화로 인한 비능률을 초래하기도 한다. 특히 1990년대 이후 IMF를 겪으면서 다양한 제도가 공공부문에 도입되었으나, 이러한 제도들이 기대한 효과를 발휘하지 못하거나, 또는 효과를 발휘하기까지 많은 시간이 소요된 사례를 적지 않게 찾아볼 수 있다. 이러한 사례들은 '문화적 정합성'의 중요성을 방증한다.

제도의 '정합성' 즉 전체적인 조직 특성과 전략, 조직문화 등과 어울리는 정도를 분석한 미국의 글로벌 경영컨설팅 업체 휴잇 앤 어소시에이트(Hewitt & Associates)는 아시아 기업들의 서구 제도 도입이 비효율적이었다는 분석 결과를 내놓았다. 휴잇은 우리나라 기업의 2003년도 평균 정합도는 42%로 아시아 최하위를 기록, 2001년 조사 때의 46%보다 4%포인트 낮았다는 결과를 제시했다. 40개 국내 기업을 대상으로 조사 작업을 벌인 휴잇은 또한 개별 인사제도에 대한 직원들의 이해가 낮고, 제도의 실제 운용에서도 제도 설계 취지에 맞지 않게 왜곡 운용되는 경우가 많은 것으로 밝혔다.

결국 성공적 개혁 작업은 선진 제도의 형식적 외피를 도입하는 데 있는 것이 아니라, 벤치마킹 대상 조직의 성공을 가능하게 한 사회·문화적 조건을 정치(精緻)하게 분석하는 데서 출발해야 할 것이다.

공사 부문의 개혁 전문가들에 의하면 개혁 활동의 성공률은 30%를 넘지 못한다고 한다. 따라서 특정 정권의 잘못된 행정개혁 추진은 그나마 작동하던 기존의 장치들을 못 쓰게 만듦으로써 국가 사회의 발전을 오히려 심각하게 저해할 우려가 있음을 명심해야 한다(이종수, 2005).

제 4 절 행정개혁의 목표

1 공공가치의 증진

행정개혁은 현재보다 나은 상태의 행정 체제를 지향하는 가치 지향적 개념이다. 행정개혁의 목표는 행정이 추구하는 가치와 밀접하게 연관되어 있다. 행정은 공공가치의 증진을 지향한다. 따라서 행정개혁은 본질적 행정가치로서의 공익·정의·형평성·자유·평등 및 수단적 행정가치로서의 합리성·능률성·효과성·민주성·책임성·합법성·투명성·염직성(廉直性) 등의 가치를 제고하는 데 목표를 두고 추진된다. 행정개혁은 본질적으로 규범적이며, 공공가치의 증진에 뿌리박고 있다고 할 수 있다.

행정개혁은 흔히 공공부문의 효율성 증대라는 목표를 공통적으로 내세운다. 19세기 영국과 미국에서 추구된 행정개혁은 예산 낭비의 방지와 정실주의 및 부패의 척결에 주된 목표를 두었으며, 20세기 전반기에는 민주성의 가치가 강조되고 중반기에는 복지의 가치가 추구되었다. 그러나 20세기 후반 들어 신자유주의 이념의 등장과 함께 다시 능률성의 가치가 재조명되었다.

즉, 행정개혁을 어떻게 정의하든, 개혁의 궁극적 목표 가운데 하나는 결국 공공조직 속의 개인, 집단 및 기관이 행정 목표를 효율적으로 달성할 수 있도록 구조, 절차 및 행태를 개선하는 것이라고 할 수 있다. 그러나 효율성을 증대시키기 위해 구체적으로 무엇을 어떻게 변화시켜야 할 것인지, 그리고 어떠한 전략이 추구되어야 할 것인지에 대해서는 확고한 합의가 없다(Caiden & Siedentopf, 1982: ix).

그리고 행정개혁이 비록 능률성 향상에 주된 관심을 두고 있다 하더라도, 행정은 또한 민주성·책임성·형평성·염직성·투명성 등의 다른 공공가치(public sector values)도 동시에 추구한다.

현실의 행정개혁은 시대의 요구에 따라 그 추구하는 목표와 내용이 달라질 수밖에 없다. 행정개혁을 뒷받침하고 있는 이념은 시대적 환경에 따라 다양한 스펙트럼을 가질 수 있다. '절약과 능률(economy and efficiency)'의 확보라는 기본가치는 변하지 않는다 하더라도 시대적 요청에 따라 복지와 형평성이 강조되기도 하며, 경우에 따라서는 민주성의 가치가 개혁의 전면에 내세워지기도 한다.

능률성의 이념도 관료제 내부의 업무 처리 과정에서 능률성 확보라는 좁은 시각에서 접근되기도 하며, 새로운 국제경제 체제에서 국가경쟁력 확보 또는 전시(戰時)의 국력 결집을 위한 '국가적 능률성(national efficiency)'의 확보라는 거시적 차원에서 접근될 수도 있다.

그리고 특정 시기에 추구된 행정개혁의 이념은 시종 일관된 통일성을 지니지 않을 수도 있다. 경우에 따라서는 상호 모순되거나 심지어는 상쇄적인 효과를 초래할 수 있는 제도들이 동시에 도입되기도 한다. 특히 안정되지 않은 사회에서 새로이 등장한 집권 세력이 의욕적으로 행정개혁을 추구할 경우, 부분적으로 상충할 수도 있는 형평성과 민주성 그리고 능률성과 같은 가치들이 동시에 망라적으로 내세워지는 상황도 흔히 볼 수 있다.

1980년대 이후 영국 정부가 추진한 개혁 프로그램의 이념적 기반을 이룬 신자유주의도 사실은 다양한 요소로 구성되어 있다. 심지어 신공공관리론(new public management: NPM)의 좁은 영역 안에서도, 시장 세력·능률성·관리 책임 및 소비자 책임의 퇴화와 같은, 상호 조화될 수 없는 다양한 가치와 원칙들이 뒤섞여 있다(Hood, 1991).

실효성 있는 행정개혁을 추진하기 위해서는 분명한 개혁 목표와 비전을 제시하고 이념 및 목표 간의 분명한 우선순위를 설정하는 일이 중요하다. 우리나라에는 관료제에 대한 특정한 이념적 공격을 통해 급진적 개혁을 추진한 영국의 행정개혁과 같은 경험이 없다. 따라서 우리나라의 역대 행정부가 추구한 행정개혁은 그 이념적 절박성이 명료하게 제시되지 못했을 뿐만 아니라, 상호 모순될 수도 있는 다양한 가치들이 동시에 내세워졌다는 특징을 지닌다.

2 행정개혁의 구체적·실천적 목표

여러 행정학자들은 행정개혁의 구체적·실천적 목표를 다양하게 제시한다(김수영,

1996: 16-17). 이러한 실천적 목표를 살펴보는 것은 행정개혁의 내용과 성격을 이해하는 데 도움을 줄 수 있을 것이다.

케이든(Caiden, 1982: 96-97)은 행정개혁의 목표를 (1) 정부조직과 업무의 간소화, (2) 정부기관의 합리화와 행정 과정의 단순화, (3) 각종 규제와 형식화된 업무의 폐지, (4) 관료제에의 과잉 의존 축소, (5) 공공관료제에서 주민 대표성의 증대 등 크게 다섯 가지로 제시한다.

드로(Dror, 1971: 267-268)는 행정개혁의 목표로 (1) 전통적인 행정 능률의 증대, 형태의 단순화, 과정 변화, 중복의 축소 그리고 유사한 OM(조직과 방법) 접근 방법을 통한 비용의 축소, (2) 인지된 약점의 개선, 부패, 정실, 정치적 엽관 등과 같은 특정 측면의 개혁, (3) 목적 달성을 위한 행정 체제의 주요 부분의 변화(이것은 실적제, PPBS, 자동정보처리 체제, 과학적 지식의 이용 등과 같은 좀 더 발전된 행정관리 기법과 지식의 이용 등 여러 형태의 목표로 구분될 수 있다), (4) 우선적인 사회적 목표의 성취를 위한 행정 체제의 조성, (5) 행정 체제와 정치 체제 간의 역할 변경, 예를 들어 고위 행정관료의 권한을 축소한다든가, 정치 과정에 좀 더 충성스런 공무원을 투입하는 것, 또는 행정 체제의 전문가적 자율성을 확대하든지 혹은 정책에서 전문가의 영향력을 증대시키는 것 등, (6) 행정 체제와 주민 혹은 선출직 공무원 간의 관계 변화, 집권화와 분권화, 참여에 의한 민주화, 좀 더 국민적 대표성을 갖는 인사관리 등 여섯 가지를 들고 있다.

한편 국내의 유훈(1983: 681-683)은 행정개혁의 목표로 (1) 예산의 절약과 능률의 제고, (2) 정치 이념의 실현, (3) 행정의 간소화, (4) 행정수반의 행정관리 능력의 강화, (5) 새로운 제도, 방법, 절차의 도입 등을 제시하고 있다. 그리고 박문옥(1982: 291-292)은 행정개혁의 목표로 (1) 조직의 탄력성과 간소화, (2) 인사관리의 개선과 공무원의 정리, (3) 조정과 통제 체제의 확립과 업무의 능률화, (4) 새로운 행정 기술과 관리 방법의 도입, (5) 중앙·지방자치단체를 통한 사무의 재분배, (6) 공무원 자세와 기강 확립 및 사기의 앙양, (7) 행정에 대한 국민 신뢰의 회복과 행정 서비스의 향상 등 일곱 가지를 제시한다.

제2장

행정개혁의 접근방법과 대상 영역

행정개혁의 접근방법은 '무엇을(what)', '어떻게(how)' 개혁할 것인가에 따라 다양하게 유형화될 수 있다. 즉, 행정개혁은 개혁의 대상을 무엇으로 할 것인가 하는 대상 영역을 중심으로 그 접근방법을 범주화할 수도 있으며, 개혁을 어떻게 추진할 것인가 하는 방법을 중심으로 그 유형을 분류할 수도 있다. 또한 경우에 따라서는 대상 영역과 방법 등 이질적 기준을 혼용하여 접근방법을 유형화할 수도 있을 것이다.

이 장에서는 여러 학자들이 유형화한 다양한 행정개혁의 접근방법 및 구체적 대상 영역을 고찰해 보고자 한다.

제1절 행정개혁의 접근방법: 무엇을 바꿀 것인가?

1 접근방법의 범주화

행정개혁의 접근방법은 학자에 따라 다양하게 범주화된다.

휴즈와 보우디치(Huse & Bowditch, 1977)는 '조직개혁'의 접근 관점을 (1) 구조 설계 관점(structural-design perspective), (2) 과정 관점(work-flow perspective), (3) 인간 관점(human perspective), (4) 통합 체제 관점(integrated systems perspective)의 네 가지 유형으로 나누고 있다.

또한 로빈스(Robbins, 1983: 273-274)도 '조직개혁'이라는 용어를 사용하여 그 전략을 (1) 구조 접근방법(changing structure), (2) 기술 접근방법(changing technology), (3) 조직 과정(organizational processes) 접근방법으로 분류한다. 구조 접근방법은 권한의 배분, 보상의 분배, 명령 체계의 변화, 공식화의 정도, 부서의 지위와 역할의 확대 혹은 축소에 대한 변화 전략을 말한다. 기술적 접근방법은 구성원이 사용하는 장비의 개선, 업무 수행에 있어 구성원 간의 상호의존성의 변화와 사회·기술적 변화 전략을 말한다. 그리고 조직 과정 접근방법은 조직 내 의사결정과 의사소통 유형과 같은 조직 과정의 변화 전략을 말한다. 그러나 로빈스는 다른 책에서는 조직개혁의 접근방법을 (1) 구조적 접근방법, (2) 기술적 접근방법, (3) 물적 환경 중심 접근방법(changing the physical setting), (4) 인간 중심 접근방법(changing people)의 네 가지로 분류했다(Robbins, 2001: 543-544).

시덴토프(Siedentopf, 1982: 10-15)는 행정개혁의 접근방법을 (1) 재정 개혁전략(fiscal strategies), (2) 구조 개혁전략(structural strategies), (3) 프로그램 개혁전략(program strategies) 등 세 가지로 범주화했다. 여기서 재정 개혁전략은 현재의 공공 서비스 수준을 유지하면서 지출과 비용을 축소, 합리성과 능률성을 제고하기 위한 내적 구조 변화 전략을 말한다. 구조 개혁전략은 구조를 조정하고, 의사결정과 운영 과정을 합리화하며, 공공기관의 전문성을 제고함으로써 공공기관의 생산성을 높이기 위한 전략을 말한다. 그리고 프로그램 개혁전략은 공공 서비스의 양과 질, 그리고 국가 활동의 객관성을 증대시키려는 전략을 말한다(김수영, 1996: 38-39).

한편 케이든(Caiden, 1978: 100-112)은 차원이 다른 복합적 분류 기준을 적용하여 행정개혁의 주요 접근방법을 (1) 비교분석 및 기술 원조(comparative analysis and technical assistance) 접근방법, (2) 기관형성 및 구조모형(institution building and structural modeling) 접근방법, (3) 관리 과정(management process) 접근방법, (4) 행태분석(behavioral analysis) 접근방법, (5) 산출 지향(output orientation) 접근방법 등 다섯 가지로 범주화했다.

여기서 '비교분석 및 기술 원조 접근방법'이란 문화횡단적 비교를 통한 기술 이전을 의미한다. 이는 행정개혁의 '추진방법'을 기준으로 한 유형화로, 대상 영역을 기준으로 한 나머지 네 가지 접근방법과 차원이 다른 분류 기준을 적용한 것으로 볼 수 있다. 케이든의 이 접근법을 국내의 일부 학자는 총체적·체제론적 접근방법(the whole systems approach)으로 소개하고 있다.

앞서 밝혔듯이, 행정개혁은 공공조직이 좀 더 잘 운영될 수 있도록 그 구조 및 절차를 바꾸는 것을 의미한다. 여기서 구조적 개혁이라고 하는 것은 정책 조정을 용이하게 하기 위해 공공조직을 합체시키거나 또는 전문화를 위해 분리시키는 것을 의미한다. 그리고 과정을 바꾼다는 것은, 인·허가 절차 등의 업무 시스템을 재설계하거나, 교육 및 의료 서비스의 질적 수준을 재설정하거나, 또는 새로운 예산 절차의 도입과 같은 조치를 말한다. 관리혁신에는 또한 공무원의 채용, 훈련, 평가, 승진 등 인사제도의 개혁이 포함된다.

결국 행정개혁에서 무엇을 바꿀 것인가의 문제는 기본적으로 구조, 절차, 사람(행태)의 문제로 귀결된다. 이러한 관점에 입각하여 행정개혁의 접근방법을 대상 영역을 기준으로 하여 좀 더 체계적으로 유형화하자면, (1) 조직의 구조적 설계 변경에 초점을 두는 '구조적 접근방법(structural approach)', (2) 조직 내의 운영 과정 또는 일의 흐름의 개선에 초점을 두는 '과정적 접근방법(procedural approach)', (3) 개혁의 초점을 조직 구성원인 인간에 두는 '행태적 접근방법(behavioral approach)'이 중심 개념이 된다고 볼 수 있다. 그리고 이에 부가하여 최근 강조되고 있는 조직문화의 중요성을 고려한 (4) 조직문화 접근방법(organizational culture approach)과 (5) 개혁 대상의 구성 요소들을 포괄적으로 고려하는 '종합적 접근방법(integrated approach)' 등을 추가적으로 고려할 수 있다.

이하에서는 행정개혁의 접근방법을 위와 같이 5가지로 범주화하여 논의하고자 한다.

2 구조적 접근방법

구조적 접근방법은 정부조직의 구조적 설계를 바꿈으로써 행정개혁의 목적을 달성하고자 하는 접근방법이다. 조직의 내부구조 개선에 주된 관심을 갖는 구조적 접근방법은 분권화의 확대, 통솔 범위의 조정, 의사결정 권한의 수정, 기능 중복의 제거, 책임의 재규정, 조정 및 통제 절차의 개선, 표준적 절차의 간소화 등을 추구한다. 구조적 접근방법은 다시 (1) 전통적 원리 전략(principles strategy), (2) 분권화 전략(decentralization strategy), (3) 공학적 접근, (4) 의사전달망 접근으로 범주화할 수 있다(김수영, 1996: 64–66).

전통적 원리 전략에 의하면 행정개혁의 주된 목표는 기능 중복의 제거, 권한과 책임 영역의 명확한 구분, 통솔 범위의 축소, 조정 및 통제 절차의 개선, 명령의 통일, 표준적 절차의 간소화 등이다. 이 접근방법의 배후에 흐르는 가치는 질서, 규율, 체제, 권위의 수락, 계서제에 의한 조정, 일관성 등이며, 갈등의 존재는 용납되지 않는다(조석준, 1985: 400).

행정 여건의 유동성과 복잡성의 증대, 행정 기술의 발달 그리고 행정 민주화의 촉진은 '분권화의 필요'를 증대시킨다. 조직이 분권화되면 조직의 계층이 줄어들고, 명령과 책임의 계통이 분명해지며, 막료의 역할이 명확하게 될 수 있다. 분권화는 따라서 조정 비용을 감소시키고, 하위 부서에 대한 통제의 효과성을 높이며, 동기를 자극하고, 하위 부서의 관리자로 하여금 목표 지향적으로 행동하게 하고, 신기술의 도입에서도 융통성을 보장하고, 조직이 계속적으로 변화할 수 있는 가능성을 부여한다(조석준, 1985: 409).

공학적 접근은 업무 수준을 향상시키기 위해 작업 설계 등을 바꾸는 전략을 말한다. 공학적 접근은 업무 수준의 향상을 위해서는 인간 행동을 수정하지 않으면 안 되는데, 인간 행동의 수정을 위해서는 작업 흐름에서의 구조 변수의 수정이 불가피하다는 논리에 근거한다. 따라서 작업 설계는 과거와 같이 업무와 기술적 요구에 의해서만 될 것이 아니라, 인간적 · 사회적 변수까지 고려해야 한다는 것이다(Gouldner, 1956: 173–181; 조석준, 1985: 409; 김수영, 1996: 66).

의사전달망 접근은 글랜저와 글레이저(Glanzer & Glaser, 1961)가 제시한 접근방법으로, 일상적 업무와 비일상적 업무 수행의 수준을 결정하는 것은 의사전달망을 어떻게 형성하느냐에 달려 있다고 보고, 업무의 유형에 따라 그에 적절한 의사전달 구조를 채택해야 한다는 처방을 한다. 즉, 일상적 업무 구조에는 집권화된 의사전달망을 채택하고, 신규의 비일상적 업무에는 분권화되고 개방된 의사전달망을 채택할 것을 처방한다.

구조적 접근방법 가운데 가장 자주 사용되는 방식은 국민의 눈에 곧바로 가시적인 효과를 나타낼 수 있는 정부조직의 감축 개편이다. 정부조직 감축은 국민들에게 비치는 가시성(可視性)이 높아 미국 행정학의 건학기부터 중시되어 온 행정개혁의 전형적인 접근방법이다. 그러나 정부기구의 통・폐합, 감축만이 행정개혁은 아니며, 뉴질랜드의 개혁 사례에서 보듯이, 정부기구를 여러 개의 전문 부처로 잘게 쪼개는 것도 개혁이다.

우리나라의 역대 정권은 국민들에게 개혁성을 과시함으로써 취약한 정통성을 보완하고 관료들을 장악하기 위한 수단으로 집권 초기 '작은 정부 구현'의 기치 아래 정부기구를 감축하는 조직개편을 단행해 왔다. 그러나 대부분의 경우 집권 후반기에 이르면 다시 정부기구와 정원이 확대되는 경향을 나타냈다.

3 과정적 접근방법

과정적 접근방법은 행정 과정에서 사용하는 기술의 개선까지를 포괄하기에 기술적 접근방법 또는 과정적・기술적 접근방법이라고도 한다. 과정적 접근방법은 조직 내의 작업 과정 또는 일의 흐름을 개선하는 데 초점을 두는 접근방법을 말하며, 대표적인 것이 테일러(Frederick W. Taylor)가 개발한 과학적 관리법(scientific management)이다.

이 접근방법에는 업무 수행 과정의 능률성을 제고하기 위해 컴퓨터와 같은 새로운 장비를 도입하거나 관리과학, 운영 연구(OR), 체제분석 등의 계량화 기법과 EDPS 등을 활용하는 것도 포함된다. 과정적 접근방법이 주요 과제로 삼는 것은 의사결정・의사 전달・통제 등의 과정과, 일의 흐름, 그리고 IT 기술 등 거기에 결부된 기술이다.

기술적 접근 가운데 과학적 관리는 업무 측정 기법의 개발과 함께 촉진되었다. 또한 인사관리에서의 시험방법, 태도조사, 직무평가 등의 기법도 여기에 속한다.

과정적 접근방법 가운데 많은 관심을 모은 주요 전략으로는 과학적 관리법이 있으며, 근래에는 계량적 모형과 컴퓨터를 이용하는 자동정보 처리(automated data processing) 시스템 등 다양한 정보관리 기법들이 활용되고 있다. 최근에 많이 활용되고 있는 원스톱 서비스(one-stop service)나 논스톱 서비스(non-stop service)의 업무처리방식은 과정적 접근방법을 활용한 개혁의 전형적인 사례이다. 아울러 참여정부에서 강조하였던 업무처리절차 재설계(BPR: Business Process Reengineering)도 과정적 접근방법의 관점을 강조한 개혁 사례로 평가할 수 있다.

4 행태적 접근방법

행태적 접근방법은 조직 구성원의 행태 개선에 개혁의 초점을 둔다. 인간관계론적 접근방법이라고도 한다. 이 접근법은 효율적 조직이 되기 위해서는 조직구조의 변혁과 업무 과정의 개선도 중요하나, 궁극적으로는 인간 행태의 변화가 이루어져야 가능하다는 생각에 근거를 두고 있다. 행태적 접근방법은 감수성 훈련, 태도조사 등 조직발전(OD) 기법과 목표관리(MBO) 기법 등을 활용함으로써 구성원들의 자율적인 행태 변화를 유도하고자 하며, 참여관리 등의 기법을 처방한다. 구성원의 행태를 개선하기 위해서는 결국 경쟁원리의 도입, 성과급제의 시행과 같은 인적자원 관리(human resource management)의 여러 기법에 의존해야 한다(이종수, 2005: 29-30).

여기서 조직발전 기법은 구성원 행태에 대한 의식적 개입을 통해 조직 전체의 임무 수행을 효율화하려는 계획적이고 장기적인 개혁 활동을 말한다. 조직발전은 인간주의를 추구하려는 근래의 연구인들이 가장 중요시하는 접근방법이다. 조직발전의 주요 기법으로는 실험실 훈련 또는 감수성 훈련(laboratory training or sensitivity training), 팀 형성 또는 팀 발전(team-building or team development), 과정 상담(process consultation), 태도조사 환류 기법(survey feedback method), 관리유형도에 의한 조직발전(grid organization development), 직무풍요화와 직무확장(job enrichment and job enlargement) 등이 있다.

우리나라 역대 정부의 경우 기본적으로 구조적 접근방법에 입각한 행정개혁이 주로 추진되어 왔으나, 정부에 따라 강조점이 다소 상이하게 나타나고 있다. 전술한 바와 같이 참여정부에서는 구조적 접근방법보다는 과정적 접근방법이 보다 강조된 바 있으며, 아울러 행태적 접근방법 측면의 개혁 노력도 강조되었다.

5 조직문화 접근방법

조직문화 접근방법(organizational culture approach)은 쿠퍼 등(Cooper et al., 1998)과 대프트(Daft, 2010)가 제시한 행정개혁의 접근방법이다. 조직문화 접근방법은 조직의 상징 체계, 신화, 의례를 바꾸고 그에 따라 조직 구성원의 행동 양식과 관행, 그리고 신념을 혁신하고자 하는 행정개혁의 접근 전략을 말한다. 조직문화는 조직 구성원들 사이에 공유되는 '의미의 집합(a system of shared meaning)'으로 정의된다.

조직문화 접근 방식은 아주 다양하다. 여기서는 조직 또는 행정 체제가 대내적으로 동원할 수 있는 개입방법을 예시적으로 살펴보고자 한다(Harquail & Cox, 1994: 387-391; 오석홍, 2012: 86-87).

1) 리더십의 활용

우선 리더십의 활용이 강조된다. 조직의 관리자, 감독자, 기타 개혁 담당자들은 조직문화 변혁을 솔선수범하고 문화변동에 유리한 쇄신적 분위기를 조성할 수 있다. 개혁을 이끌어가는 혁신 리더들은 개혁의 비전과 그것을 구현하는 데 필요한 가치와 신념을 명료화하는 역할을 수행해야 한다. 조직문화를 바꾸는 데 적합한 리더의 유형은 변혁적 리더이며, 행정개혁에서는 기존의 전통적인 거래적 리더십에 부가하여 변혁적 리더십이 강조된다.

2) 임용방법의 활용

조직문화를 바꾸기 위하여 임용방법이 활용되기도 한다. 조직문화를 바꾸기 위해서는 채용·승진 기준을 새로운 문화적 요건에 적합하게 설정하여 시행하는 것이 효과적일 수 있다. 조직문화 혁신에 장애가 되는 일탈자들을 조직에서 배제하는 것도 조직문화 접근방법의 한 방안이 될 수 있다.

3) 평가와 훈련

조직문화 혁신의 일반적 접근방법으로 평가와 훈련이 활용된다. 근무성적평정의 구성 요소를 바꾸고 교육훈련을 강화하는 개혁이 이에 해당된다. 노무현 행정부 시절 개인 및 기관평가에서 '혁신' 관련 평가 요소를 도입한 것을 예로 들 수 있다.

4) 유인 기제의 활용

유인 기제의 활용도 또한 주요한 수단이 될 수 있다. 조직문화를 바꾸기 위해서는 보상 체제를 활용할 수 있다는 것이다. 우리나라에서 특별상여금 제도를 거쳐 성과급제가 보편화된 것이 그 예이다. 개혁에서는 특히 실험적 노력을 장려하려는 유인의 도입이 중요하다.

5) 팀워크 체제의 활용

조직문화 개혁에 있어서 팀워크 체제 활용도를 높이는 것도 강조될 수 있다. 조직문화를 혁신하기 위해서 팀워크 체제를 활용하고, 다른 구성원들에 의한 신뢰와 지지를 지렛대로 삼는 방법이 적극 활용될 필요가 있다.

6) 문화적 상징의 개조

문화적 상징의 개조가 다양하게 활용되기도 한다. 앞에서 지적했듯이, 조직문화를 바꾸기 위해서는 조직의 상징 체계, 신화, 의례를 개조하는 방법을 동원할 수 있으며, 역대 정부에서 청렴공무원상 시상 등 다양한 사례들을 볼 수 있다.

7) 구조 · 과정 · 기술의 개혁

앞의 접근방법들에서 설명한 일반적인 조직개혁의 여러 수단, 즉 구조 · 과정 · 기술의 개혁도 물론 조직문화 개혁의 수단으로 활용될 수 있다. 이러한 개혁의 기본적인 수단들이 조직개혁의 궁극적인 목적이라고 할 수 있는 조직문화를 개조하는 데 기여할 수 있기 때문이다.

6 종합적 접근방법

앞서 살펴본 행정개혁의 구조적 · 과정적 · 행태적 · 조직문화 접근방법은 행정개혁의 한두 국면을 강조하는 일방적 접근방법이다. 행정개혁의 종합적 접근방법은 체제(system) 개념에 입각하여 개혁 대상의 구성 요소들을 포괄적으로 관찰하고, 여러 가지 접근방법을 혼합하여 개혁을 추진하는 접근방법을 말한다.

즉, 종합적 접근방법은 행정개혁을, 구조 · 인간 · 환경을 아우르는 '체제의 문제'로 파악하여, 이들 간의 상호관련성을 종합적으로 고려하여 개혁을 추진하고자 하는 전략을 말한다. 행정개혁의 현장에서는, 비록 정도의 차이는 있을지언정, 여러 개별적인 접근방법을 혼합하여 개혁을 추진하는 종합적 접근방법이 많이 사용된다.

제 2 절 행정개혁의 대상 영역

행정개혁의 대상 영역은 기준에 따라 여러 가지로 범주화할 수 있다. 앞 절에서와 같이 구조적 접근방법, 기술적 접근방법, 조직 과정 접근방법, 행태적 접근방법 등으로 구분해 볼 수 있으며, 행정학의 주요 연구 대상 영역을 기준으로 하여 조직혁신, 인사제도 개혁, 재무관리 개선 등으로 나눌 수도 있다. 그리고 행정의 내부관리에 초점을 둔 운영 시스템 개선과 대외적 관계에 초점을 둔 대민 서비스 개선으로 나누어 볼 수도 있다.

여기서는 행정개혁의 대상 영역을 (1) 정책 체제 및 정책 기조의 변혁, (2) 행정환경과의 관계 재설정, (3) 내부관리 시스템의 혁신 등 3개 분야로 크게 나누어 개혁의 방향을 살펴보고자 한다. 물론 여기서 범주화된 각 분야는 상호 배타적인 것이 아니라 기능적으로 밀접하게 연관되어 있기에 논의 과정에서는 복수의 분야에서 중복 논의될 수도 있을 것이다.

1 정책 체제 및 정책 기조의 변혁

우선 정책 기조의 변혁 영역에서는 행정개혁이 시장경제 체제와 정부 주도 경제체제, 즉 시장 중심의 자유주의와 정부 간섭주의(interventionism) 사이의 정책 선택, 그리고 복지지향 정책과 신자유주의 정책 간의 선택의 문제 등으로 귀결될 수 있다.

그리고 정책 체제 변혁의 예로는 한국의 권위주의 체제 해체 이후 등장한 민주정치 체제와 소연방(蘇聯邦) 해체 후의 체제 변혁, 그리고 2010~11년에 발생한 아랍의 봄(Arab Spring) 이후 아랍 세계의 체제 변혁을 예로 들 수 있다. '정책 체제'의 개념은 "정책의 형성과 집행 등 정책 과정(policy process)을 이끄는 정책 주체 및 그와 영향을 주고받는 환경적 요소를 포괄하는 체제"로 정의될 수 있다(이종수, 2008).

2 행정환경과의 관계 재설정

행정환경과의 관계 재설정 영역에서는 행정개혁이 거버넌스 측면에서 시민사회와 정부의 관계 재설정 및 대민 서비스 개선 등의 문제와 연결될 것이다.

이 분야에서는 시민단체 등이 포함된 정책공동체의 활성화, 행정정보 공개 확대 등 행정의 투명성 강화, 인터넷 민원 서비스 확대 등 각종 대민 서비스 수준 제고를 위한 개혁 조치들이 포함될 수 있을 것이다.

3 내부관리 시스템의 혁신

내부관리 시스템의 혁신 영역은 조직혁신 · 인사제도 개혁 · 재무관리 개선 등의 분야로 나누어 볼 수 있다.

조직혁신 분야에서는 조직, 인력 및 기능의 재조정 등 조직구조 개편과, 업무 과정의 재설계, 성과관리 체제 도입 등의 개혁 조치들이 강구될 수 있다. 그리고 인사제도 개혁 분야에서는 전통적 관료제의 특징인 인사제도의 항구성(permanency)을 허물고 경쟁성을 자극하기 위한 여러 개혁 조치가 취해질 수 있다. 또한 재무관리 분야에서는 재정의 효율성과 투명성 그리고 건전성을 확보하기 위한 다양한 예산 개혁 수단들이 강구될 수 있으며, 또한 세제 · 세정의 합리화를 위한 개혁 조치들이 취해질 수 있을 것이다.

대부분의 국가에서 1980년대 이래 추구한 행정개혁은 신자유주의 이념에 입각한 시장 모형(market model)의 제도화를 지향해 왔다. 그리고 내부관리 시스템의 혁신 영역에서는 대부분 능률성을 지향하는 신공공관리의 여러 기법을 도입하는 개혁을 추진했다. 이러한 신공공관리는 전통적 관료제 조직의 항구성을 허무는 데 개혁의 초점을 두고 탈관료제(post-bureaucracy)적 처방을 제시하고 있으나, 일부 학자는 국가 경영의 안정성 확보라는 차원에서 '관료제를 위한 변명'을 주창하기도 한다.

각국 정부가 추구하는 행정개혁의 내용과 기법은, '새 병에 담은 묵은 포도주(Old Wine in a New Bottle)'와 같이, 이미 잘 알려져 있는 여러 처방 가운데 강조점을 달리하거나 처방 꾸러미의 구성 성분을 달리하여 특정 개혁 모델의 이름으로 재포장한 것이라 할 수 있다.[1)]

1) 오늘날 평가와 성과를 강조하거나 구성원의 참여를 강조하는 수많은 경영관리 기법들도 결국 이전에 주창된 수많은 관리기법들의 조합 내용을 달리하거나 강조점을 달리한 것에 불과하다고 할 수 있다.

제3장

행정개혁의 계기와 과정

제 1 절 행정개혁의 촉발 요인

현대 사회에서 이루어지고 있는 행정개혁은 기본적으로 정부 비대화의 한계에 기인하여 시작되었다고 할 수 있다. 1980년대 이후 정부지출은 지속적으로 증가하였으며, 이러한 지출의 증가는 일부 정치 · 관리적 요인도 영향을 미쳤으나, 기본적으로는 1970년대 석유 파동 이후 각국의 경제성장률이 저조했던 것에도 기인한다. 이로 인하여 공공부문의 수요가 새로이 발생하였으며, 공공부문의 비대화가 초래하는 부작용에 대한 인식이 확산되면서 개혁의 압력이 커지게 된 것이다.

정부지출의 성과에 대한 강한 비판이 제기되었으며, 악화된 경제 상황으로 인하여 더 이상의 정부지출 증가를 기대하기 어렵게 되었다. 이후 거대한 공공부문의 규모 자체가 변화에 대한 탄력성과 관리효율을 가로막는 장애요인으로 인식되기 시작하였다. 과중한 재정적자와 공공부채로 인하여 공공부문 미래성장의 한계에 대한 인식이 고조되었다. 그러나 한편으로는 지속적으로 제기되는 공공지출에 대한 요구와 긴축재정으로 인한 경기침체의 우려는 재정지출 축소를 어렵게 하는 요인으로 작용하였으며, 이러한 딜레마 상황은 근본적인 행정개혁의 필요성을 더욱 증대시켜 왔다.

정부 비대화에 기인한 이러한 기본적인 원인 이외에도 행정개혁은 다양한 정치·경제·사회적 요인에 의해 촉발된다. 예를 들면 (1) 새로운 이념의 등장 및 주류 세력의 교체와 같은 정치적 변혁의 발생, (2) 경제적 환경의 변화, (3) 고령화사회의 도래와 같은 인구 구조의 변화 등 사회적 환경의 변화, (4) 공공 서비스의 질적 수준 제고를 바라는 시민 의식의 변화, (5) 국제 환경의 변화, (6) 새로운 기술의 등장, (7) 공공부문에서 일상적으로 발생하는 비능률 제거의 필요성 등이 행정개혁을 촉발하는 주요 요인으로 논의되고 있다.

이러한 다양한 요인들은 기본적으로 아래와 같이 4가지의 내용으로 범주화할 수 있다.

1 시민사회의 내부 변화 요인

사회가 변화하면서 권리의식 및 참여욕구가 증대되고 있다. 그리고 국가를 둘러싼 다양한 이해집단이 등장하면서 사회구성원의 요구가 다양화되고 있다. 과거에는 사회구성원을 구분하는 근거(기준)들이 단순한 경제 및 소득지표 중심으로 존재하였으나, 사회가 변화·다원화하면서, 그 구분이 직업, 문화, 연령 등 다양한 요소들을 통해 가능해지고, 이러한 다원화가 이해집단화를 가능하게 하는 기반이 되고 있다. 그 결과 각 집단별로 다양한 목소리가 강화되고 있는 것이다.

이러한 변화의 이면에는 정보통신기술 및 언론, 시민사회단체 등 관련된 각종 사회자원 동원 능력 향상이 자리 잡고 있다. 특히 정보통신기술의 발달은 다양한 사회의 이해집단들이 자신의 이해를 표출하고 집적하기 위해 활용 가능한 새로운 자원으로 활용되고 있다. 이는 과거 정부들의 정보에 대한 독점적 관리가 인터넷이라는 새로운 기제의 등장으로 더 이상 불가능하게 되었음을 의미한다.

결국 시민사회 내부의 다양한 이해의 창출과 요구의 증대는 정부에게 중요한 도전으로 작용하고 있으며, 이러한 도전에 대한 정부의 충격완화는 행정개혁의 중요한 내용으로 자리매김하고 있다.

2 정책 영역의 변화 요인

사회가 변화하면서 정책 영역의 변화도 급격하게 일어나고 있다. 정책 영역의 변화는 시민사회 내부의 변화와 직접적으로 관련이 있으며, 한편으로는 정부 외적인 것이라기보다는 정부 내적인 성격이 강하다.

우선 정책수요의 대량화, 정책 내용의 다원화와 다양화가 이루어지면서 정부 업무의 수행에 있어서 보다 폭넓은 전문성이 요구되고 있다. 또한 정책구조의 복잡화가 빠르게 진행되면서, 수평적 협력체계 구축을 통하여 문제해결(problem solving)능력을 제고하기 위한 유연한 구조의 필요성이 강조되고 있다. 아울러 정책의사결정의 신속성도 최근 더욱 강조되고 있다. 빠른 의사결정이 중요하고, 신속하게 국민들이 체감하는 정책성과를 통해 국민의 정책 효능감(policy efficacy)을 증대하는 것이 필요하다는 것이다.

이러한 결과들은 결국 공공부문의 높은 생산성을 필요로 하는 것인 만큼 공무원들의 일하는 방식의 개선이나 관리방식, 조직구성 방식 등의 변화를 필수불가결하게 수반할 수밖에 없다.

3 사회 환경의 변화 요인

과거에 겪어 보지 못한 다양한 사회 환경의 급속한 변화는 행정개혁의 필요성을 심화시키고 있다.

1) 정보화의 진전

특히 이미 언급한 정보화의 진전은 전반적인 정부 활동 방식에 지대한 영향을 미치고 있다. 정보화는 행정의 신속성을 제공하는 결정적 수단으로서 행정·정책 활동의 오류를 방지하고, 신속·정확한 의사소통을 가능하게 한다. 가치창출의 비중이 물적 자산에서 지적 자산으로 이동하는 정보경제 시대의 도래 이후 지식과 정보가 국가

가치 창출의 핵심적인 기반이 되고 있다. 지식 및 정보자원 관리기능이 기존의 정부 기능에서 차지하는 비중이 더욱 확대되고 있다.

이러한 현상은 과거 인간의 활동을 규제하고 관리해왔던 정부의 기능이 정보를 관리하는 기능으로 점차 전환되고 있음을 의미한다. 그러나 여전히 기존의 정책수단과 관리방식은 정보자원을 매개로 하여 이루어지는 다양한 활동들에 적용하기에는 부적합한 내용으로 구성되어 있는 경우가 많기 때문에 관리 및 국가경영방식이 획기적으로 변화되어야 할 필요성이 제기된다. 이러한 현상은 결국 정부의 업무 환경과 관리방식을 획기적으로 변화시키는 것이 필요함을 의미한다.

2) 세계화의 진전

세계화의 진전은 자연스럽게 정부 활동이 글로벌 스탠다드(Global Standard)와 정합성을 갖도록 요구하고 있다. 또한 사회 각 부분의 경쟁력 제고가 세계화 시대에서 생존할 수 있는 길임을 시사하고 있다. 기업의 경우 관리나 투자의 결정을 국내 경기 사이클보다는 해외의 경쟁자가 어떻게 행동하는가, 범세계적인 경쟁상태가 어떠한가에 의하여 더 영향을 받게 되었으며, 경쟁의 극대화가 이루어지고 있다.

이러한 경향은 정부활동에도 자연스럽게 영향을 미치고 있다. 우리는 FTA(자유무역협정), 농산물의 세계화 등에서 정부의 기능이 세계화 이전과 이후에 완전히 달라져야 함을 실감하고 있다. 결국 세계화는 국가 간의 관계가 복잡해지는 측면이 강하며, 상호 의존, 상호 경쟁과 생존의 논리가 국가, 조직, 개인 모두에게 적용되고 있음을 보여주고 있다. 이러한 과정에서 사회의 다양한 행위자들의 능력이 공평하게 증대되어 경쟁력을 확보할 수 있도록 지원해야 할 필요성이 대두되며, 나아가 특정한 부분이 아닌 모든 부문의 역량 강화와 자원 배분이 이루어질 필요성이 제기된다.

3) 기타 환경 변화: 지방화/인구구조의 변화

지방화의 진전은 지방자치 및 분권구조의 발전이 필요함과 동시에 국가균형개발이 아울러 필요함을 보여주고 있으며, 최근에는 지방 단위의 발전전략과 국가경쟁력의 상관관계가 특히 강조되고 있음을 보여주고 있다.

또한 우리나라에서 특히 급격하고 일어나고 있는 인구구조 변화(고령화의 급격한 진전과 출산율 저하 등)의 문제는 국가 운영에 있어서 가장 기본적이라고 할 수 있는 인력 인프라 문제의 심각성을 가중시키고 있다.

제 2 절 행정개혁의 일반적 과정

행정개혁은 상황에 따라 다양한 과정과 절차를 거쳐 추진된다. 효과적인 행정개혁을 추진하기 위해서는 먼저 혁신의 목표와 정책 수단을 명료화하고 개혁 작업을 추진한 뒤, 혁신 성과를 엄정하게 평가하고, 평가 결과를 보상 체계와 연결해야 할 것이다. 이와 같이 행정개혁의 각 과정은 관념적으로 구별될 수 있는 일련의 단계를 내포한다.

복잡하게 추진되는 다양한 개혁 과정을 체계적으로 범주화한 여러 학자의 견해를 보면, 케이든(Caiden, 1969: 129−160)은 (1) 개혁 필요성의 인지, (2) 개혁안의 작성, (3) 시행, (4) 평가의 4단계로 구분하고 있으며, 구데너프(Goodenough, 1963: 286−298)는 (1) 착상, (2) 커뮤니케이션, (3) 혁신추진자(converts)의 조직화, (4) 저항에 대한 적응, (5) 계획의 실행, (6) 안정화 등 6단계를 제시하고, 모셔(Mosher, 1965: 141)는 (1) 긴장의 증대, (2) 긴장의 촉발, (3) 개혁안의 연구, (4) 개혁안의 결정, (5) 실현가능성 검토, (6) 실행 등의 6단계로 구분한다. 이러한 개혁 과정에서 가장 중요한 단계는 개혁안을 작성하는 과정이다.

다음에서는 케이든의 단계 구분과 같이 행정개혁을 네 단계로 나누어 그 내용을 좀 더 자세히 살펴보고자 한다.

1 개혁 필요성의 인지 단계

개혁 필요성의 인지 단계(awareness of need stage)는 조직성과의 현재 수준의 불일치(discrepancies)를 발견, 개혁의 필요를 확인하여, 그에 관한 합의를 형성하는 단계를 말한다. 필요성의 인지 단계에서는 현실 수준과 기대 수준 간에 불일치가 있다는 문제를 지각하는 것, 관련자들의 지각 차이를 조정하여 합의를 이룩하는 것, 지각되고 합의되지만 의견이 불일치한 문제에 대한 개혁의 필요성을 확인하는 것 등이 중요한 과제가 된다.

현실에서는 개혁 관련자들이 기준과 실적의 불일치를 깨닫지 못하거나, 설사 불일치에 대한 지각이 있다 하더라도 그것을 개혁의 필요성 확인과 합의로 연결시키지 못하는 경우가 많다. 또한 개혁을 창도하고 관리해야 할 관리층 인사들조차 기존 이익의 보호 때문에 개혁을 약화·완충시키기도 하고, 상황에 따라서는 억압하기도 한다.

따라서 개혁의 추진을 위해서는 필요성 인지 기능을 제도화할 필요가 있다. 관리자들에게 행정개혁의 역할을 공식적으로 부여하거나, 연구개발의 책임을 지는 참모 단위를 설치하는 것, 외부 전문가를 고용하여 개혁 필요성 인지 기능을 수행토록 하는 것, 정기적인 조직진단을 실시하는 것, 제안 제도·고충처리 제도를 설치·운영하는 것 등이 개혁 필요성 인지 기능의 제도화에 해당된다(오석홍, 2012: 13).

2 개혁안의 작성 단계

개혁의 필요성이 확인된 다음에는 개혁의 실천 방안이 모색된다. 즉, 개혁의 목표체계와 전략·전술을 결정하여 개혁의 실천 방향을 마련해야 한다. 개혁안의 작성 단계(formulation stage)에서는 대상 영역에 대한 현상 분석, 개혁의 범위와 수준, 전략, 추진 속도, 저항의 극복 방안 등이 강구되어야 한다. 개혁안의 작성 단계에서 핵심 과정은 목표 상태를 설정하고, 추진 전략을 수립하는 과정이다.

케이든은 개혁안의 작성 단계를 준비하는 과정에서는 다음의 요소가 포함되어야 한다고 제안한다(Caiden, 1973: 339; 김수영, 1996: 112-113).

(1) 개혁 추진자, 주요 지원자, 반대자의 이유 등을 명확히 파악할 것
(2) 개혁 방안의 가치, 실현가능성, 적합성, 수용 가능성의 증명
(3) 유사한 방안이 수행되었던 사례
(4) 결과의 평가
(5) 반대와 왜곡이 예상되는 부분
(6) 지원자에 대한 보상의 확약과 반대자에 대한 처벌의 위협 시사
(7) 적절한 자원의 이용가능성 암시
(8) 선택된 수단의 제시

개혁안의 작성 단계에서는 개혁되어야 할 현상에 대한 분석과 개혁 수단의 설계, 새로운 운영 절차의 형성 및 정교화, 혁신 일꾼의 훈련, 담당자의 새로운 역할의 정의, 적절한 평가 및 보상 체계의 마련, 서비스 이용자 및 이해관계자에 대한 관련 정보의 제공, 개혁 관련자들의 불안 감소 등의 다양한 조치가 이루어져야 할 것이다(Pollitt, 2004: 7−8). 이 단계에서는 또한 개혁 추진의 우선순위에 대한 전략과 저항 극복의 전략도 마련되어야 한다.

개혁안은 조직 내부인이 마련하는 경우와 외부인이 마련하는 경우가 있을 수 있다. 내부인이 마련하는 경우는 (1) 정치적 · 행정적 실천가능성 문제에 더 많은 관심을 두고, (2) 개혁안이 구성원(공무원)의 복지에 미칠 영향을 더 고려하며, (3) 집행을 강조하여 집행이 용이하고 빠른 시일 내에 이루어지는 개혁안을 선호하고, (4) 정치적 지원을 얻기 위해 예산이 적게 소요되는 개혁안을 선택한다는 등의 특징을 지닌다.

그에 반해 외부인이 마련하는 개혁안은 포괄적이고 이론 지향적이며 이상적이라는 특징을 지닌다. 외부인이 마련하는 개혁안은 '객관적 입장'을 반영한다는 점에서 국민의 신뢰를 얻을 수 있는 장점을 지니나 실천성이 부족하다는 문제점을 지닐 수 있다. 따라서 행정개혁안은 조직 내외의 인사들이 참여하는 혼성팀을 구성하여 마련하는 것이 바람직하다.

3 시행 단계

행정개혁의 시행 단계(implementation stage)는 작성된 개혁안을 시행하는 단계다. 개혁안의 시행 단계에서는 먼저 개혁의 추진 주체를 선정·조직화하고, 필요한 지지와 인적·물적 자원을 동원해야 한다. 개혁의 시행은 적응적으로 이루어져야 한다. 그리고 개혁의 영향을 받게 될 사람들의 태도를 개혁에 유리하게 형성하고 개혁에 대한 저항을 극복하는 것도 시행 단계의 중요 과제다.

개혁의 시행을 결정짓는 요소로는 다음의 사항들이 고려되어야 한다(유종해 외, 1984: 917; 김수영, 1996: 117-118).

(1) 구체적인 목적의 설정 유무

(2) 개혁에 대한 준비가 어느 정도 이루어졌는지 여부

(3) 사회에서 어떠한 변화가 일어나고 있는지 여부

(4) 개혁 추진자가 의도하는 바가 무엇인지, 즉 강제적 권력의 사용을 생각하고 있는가 아니면 어느 정도 국민의 지지를 얻을 수 있다고 판단하는가 여부

(5) 현존하는 행정기구를 사용할 것인지 여부

4 평가 단계

개혁안이 시행된 뒤에는 평가 단계(evaluation stage)가 이어진다. 평가 단계에서는 행정개혁의 진행 상황과 성과 등을 분석·평가하여 그 결과를 개혁 과정의 적절한 단계에 환류시키거나 새로운 개혁 과정을 유발하는 정보로 제공한다.

성공적인 개혁 추진을 위해서는 무엇보다 개혁의 성과를 평가하고 평가 결과를 보상 체계와 연결시키는 조치가 긴요하다. 행정개혁에 대한 평가에서는 개혁이 추진된 이후에 그 성과를 측정·평가하는 총괄적 평가도 중요하나, 시행 과정에 추진 실적을 검토하여 개혁이 원래의 일정대로 추진되고 있으며, 소기의 성과를 거두고 있는지, 그리고 어떠한 장애 요인이 있는지 등을 점검하여 필요한 대응 조치를 취하기 위한

형성적 평가도 중요하다.

그리고 합리적 평가를 위해서는 무엇보다 정확한 평가의 기준을 설정해야 한다. 평가에서는 개혁의 직·간접적 성과는 물론 부정적 영향까지를 고려해야 할 것이며, 또한 성과가 발현되는 시점을 고려하여 어느 시점까지를 평가 대상으로 할 것인지의 문제도 검토해야 한다.

제 3 절 행정개혁의 구체적·실천적 과정

앞의 제2절에서 살펴본 행정개혁의 과정은 개혁의 일반적 과정을 나타낸 것이다. 여기서는 행정개혁의 실제 과정에서 참조할 수 있는 개혁의 구체적·실천적 과정을 살펴보고자 한다.

코터(Kotter, 1998)는 개혁의 실제 과정을 다음과 같이 8단계로 세분하고 있다.

1) 위기 의식 조장

'위기 의식의 조장' 단계에서는 시장 상황 및 경쟁적 실재(competitive realities)를 점검하고, 실제적·잠재적 위기와 주요 기회를 식별하고 검토해야 한다. 이 단계의 활동은 객관적으로 이루어지는 것이 중요하며, 이를 위해서 다양한 기법들이 활용된다.

2) 강력한 혁신 향도 연대의 형성

'혁신 향도 연대의 형성' 단계에서는 혁신을 이끌어갈 강력한 향도 집단을 결성해야 하며, 그 집단이 하나의 팀으로 움직이도록 격려해야 한다. 기본적으로는 혁신 향도 연대의 규모도 효과적인 활동에 영향을 미치는 요인이 될 수 있다.

3) 비전의 개발

'비전의 개발' 단계에서는 혁신의 비전과 그러한 비전을 달성할 수 있는 전략을 개발해야 한다. 이 단계에서는 비전을 얼마나 간단명료하게 만들 수 있는가가 기본적인 관건이 된다.

4) 비전의 전파

'비전의 전파' 단계에서는 새로운 비전과 전략의 전파를 위해 가능한 모든 의사 전달 수단을 활용하고, 혁신 향도 연대의 성공 사례를 이용하여 새로운 행태를 교육시켜야 한다. 사회 변화와 정보통신기술의 발달에 따라 다양한 의사소통 수단들이 개발되고 있으나, 그럼에도 불구하고 이 단계에서는 여전히 교육의 중요성이 강조되고 있다.

5) 비전에 따라 행동하도록 구성원들에게 힘 실어주기

'구성원들에게 힘 실어주기' 단계에서는 혁신의 장애 요인을 제거하고, 비전의 실현을 심각하게 저해하는 시스템 또는 구조를 바꾸어야 하며, 모험 추구와 비전통적 아이디어 및 활동을 격려해야 한다. 이 단계에서는 조직구조와 보상체계의 재설계를 통하여 소극적이고 구태의연한 내부 구성원들이 활동하기 어려운 여건을 만들고, 이를 통하여 개혁의 기본적인 추진동력을 확보하기 위한 환경 조성이 이루어진다.

6) 단기적 성공 사례 만들기

'단기적 성공 사례 만들기' 단계에서는 사업 초기에 가시적인 성과를 거두기 위한 전략을 마련하고 성공 사례 관련자들을 표창하고 보상해야 한다. 이 단계에서는 개혁에 기여한 구성원들을 격려함으로써 보다 많은 구성원의 개혁 참여를 유도한다.

7) 성과의 공고화 및 혁신의 지속

'성과의 공고화 및 혁신의 지속' 단계에서는 비전 구현에 적합하지 않은 시스템과 구조 및 정책을 변경하기 위해 증대된 신뢰를 활용하고, 비전을 실현할 수 있는 구성원을 개발 · 채용 · 승진시켜야 하며, 새로운 프로젝트와 테마 그리고 혁신 일꾼을 활용하여 혁신 과정을 재활성화해야 한다. 개혁은 과거로 회귀하는 속성을 가지고 있으므로, 이를 차단하기 위하여 단기적 성공 사례를 이후의 과제와 연결시키기 위한 노력이 특히 이 단계에서 중요하며, 이러한 이유로 개혁의 성과평가가 강조된다.

8) 혁신의 정착화

'혁신의 정착화' 단계에서는 조직 성과와 새로운 행태 사이의 연계 관계를 명확히 밝히고, 리더십의 개발 및 승계를 확실하게 할 수 있는 수단을 개발해야 한다. 따라서 이 단계에서는 개혁의 성과 발굴 및 홍보 노력이 적극적으로 이루어진다.

또한 데이비드 휴턴 어소시에이트(David Hutton Associates, 2005)는 조직의 개혁 과정을 조직 차원(10단계)과 개인 차원(4단계)으로 나누어 다음과 같이 설명한다. 조직 차원의 개혁 과정 10단계는 다음과 같다.

(1) 혁신의 비전 · 임무 · 동기의 명확화
(2) 혁신을 지원하기 위한 역할 · 책임 · 구조의 확립
(3) 리더십과 팀 역량의 개발
(4) 현재 상황의 평가
(5) 핵심 전략의 결정
(6) 지원 메커니즘을 포함한 집행계획의 수립: 의사전달 체제, 교육훈련, 측정, 모니터링 시스템
(7) 집행 및 점검
(8) 성과 미달 및 초과의 원인 규명
(9) 학습의 적용
(10) 혁신의 찬양 · 성찰 · 기록

개인 차원의 혁신 과정은 다음과 같이 네 단계로 나누어 볼 수 있다.

(1) 현황 파악
(2) 새로운 역할의 확인 및 총체적 혁신 과정에의 동의
(3) 혁신 과정의 지원 및 촉진

(4) 혁신의 찬양, 성찰 및 차기 도전의 탐색

<표 3-1>은 데이비드 휴턴 어소시에이트의 혁신 과정을 표로 정리한 것이다. 이 표는 조직개혁을 위해 혁신 일꾼이 어떻게 공식적 혁신 과정을 주도해 가야 하는지를 잘 설명하고 있다.

개인 차원에서 혁신 일꾼은 먼저 혁신 작업이 '불가능한 임무(mission impossible)'가 되지 않도록 주요 장애 요인을 식별하기 위해 현황을 파악해야 한다. 혁신 일꾼은 혁

〈표 3-1〉 조직 및 개인의 혁신 과정

조직의 공식적 혁신 과정	비고	구성원의 개인적 혁신 과정
1. 혁신의 비전·임무·동기의 명확화	리더들이 모두 개혁의 목표와 논거에 대해 합의함.	1. 현황 파악
2. 혁신을 지원하기 위한 역할·책임·구조의 확립	혁신 과정에서 리더들의 책무를 확인시키고, 개혁 과정을 기획하고 지원할 포럼을 설치해야 하며, 개혁의 총체적 과정에 합의함.	2. 새로운 역할의 확인 및 총체적 혁신 과정에의 동의
3. 리더십과 팀 역량의 개발	개혁 추진에 필요한 기술과 응집력을 기를 수 있도록 리더십 팀을 지원함.	
4. 현재 상황의 평가	비전 구현과 관련된 모든 국면을 포함하여 현재 상황을 객관적, 실제적으로 평가함.	3. 혁신 과정의 지원 및 촉진
5. 핵심전략의 결정	각 행동 대안에 대한 평가를 거쳐 우선순위를 선정함.	
6. 지원 메커니즘을 포함한 집행계획의 수립: 의사전달 체제·교육훈련·측정·모니터링 시스템	개혁 목표를 구현할 전략 수단 및 필요한 지원활동을 제공할 계획을 수립함.	
7. 집행 및 점검	개혁 토대를 구축한 뒤, 구체적 집행에 착수함.	
8. 성과 미달 및 초과의 원인 규명	모든 정보 수집 메커니즘을 활용하여, 가능한 한 빨리 개혁의 진척 여부와 그 성패 원인을 규명함.	
9. 학습의 적용	계획 및 과정의 조정	
10. 혁신의 찬양·성찰·기록	개혁 과정이 완결되면 총체적 혁신 경험을 찬양·성찰하고, 차기 개혁을 위해 학습 내용을 기록함.	4. 혁신의 찬양, 성찰 및 차기 도전의 탐색

출처: David Hutton Associates. 2005. Change Management. in E:/reform/data/Process.htm의 내용을 수정.

신 과정을 심각하게 손상시킬 수 있는 이슈로부터 출발하면서 리더십 문제에 관심을 가져야 한다. 개혁의 선도 집단은 자신들이 무슨 일을 해야 할 것인지 그리고 어디를 향해야 할 것인지와 같은 근본적 결정과 관련하여 종종 갈등을 빚는다. 이러한 상황은 아주 사소한 일상적 이슈를 다룰 때도 선도 집단은 물론 조직 전체를 절뚝거리게 한다. 선도 집단의 구성원들이 혁신의 종착점에 대해 합의할 수 없을 때 개혁 작업은 결코 성공적으로 추진될 수 없다. 선도 집단은 종종 개혁 작업을 합심하여 응집력 있게 추진할 수 없는 경우도 있으며, 개혁 작업을 이끌어 가는 데 필요한 지식과 기술을 갖추지 못한 경우도 있다. 이러한 경우, 혁신 일꾼 개개인은 선도 집단이 그 자체의 역량을 개발할 수 있도록 거들어야 한다. 역량 개발은 통상 개혁 작업이 추진되는 도중에 개혁 작업과 함께 이루어지게 마련이다.

제 2 부

행정개혁의 정치와 주체

제4장

행정개혁의 정치

제1절 행정개혁의 매개적 목적

행정개혁의 일반적인 목적은 전술한 바와 같이 '행정 역량의 향상'이며, 이러한 목적은 능률성, 민주성과 같은 행정가치의 인도를 받는다. 행정개혁 본래의 구체적 목표 가운데는 정부지출의 절약, 공공 서비스의 질적 개선, 정부 기능의 능률성 제고, 정책 형성 및 집행의 효과성 증대 등이 포함된다.

그러나 행정개혁이 그 자체가 목적으로 추구되는 경우도 있지만, 흔히 정치적 목적을 위한 수단으로 추진되는 경우도 많다. 즉 행정개혁 과정은 일련의 매개적 목적(intermediate ends)을 위해서도 봉사한다. 매개적 목적 가운데는 공무원에 대한 정치적 통제의 강화, 공무원에 대한 관료제적 제약의 제거 등이 포함된다. 경우에 따라서는 행정개혁의 매개적 목적이 지나치게 강조될 경우 행정의 정치적 중립성과 상충하는 문제가 발생할 수 있다.[1] 따라서 행정개혁이 이루어질 경우 이러한 측면을 고려하여

1) 널리 알려져 있듯이 행정의 정치적 중립성은 19세기 말 실적주의 인사행정이 대두되면서 중요성을 띠게 된 가치규범이다. 공무원이 정치적 중립을 지켜야 한다는 것은 국민 전체의 봉사자로서 본분을 지키고, 임무 수행의 공평무사성을 지켜야 한다는 말이다. 이것은 정파적 특수이익과 결탁해 직무 수행의 공평성을 잃거나 정당의 정권투쟁에 개입하지 말아야 한다는 행동규범이다(전주상 외,

세심하게 접근할 필요가 있다.

행정개혁의 정치적 효용 가운데 하나는 개혁이 갖는 '상징성 및 정당성의 편익(symbolic and legitimacy benefits)'이다. 이러한 상징성의 효과는 특히 정치인들에게 중요성을 지닌다. 현실 정치에서의 행정개혁은 개혁의 상징성 획득을 통해 정권의 취약한 정통성을 보강하기 위한 목적으로 추진되는 경우가 적지 않다. 개혁정책의 발표, 관료주의에 대한 비판, 새로운 관리 기법의 찬양, 서비스 개선의 약속, 행정기관의 리엔지니어링 등 이 모든 개혁 활동은 개혁이라는 용어 자체가 갖는 '상징성' 때문에 그것을 주창하는 정치인들에게 우호적 주의를 집중시키는 데 도움을 준다. 또한 개혁정책을 입안하고 시행하는 중요한 역할을 하는 고위 공직자들에게는 '정당성의 편익'이 따른다(Pollitt, 2004: 6).

만약 행정개혁이 실제로 정부를 좀 더 능률적으로 만들고, 정치적 통제력과 관리적 재량권을 동시에 제고하며, 행정을 좀 더 투명하게 하고, 혁신을 추진하는 장관과 고위공무원들의 이미지를 제고할 수 있게 된다면, 그러한 개혁은 경축할 만한 일이다. 그러나 행정개혁 작업은 실패하는 경우가 적지 않으며, 상황에 따라서는 행정 성과를 이전보다 더 악화시키는 부작용을 초래하기도 한다.

더욱이 개혁정책은 비록 절약과 능률, 서비스의 질적 개선 등 특정한 목표를 부분적으로 달성했다고 하더라도, 모든 면에서 성공한 것으로 볼 수 없는 경우가 많다. 적지 않은 경우 개혁 작업은, 앞서 밝힌 바와 같이, 상쇄적 효과를 가져오거나 딜레마에 봉착하게 된다. 즉, 한두 측면의 개혁 목표 달성은, 다른 측면에서 부작용을 초래하게 되는 등 대가를 치를 수도 있다. 예를 들면, 공무원들에 대한 정치적 감시와 통제력의 강화는, 다른 한편으로는 관리자의 자율성과 신축성을 저해하는 부작용을 낳게 된다.

행정개혁은 정부의 성과 개선을 위한 유일한 수단이라고 볼 수 없으며, 다른 정책혁신과 연계되어 추진될 때 실효성을 거둘 수 있다. 즉, 정부의 성과 개선은 다양한 경로를 통해 이룩될 수 있으며, 행정개혁은 흔히 다른 유형의 정책 창도와 연계되어 추진된다. 최근 몇몇 나라의 행정 발전을 관찰한 학자들이 지적하듯이 행정개혁은 상호 분리된 기술적 노력이 아니라, '모든 정책 성과의 한 부분집합(a subset of all policy

---

2018: 144).

performance)'이라고 할 수 있다(Ingraham, 1997: 326; Pollitt, 2004: 7).

제 2 절 행정개혁과 정치

1 행정개혁의 정치적 동기

일반적으로는 불필요한 행정 기능의 중복 제거, 팽창된 예산과 조직 및 정원의 감축을 위해 행정개혁이 추구된다. 1980년대 이후 영국에서 추진된 행정개혁의 배경에는 서비스 산업 및 포스트－포디즘적 생산 양식의 등장에 따른 시간제 근무와 신축적 고용 형태와 같은 노동 시장의 변화 및 노조의 퇴조와 같은 사회・경제적 변화가 바탕을 이루고 있다.

그러나 행정개혁을 촉발하는 다양한 요인 가운데서도 특히 새롭게 정치 권력을 장악한 집권 세력의 정치적 동기가 중요하다. 이는 관리적 측면의 개혁과 더불어 때로는 정치적 편익을 위한 개혁도 일어날 수 있음을 의미한다. 물론 집권 세력의 정치적 동기는 일반국민의 의사 및 시민단체 또는 언론의 요구와 상호작용함으로써 형성된다고 할 수 있다.

개혁정책은 그 정책의 도구적 결과(instrumental consequence)의 중요성과 무관하게 중요한 상징적 의미(symbolic meaning)를 가지기에(March, 1994: 207－218; March & Olsen, 1983: 289), 새로운 개혁정책의 공표는 그 자체만으로도 국민들에게 유능한 지도력의 가능성을 인식하게 한다(March & Olsen, 1983: 290; 최종원, 2003). 많은 경우의 행정개혁은 이와 같이 새로운 집권 세력의 정치적 동기에 의해 추진되는 경우가 많다.

19세기 후반 영국의 행정개혁을 추진한 글래드스턴(William Ewart Gladstone, 1809－1898)과 트레벨리언(Sir Charles Edward Trevelyan, 1807－1886) 등 개혁론자는 그들이 추구하는 행정개혁의 정치적 함의를 중요하게 생각했다. 그들은 공개경쟁채용시험을 통해 자유주의 성향(liberal minded)의 고급 엘리트 관료의 육성을 계획했다.

이들은 실적제 수립을 통해 정부 관료제 내에 뿌리 깊은 부패와 정실주의를 몰아내고 행정의 능률성을 확보한다는 목표를 전면에 내세웠으나, 또한 행정개혁을 수단으로 하여 의회 자체를 정화하고 개혁한다는 의도도 가지고 있었다. 즉, 그들은 행정개혁을 통해 '영향력의 정치(politics of influence)'를 밀어내고, 정책 이슈에 대한 계몽된 토론(enlightened debate)의 새 시대를 열고자 했던 것이다.

개혁주창자들은 또한 이러한 행정개혁을 통해 구질서의 과잉과 결함을 제거하려 했다. 즉, 영국에서 민주정체(democratic polity)의 과잉을 피하고, 서서히 현재화하기 시작한 계급 갈등(class conflict)을 회피하고자 했다. 글래드스턴은 당시 수상이었던 러셀(John Russel, 1792-1878)에게 개혁은 상류계급의 유대를 공고히 하고 행정권의 장악을 강화할 것이라고 주장했다(Morley, 1903: 649; Greenaway, 1998: 28).

1980년대 이후 서구의 여러 나라에서 복지정책의 과잉 등으로 인한 재정 위기에서 벗어나기 위한 불가피한 수단으로 대대적인 행정개혁을 추진한 것과는 달리, 우리나라의 경우 여러 정권들은 취약한 정권 기반의 공고화를 위한 정치적 목적에 의해 주로 행정개혁을 추진해 왔다고 할 수 있다. 행정개혁의 절박성이 부족한 만큼 내실 없는 겉치레 개혁이 그만큼 잦았다고 할 수 있다.

2 행정개혁의 정치적 성격

몽고메리(J. D. Montgomery)는 행정개혁의 정치적 성격에 주목하여, 행정개혁을 "관료제와 사회의 다른 요소 또는 관료제 내의 관계를 조정하기 위해 설계된 정치적 과정"으로 정의한다(Montgomery, 1967: 1). 행정은 정치와의 긴밀한 관계에 대한 이해 없이는 충분히 파악될 수 없다.

그러나 행정과 정치의 접점에서 구체적으로 어떤 일이 벌어지고 있는지에 대해서는 견해가 다양하다. 혹자는 행정이 정치의 영역을 침범하여 일정한 부분을 점령하고 있는 것으로 이해하는가 하면, 다른 사람들은 행정개혁은 정치적 집행관들이 관료집단을 좀 더 확고하게 장악하기 위한 수단이라고 말한다(Halligan, 1997; Pierre, 1995).

행정개혁의 정치적 성격을 분명히 하기 위해서는 행정개혁이 왜, 누구를 위해 추진되는지를 먼저 고찰할 필요가 있다. 즉, 행정개혁을 추진하기에 앞서 우리는 행정개혁을 위해 왜 정부는 그 많은 시간과 노력을 투입해야 하는지를 따져보아야 한다. 역사상 수많은 정부조직의 개편과 행정개혁 노력은 개혁 주창자들이 구상하고 주장한 만큼 큰 성과를 거두지 못한 것으로 밝혀지고 있다. 상황에 따라서는 개혁 주창자들이 의도한 성과와 정반대되는 결과를 초래한 경우도 적지 않다.

개혁은 능률성 제고에서부터 파벌정치(partisan politics)와 선거이득(electoral advantage)에 이르기까지 다양한 근거에서 정당화되고 있다. 그러나 개혁의 가장 주된 정당화 논거는 절약 및 능률과 같은 재정적 · 경제적 문제의 극복이다. 각국 정부는 재정 적자를 줄이기 위해 감축관리를 지향하며, 세계시장에서 경쟁력을 확보하고 자국 경제를 재건하기 위해 행정개혁을 추진한다. 또한 정부는 공공 서비스의 질을 개선하고, 정부조직을 효율적으로 재개편하기 위해, 그리고 정책을 변경하기 위해 행정개혁을 추진하기도 한다.

그러나 행정개혁의 논거로 아무리 훌륭한 명분들이 제시된다 하더라도, 행정 체제를 변화시키려는 강력한 정치적 의지가 없으면 개혁의 성과는 미미할 수밖에 없다. 어느 시대 어느 사회에서나 시민들은 제국 건설(empire-building)을 시도하는 관료제에 많은 문제가 있다고 생각하기 마련이다. 1929년 히워트(Gordon Hewart) 경은 관료제의 끊임없는 권리 침해와 요구를 매도하면서 '새로운 전제군주(new despotism)'에 대해 격렬한 공격을 퍼부었다(Hewart, 1929: v). 좀 더 근년에는 언론인 젠킨스(Jenkins, 1993)가 "관료제에 대한 적의(敵意)는 보편적이다 … 관료제에 대한 저주는 국가적 스포츠가 되었다. 그들은 해충(害蟲)에 불과하다"고까지 표현하고 있다. 따라서 선거 캠페인에서 정치인들이 관료제를 혹독하게 공격하면서, 선거에서 당선되면 관료제를 통제하고 평가 절하하기 위한 조치를 취하겠다는 뜻을 과시하는 것은 훌륭한 정치적 책략이 된다.

아이러니컬하게도 관료제에 대한 혹독한 비판으로부터는 어느 정도 정치적 이득을 얻을 수 있으나, 행정개혁 자체에 대한 정치적 자본의 실질적 투자로부터 얻을 수 있는 정치적 이득은 별로 없다. 지난 수십 년간 추진된 대규모 행정개혁 작업의 결과는 시민들의 관심을 그리 끌지 못했으며, 따라서 개혁 작업을 밀어붙인 정치인들은 득표

상의 큰 이득을 보지 못한 것으로 보인다.[2)]

많은 나라에서 국민들은 관료제의 변화를 진정한 변혁으로 보기보다는 대부분 화장(化粧) 효과로 간주하는 듯하다. 따라서 정치인들은 관료제 개혁에 대해 아주 짧은 기간에만 주의력을 집중하며, 일단 집권하게 되면 초기의 열광은 곧 사그라지고 변혁 자체에 대한 관심이 현저하게 식게 마련이다(Peters, 2001: 365). 역대 정권이 집권 초기에는 의욕적으로 행정개혁을 추진하다 시간이 흐르면서 흐지부지해 버리는 것을 우리는 경험한 바 있다.

행정개혁의 정치적 성격은 권력－통제이론(power－control theory)을 통해 이해할 수도 있을 것이다. 권력－통제이론에 따르면, 조직설계는 지배집단(dominant coalition)이 주어진 제약 상황 하에서 가능한 한 최대한으로 그들의 권력을 보존·강화시키고 따라서 조직의 통제를 용이하게 하도록 권력을 행사하는 과정이다(박경원 외, 1998: 217－218).

이러한 관점을 확장할 경우, 행정개혁은 지배집단의 이익을 유지·확장시킬 수 있는 방향으로 이루어진다고 할 수 있다. 여기서 지배집단은 새로이 권력을 장악한 집권 세력일 수도 있으며, 기존의 지배적 관료집단일 수도 있다. 이들 간의 이해가 일치될 때 개혁은 순조롭게 추진될 수 있으나, 이해관계가 상충될 경우 새로운 집권 세력의 혁신 의지는 관료집단을 비롯한 기득권 세력의 유·무형적 도전에 직면하게 된다.

많은 경우, 집권 세력은 유권자의 지지를 얻기 위한 정치적 목적에서 그리고 새로운 정책을 구현하기 위한 추동력을 획득하기 위해 대대적인 행정개혁을 추진하는 것을 볼 수 있다. 즉, 새로운 집권 세력은 기존의 사회적 권력구조를 바꾸기 위해 새로운 정책을 추진하게 되며 그러한 새로운 정책 추진 수단의 일환으로 행정개혁을 추구한다고 볼 수 있다.

이러한 경우 행정개혁은 합리성 자체를 추구하기보다는 권력적 목적을 달성하기 위한 수단의 성격을 지니게 된다. 새로운 집권 세력은 흔히 기존의 정치·사회적 문제를 집권 초기에 한꺼번에 해결해야 한다는 강박 관념에 빠지기 쉬우며, 이전 정권과의 차별성을 과시하기 위해 집권 초기에 관행적으로 개혁정책을 추구하게 된다.

---

2) 이러한 주장의 예외로는 영국의 대처 수상을 들 수 있다(Hood, 1996).

3 행정인과 정치인

행정개혁의 정치적 성격을 이해하기 위해서는 또한 행정개혁이 정치와 행정의 경계선을 움직였는가, 만약 그렇다면 어느 방향으로 변화시켰는가를 따져보아야 한다. 그리고 정치인 및 행정관에 대한 시민의 태도와 행정개혁 간의 관계는 어떠한가 등의 문제를 살펴보아야 할 것이다(Pollitt & Bouckaert, 2004: 145).

선출직 정치인들과 임명직 공무원들은 공공정책에의 영향력 행사를 둘러싸고 상호간에 갈등과 경쟁을 벌인다. 행정개혁 작업은 그러나 정치적 상관인 선출직 공무원에 의해 주도될 수밖에 없다. 임명직 관료들은 행정개혁의 대상 집단이라는 점에서 행정개혁 작업 자체를 주도적으로 이끌어가는 데는 한계가 있다.

그러나 기술적 전문성이라는 점에서는 임명직 공무원의 우위성을 인정하지 않을 수 없다. 그리고 정책 관련 정보의 주된 출처도 임명직 공무원집단이다. 임명직 공무원집단은 주요 정책 관련 정보를 정치적 상관들에게 선택적으로 제공하기도 하며, 경우에 따라서는 정책에 대한 영향력 행사와 관련하여 관련 정보를 거래하기도 한다.

그러나 정치적 제도들은 소위 정당성(legitimacy)이라는 궁극적 무기를 지니고 있다. 그리고 또한 예산 배정과 관련된 '돈주머니의 힘(power of purse)'도 지니고 있다. 이들 정치적 제도가 지닌 힘은 대부분 공식적 · 법적 권한이다.

임명직 공무원들이 행정개혁 과정에 동원할 수 있는 책략은 여러 가지가 있다. 그러나 대부분의 경우 그 책략은 정보 및 전문성과 관련되어 있다. 임명직 공무원은 우선 정무직 공무원들이 특정한 개혁정책을 숙려(熟慮)하지 못하도록 하기 위해 그 정책안들을 자신들의 영향력 하에 둘 수 있는 중립적 전문가집단과 객관적 행정관들의 손에 넘기자는 주장을 펴게 된다. 합리적 정책결정이라는 명분에 숨어 있는 이러한 책략은 관료들이 명시적으로 의식하든 아니면 오랜 경험의 축적으로 터득한 생존 본능에 의한 것이든 간에, 정치적 공무원들의 정책 이니셔티브를 이전하는 데 초점이 있음은 물론이다.

관료들은 또한 제도화된 집단이익을 지키기 위해 정치적 상관들이 추진하는 개혁정책을 복지부동(伏地不動) · 준법 투쟁과 같은 명시적 저항을 통해 무산시키기도 한다. 1994년 관료집단의 집단적 저항에 맞닥뜨린 김영삼 행정부가 '더 이상의 행정개혁은 없다'고 선언하지 않을 수 없었던 것은 일체의 민원행정을 소정의 절차에 따라 지연 처리하겠다는 관료집단의 협박에 굴복한 것이라 아니할 수 없다.

행정개혁 과정에서 정치인들이 관료를 대상으로 동원할 수 있는 책략도 여러 가지가 있다. 임명직 관료들에게 책임을 강제하는 수단으로는 이른바 곰리(William Gormley)의 '완력(腕力)과 기도(muscles and prayers)'를 들 수 있다(Gormley, 1989; Peters, 2001: 306).

여기서 '완력'은 공무원들에게 적합한 행동을 하도록 강제하고 위법을 벌하기 위해 법률적 · 정치적 수단을 사용하는 것을 의미하며, '기도'는 도덕적 설득(moral suasion)을 하거나 적합한 행동을 하도록 유도하기 위해 적극적 유인을 제시하는 것을 의미한다. 곰리는 강제적 수단을 사용하는 '완력'보다는 규범적 · 공리적 수단을 동원하는 '기도'가 궁극적으로 좀 더 효과적인 것으로 믿고 있다.

제 3 절 행정개혁의 수혜자

행정개혁이 성공적으로 추진되기 위해서는 행정개혁의 수혜자를 식별하여 이들을 개혁의 지원 세력으로 조직화할 필요가 있다. 행정개혁의 수혜자는 다양하나, 궁극적 수혜자는 '일반 국민'이라고 할 수 있다. 그러나 행정개혁의 직접적 · 일차적 수혜자는 행정개혁으로 인해 이득을 얻게 될 개혁 관련 부처의 공무원, 승진의 문호가 넓어지게 될 중 · 하위 계층 공무원, 19세기 영국에서 보듯이 공직 진출의 문호가 넓어지게 된 대학 졸업생과 중산층 출신 청년 등이라고 하겠다.

행정개혁은 다양한 정치 · 사회 · 경제적 동기의 결합에 의해 추진된다. 그 가운데서도 특히 정치적 동기가 중요하다. 행정개혁이 성공하기 위해서는 우선 누가 개혁의 주된 수혜자가 될 수 있는지를 먼저 식별하고, 이들을 개혁의 불쏘시개(kindler)로 추동할 필요가 있다. 행정개혁은 일반적으로 정치권과 관료집단의 이해관계가 일치될 때 성공적으로 추진된다.

1850년대 글래드스턴(William E. Gladstone)과 그의 동료들에 의해 추진된 행정개혁은 광범한 정치·경제적 목적을 갖고 추진되었다. 1853년 보고서로 제출된 노스코트(Stafford H. Northcote)와 트레벨리언(Charles E. Trevelyan) 개혁은 본질적으로 세 가지 주요 관심사가 결합되어 추진된 것으로 볼 수 있다.

트레벨리언은 우선 정부 관료제 내에서의 '절약과 능률(economy and efficiencies)'의 확보에 큰 관심을 가졌다. 이를 위해 그는 공개경쟁시험을 통한 공무원 채용 및 분업체계의 도입을 건의했다. 그리고 조윗(Benjamin Jowett, 1817-1893)을 비롯한 교육 개혁가들은 행정개혁을 교육제도 개혁의 계기로 활용할 생각을 가졌었다. 마지막으로 노스코트와 트레벨리언 개혁은 글래드스턴과 그 동료들의 정치적 열망과 부합되었다. 1840년대의 유럽대륙은 격심한 혼란에 휩싸여 있었으며, 영국의 차티스트 운동은 혁명적 도전의 양상으로 나타났다.

이러한 상황에서 행정개혁 연대가 귀족정부(aristocratic government)에 대한 공격을 개시한 것이다. 한편 채드윅(Edwin Chadwick)과 같은 공리주의적 개혁가들은 공공보건위원회(Public Health Board)와 같은 독립위원회의 설치를 통해 의원내각제 정부를 포위하려는 의도를 가졌었다(Greenaway, 1996).

노스코트와 트레벨리언 개혁의 주된 수혜자는 누구인가? 가장 두드러진 1차적 수혜집단은 졸업생들을 공직자로 진출시킬 수 있게 된 대학이었다. 옥스퍼드대학의 개혁론자들은 공직 진출의 기회가 졸업생들에게 개방되도록 트레벨리언에게 계속 영향을 끼쳤으며, 1870년의 개혁(제2차 추밀원령)으로 결실을 맺을 수 있도록 글래드스턴 등에게 지속적으로 영향을 미쳤다(Wright, 1969: 74-85; Gowan, 1987). 그리고 두 번째 수혜자는 개혁을 통해 입지를 강화할 수 있게 된 재무부를 들 수 있다.

그리고 개혁이 시행 및 발전 단계에 접어들면서 다른 집단들이 개혁에 가담하게 되었다. 그 가운데 한 집단이 실적제 도입을 입신양명의 기회로 여기게 된 중·하위 사회 계층이다. 글래드스턴은 개혁 초기부터 중산층 사람들과 대다수 공무원들은 그들이 넘볼 수 없는 케임브리지와 옥스퍼드 출신들을 대단히 시기하며, 따라서 광범한 절대 다수의 '2종 시험(second class examinations)'은 중산층에 적합하다는 점을 명확하게 할 필요가 있음을 의식하고 있었다.

트레벨리언은 뒷날, 그의 개혁안이 위태롭게 되었을 때 얼마나 많은 수의 퇴역 장교와 성직자들이 출신지역 국회의원들에게 무더기로 편지를 썼는지를 회고하면서, 그것이 바로 많은 국민이 1855년의 1차 추밀원령(Order in Council)을 지지한 것을 나타낸 것이라고 말했다(Playfair Commission, 1875: app. F; Greenaway, 1998: 29).

노스코트와 트레벨리언 개혁 시행 과정에 신속하게 관심을 가진 또 다른 집단은 국회의원들 자신이었다. 정실인사의 수요는 1855년까지 이미 공급을 크게 초과하고 있었다. 1855년(1차 추밀원령)부터 1870년(2차 추밀원령) 사이에 널리 시행되었던 제한경쟁(limited competition)은 실제로 정치인들에게 아주 편리했다. 왜냐하면, 그것은 정치인들이 이전보다 더 많은 수의 공직 후보자들을, 그들이 합격하든 불합격하든 간에 지명·추천할 수 있다는 것을 의미하기 때문이다.

공무원 선발권이 공무원인사위원회(Civil Service Commissioners)로 완전히 이관된 1870년 이후에는, 적대적인 정당 간 경쟁이 격화되면서 중앙정부 고위직을 정당정치로부터 차단시키는 것이 정치인들에게는 오히려 편리했다. 한편 정실인사는 다른 영역, 특히 명예직 분야에서 널리 확산·추구되었다.

노스코트와 트레벨리언의 아이디어를 뒷받침한 또 다른 세력은 중·하위 공무원 조합이었다. 이들 조합은 1870년 이후 강력하게 성장, 공직의 균질성 확보에 지대한 관심을 가졌다. 이들은 부처할거주의 또는 개별 부처의 특이한 방식을 방지하는 데 중요한 역할을 했다(Greenaway, 1998: 30).

영국의 1919년의 행정개혁, 즉 각 부처의 사무차관이 공공지출의 책임을 지도록 하고, 재무부와 예산집행 부서와의 연계를 강화하기 위해 재무부 출신이 각 부처로 영입된 행정개혁에서 첫 번째의 수혜집단은 재무부 자체다. 제1차 세계대전 기간 동안 재무부는 사실상 모든 부처의 감독기관 역할을 수행하게 된 것이다. 두 번째 수혜집단은 역설적으로 개혁 주창자들의 주된 공격 대상이었던 고위관료(mandarin elite)로, 이들은 개혁으로 인한 내각사무처의 탈정치화(depoliticisation), 비밀주의 풍토 등의 수혜자라고 할 수 있다. 그리고 협상 상대로서의 정당성을 획득하게 된 노조지도자들이 세 번째 수혜자라고 그린어웨이(Greenaway, 1998: 32–33)는 지적한다.

성공적 행정개혁의 관건은 정치인과 공무원, 그리고 관련 집단의 이해관계를 어떻게 자극하여 개혁의 불쏘시개로 활용하느냐에 달려 있다. 어떠한 행정개혁에서도 정치권의 강력한 의지와 지원은 필수불가결하며, 혁신 과정을 주도하는 개혁 주도집단에 대한 유인 제공 및 동원 또한 필요불가결하다. 그러나 행정개혁의 궁극적 수혜자는 주권자이자 납세자인 국민 일반이다.

제5장

행정개혁의 주체

행정개혁의 주체는 행정개혁의 촉발자, 혁신 리더, 그리고 혁신 일꾼으로 나누어 볼 수 있다.

제1절 행정개혁의 촉발자

행정개혁의 필요성이 인지되고 그것이 구체적 개혁으로 연결되려면 필요한 만큼의 불만이 조성되어야 한다. 행정개혁의 실제에서 조직 성과의 현재 수준과 기대 수준의 차이에서 기인하는 불만은 조직 내외의 조건 변화에 의해 야기되거나 여러 세력에 의해 외재적으로 야기되는 경우가 대부분이다.

행정 체계 내외에서 불만을 야기하여 개혁을 촉발하고 유도하는 출처는 다양하다(김수영, 1996: 26-27). 행정개혁은 대부분의 경우 공무원을 개혁 대상으로 삼기에 기본적으로 외부 세력에 의해 촉발되는 것이 일반적이다. 그러나 상황에 따라서는 조직 내의 불만 세력이 개혁을 촉발할 수도 있다. 여기서는 행정 체제 내외부에서 개혁을 촉발하는 집단을 살펴보고자 한다.

1) 새로운 집권 세력

정권 교체 등으로 새롭게 집권하게 된 정치집단은 행정개혁의 촉발자가 되는 경향이 있다. 특히 이전 정권과 이념을 달리하는 새로운 정치집단이 집권할 경우 구체제(ancient regime)의 인적·물적 기반을 허물고 새로운 집권 기반을 마련하기 위해 대대적인 개혁을 추진하는 경우가 많다. 노무현 행정부가 추진한 정부혁신 작업 및 영국의 대처 행정부가 추구한 개혁 가운데 일부를 그 사례로 들 수 있다.

2) 의회

일상적인 의회활동 과정에서 행정에 대한 불만이 야기되고 따라서 행정개혁이 촉발될 수 있다. 의회는 국민의 대표기관으로서 국민의 의견을 수렴하고 이를 법에 반영하여 제도화하는 것이 기본 책무이다. 따라서 기본적으로 의회는 행정개혁의 주요 역할자로서의 기능을 수행하여야 한다.

3) NGO와 각종 이익집단

NGO와 각종 이익집단이 행정개혁의 촉발자가 될 수 있다. 김영삼 행정부에서 경실련과 같은 시민단체는 '금융실명제'의 도입을 주창하고 '의약분업'의 실시를 촉구하는 등의 활동을 통해 행정개혁을 촉발했다. 또한 2002년 국가적 반부패기구로서 부패방지위원회가 출범한 것도 시민사회단체의 끈질긴 요구 끝에 이루어진 행정개혁의 사례로 볼 수 있다. 그리고 변호사협회와 의사협회 등 각종 이익집단들도 그들의 특수 이익을 위해 행정개혁을 촉구하기도 한다.

4) 전문가집단과 국제기구 등

학회 등 전문가집단과 UN, OECD 등 국제기구의 반부패기구 또한 행정개혁의 촉발자 역할을 담당하기도 한다. 우리나라에서도 국제기구에의 가입 과정이나 국제기구 또는 해외기관의 다양한 평가 과정에서 관련 제도의 문제점이 나타난 적이 있으며, 실제로 이러한 문제 제기가 행정개혁으로 연결되어 제도 개선이 이루어진 사례들도 존재한다.

5) 일반 시민

일반 시민 또한 행정 문제에 불만을 제기하고 개혁을 요구할 수 있다. 일반 국민들의 경우 집합적인 의견을 제시하기는 용이하지 않으나, 심각한 문제들이 제기될 경우 물리적인 행동 등을 통하여 개혁을 요구하는 강력한 의견을 제시하기도 한다.

6) 공무원집단

공무원노동조합 등 공무원집단도 행정 문제에 불만을 제기하는 행정개혁의 촉발자가 될 수 있다. 공무원집단은 업무담당자로서 기본적으로 업무 개선을 위한 다양한 의견들을 제시하며, 특히 공무원노동조합의 경우 윤리적 책임성 확보를 위한 내부규제를 강화하는 노력을 기울이기도 한다.

제 2 절 행정개혁의 담당자

행정개혁의 성공 여부는 행정개혁의 담당자가 누구냐에 달려 있다. 행정개혁을 선도・관리하는 개혁의 담당자는 일반적으로 정치인과 전문가 그리고 행정관료로 구성된다. 상황에 따라서는, 일본에서와 같이, 경제인이 참여하기도 한다. 행정개혁의 담당 기구로는 상설적인 행정기관이 설치될 수도 있고 특별위원회 형태로 설치될 수도 있다.

다음에서는 개혁 담당자의 특성과 역할, 그리고 개혁 담당자를 혁신 리더와 혁신 일꾼으로 나누어 그 특성과 역할을 살펴보고자 한다.

1 개혁 담당자의 특성과 역할

1) 개혁 담당자의 개인적 특성

존스(E. A. Johns)는 개혁 담당자의 개인적 특성으로 (1) 성장 지향적이고 새로운 경험을 원하며, 수단보다는 목적에 더 큰 관심을 갖고 새로운 일을 위해 위험을 무릅쓸 수 있는 성향, (2) 여러 가지 행동 대안에 대한 개방적 태도, (3) 성취 지향적이고 스스로 책임지는 자유를 누리려는 욕망, (4) 다양한 관심과 취미 등 네 가지를 열거한다 (Johns, 1973: 81; 김수영, 1996: 29; 오석홍, 2012: 20).

또한 바네트(H. G. Barnett)는 개혁을 주장하거나 쉽게 수용하는 사람들의 유형을 (1) 반체제자(the dissident): 기존 질서로부터 소외되어 있으며, 기존 질서를 싫어하고, 그에 대해 정신적으로 거리감을 가지고 있는 사람, (2) 무관심자(the indifferent): 기존 질서에 무관심한 사람, (3) 불만자(the disaffected): 기존 질서를 추종하다가 실망하여 불만을 가진 사람, (4) 분개자(the resentful): 다른 사람들의 성공을 시기하고 변동의 야기로 인해 잃게 되는 것이 다른 사람들의 경우보다 적을 것이라고 생각하는 사람 등 네 가지로 구분했다(Barnett, 1953: 380-404; 김수영, 1996: 29; 오석홍, 2012: 20).

한편 제닝스(E. E. Jennings)는 개혁 담당자를 (1) 군주형(prince): 권력욕이 강하고 무슨 일이 있더라도 권력을 유지하려는 사람, (2) 수퍼맨형(superman): 정력과 의지력이 탁월한 사람, (3) 영웅형(heroes): 사명감이 강하고 사명의 완수를 위해 자기가 가진 모든 것을 바칠 각오가 되어 있는 사람 등 세 부류로 구분했다(Jennings, 1960; 김수영, 1996: 30; 오석홍, 2012: 20-21).

2) 개혁 담당자의 역할

얼윈(Patrick H. Ilwin)과 랭엄(Frank W. Langham, Jr.)은 개혁과 관련하여 '최고관리층'이 해야 하는 일로 (1) 변동 요구 세력의 확인, (2) 개인과 조직의 변동 추구 능력 확인, (3) 변동에 유리한 분위기의 조성, (4) 변동 추구 노력에 대한 관련자들의 가담 유도, (5) 변동을 추구하는 데 필요한 조직 단위 등의 설치, (6) 행동화의 유도, (7) 변동 계획의 수립, (8) 변동의 시행, (9) 위험과 갈등의 최소화 등 아홉 가지를 제시했다

(Ilwin & Langham, 1966: 73; 김수영, 1996: 31; 오석홍, 2012: 21).

피오렐리(J. S. Fiorelli)와 마골리스(H. Margolis)는 또한 대규모 조직의 개혁 과정에서 '관리자'와 '개혁 담당자'들이 지켜야 할 수칙으로 (1) 직원들의 참여를 촉진할 것, (2) 직원들의 신념과 지각을 이해하고 이를 개혁에 유리하도록 변환시킬 것, (3) 상호 신뢰와 모험에 유리한 분위기를 조성할 것, (4) 개혁의 성과에 따라 관련자들에게 보상을 실시할 것, (5) 달성 가능한 확대 목표(stretch goal)를 설정할 것, (6) 모든 개혁 노력의 초점, 즉 기본적 틀을 제시할 것, (7) 개혁의 목표와 과정을 쉽게 설명할 것, (8) 경직된 업무 규칙 등 개혁을 가로막는 장벽을 제거할 것, (9) 지속적으로 주의를 집중하고 일관성을 유지할 것, (10) 관리자의 교체가 있더라도 개혁 추진에 일관성을 유지할 것 등 열 가지를 제시했다(Fiorelli & Margolis, 1993: 1－13; 오석홍, 2012: 21).

한편 리피트(W. Lippitt)와 웨스틀리(B. Westley)는 '조직발전 상담사(OD consultans)'의 임무로 (1) 문제의 진단, (2) 대상 체제의 변동 추구 동기와 능력 평가, (3) 개혁 담당자 자신의 동기와 자원 평가, (4) 적절한 변동 목표의 설정, (5) 적절한 지지 역할의 설정, (6) 대상 체제와의 관계 설정 및 유지, (7) 변동 단계의 확인 및 유도, (8) 적절한 기술과 행동 방식의 구체적인 선택 등 여덟 가지를 들었다(Lippitt & Westley, 1958: 91－123; 김수영, 1996: 30; 오석홍, 2012: 22).

여러 학자가 소개하는 혁신 담당자의 역할 속에는 혁신 리더(change leader)의 역할과 혁신 일꾼(change agent)의 역할이 뒤섞여 소개되고 있어 혼란스럽다. 따라서 다음에서는 혁신 리더의 역할과 혁신의 실무를 담당하는 혁신 일꾼의 역할을 각기 구분해 살펴보고자 한다.

2 혁신 리더의 특성과 역할

1) 혁신 리더의 특성

티얼(Tearle, 2004)은 개혁을 촉진 · 감독하고 관리하는 혁신 리더의 특성으로 다음과 같이 15가지를 제시하고 있다. (1) 상식과 용기, (2) 신뢰성, (3) 광범한 업무 지식,

(4) 혁신관리에 관한 지식, (5) 조직 내외의 여러 사람과 팀을 이루어 일할 수 있는 능력, (6) 고도로 비구조화된 작업을 수행할 수 있는 능력, (7) 창의성, (8) 자기 확신과 겸양의 균형, (9) 촉진 기술, (10) 설계 기술, (11) 코칭 기술, (12) 혁신에의 정열, (13) 유머 감각, (14) 배려심, (15) 사람을 고무시키는 능력이 그것이다.

보통의 혁신 일꾼들은 이러한 혁신 리더의 역할 가운데 한두 가지를 수행할 수 있으나, 혁신 리더는 이 모든 역할을 수행할 수 있어야 한다.

2) 혁신 리더의 역할

혁신 리더는 개혁을 추진할 권한과 임무를 지닌다. 그러나 권한 그 자체로는 신속하고 효과적인 개혁을 보장하지 못한다. 개혁 과정에서 혁신 리더의 역할은 혁신의 성공 여부에 큰 영향을 미친다. 그만큼 혁신 리더의 역할은 중요하다. 혁신 리더는 개혁 과정에서 다양한 역할을 수행한다. 혁신 리더는 이러한 다양한 역할을 모두 수행하는 데 비해 혁신 일꾼은 이 가운데 몇 가지의 제한된 역할만을 수행한다는 점에서 양자의 차이가 있다(Tearle, 2004).

(1) 진단자 및 명확한 혁신 목표의 개발자

혁신 리더는 의사(醫師)와 같이 먼저 진정한 이슈가 무엇인지를 진단하고, 그 문제를 해결하기 위한 명확한 목표를 제시해야 한다.

혁신 리더가 분석해야 할 과제로는 현 상황의 문제점 및 이슈, 현재의 조직 상태, 미래의 바람직한 이상적 상태, 바람직한 미래 상태의 달성을 저해하는 장애 요인, 조직 내의 혁신 세력, 조직 내 주요 이해관계자들의 희망·목표·가치, 조직의 미래 전략, 조직의 가치, 조직의 혁신 역량 및 준비 상태, 조직 및 고객에 미칠 조직 환경의 변화 등이 있다. 이러한 분석 결과에 따라 진단가로서의 혁신 리더는 조직이 필요로 하는 혁신의 유형이 무엇인지를 결정하게 된다.

(2) 혁신의 촉진자

혁신 리더는 또한 혁신의 촉진자 역할을 해야 한다. 혁신 리더 및 혁신 일꾼에게 요구되는 가장 어려운 역할 가운데 하나는 다른 사람들을 개혁 속으로 끌어들여 개혁에 적합한 행동으로 이끄는 조치다. 혁신 촉진자로서 리더는 혁신의 주요 이해관계자를 먼저 식별하고, 이들 이해관계자들을 진단 과정에 개입시켜야 한다. 진단 과정에의 참여는 그들로 하여금 조직이 추구할 개혁의 방향과 내용 및 방법에 대해 합의를 이루도록 하고, 개혁에 대해 주인 의식을 가지도록 하는 데 도움이 된다.

혁신 리더는 또한 이해관계자들이 그들 자신의 명확한 목표를 설정하는 데 도움을 주어야 하며, 혁신에 대해 교육하고 그들이 선택한 혁신이 그 밖의 다른 사람들에 대해 어떠한 영향을 미칠지에 대해 이해시켜야 한다. 혁신 리더는 또한 개혁이 이해관계자, 조직 및 해당 부서에 어떻게 도움이 되는지를 이해시켜야 하는바, 혁신에 대한 이해는 개혁에 대한 헌신을 이끌어내게 한다. 혁신 리더는 물론 이러한 개혁이 조직 및 해당 부서와 개개인에게 초래할 '비용'에 대해서도 이해시켜야 한다.

(3) 혁신의 설계자

혁신 설계자로서 리더는 구체적 혁신 목표를 달성하기 위한 개혁 과정을 설계하는 창의적 작업을 수행해야 한다. 개혁 과정을 설계할 때, 리더는 동원 가능한 모든 혁신 수단을 점검하고, 혁신 목표를 달성할 수 있는 구체적 수단을 선택해야 한다. 그리고 조직 목표와 달성 수준과의 차이를 메울 수 있는 부가적 개입 조치들도 강구해야 한다.

리더는 또한 개별적인 개입 조치들이 다른 개혁 수단에 어떠한 영향을 미치는지, 그리고 이러한 모든 개혁 수단이 조직의 가치와 전략에 도움이 되는지를 점검해야 한다. 그리고 리더는 이러한 개입 조치들을 하나의 단순하고 이음매 없는 절차로 정리·통합해야 하며, 이러한 절차를 지원하기 위해 필요한 역할들을 정해야 한다.

(4) 프로젝트 관리자

리더는 또한 프로젝트 관리자로서 다양한 조정 기능을 수행해야 한다. 프로젝트 관리자는 조직 속에서 혁신조정위원회, 최고관리자, 임원, 국지적 조정자, 외부 컨설턴트, 내부 컨설턴트, 중간 간부, 단위 조직의 혁신 일꾼, 커뮤니케이션 조정자, 혁신 망(網) 설계자, 마케팅 전문가, 조직 속의 개인 등 다양한 역할을 수행해야 한다.

(5) 교육자

리더는 또한 교육자로서의 기능을 수행해야 한다. 혁신의 관리자와 혁신의 영향을 받는 사람들은 혁신 과정에서 자주 저항과 좌절 그리고 혼란을 겪는다. 성공적 혁신 일꾼은 혁신 과정에서 어떠한 문제점에 부닥치게 될 것인지에 대해 다른 사람들을 교육해야 한다. 그러한 교육 주제 가운데는 사람들이 혁신 과정에서 겪게 될 심리적 국면, 그러한 감정 상태를 다스리는 방법, 저항을 극복하는 방법, 개혁 과정을 즐겁고 흥미롭게 하는 방법, 혁신의 장애를 극복하는 방법, 혁신을 성공시키는 수단, 혁신 과정에서 창의성의 역할 등이 포함된다.

(6) 혁신의 마케터

혁신 리더는 혁신 마케터로서의 기능도 수행해야 한다. 일반적인 조직구성원 개개인은 대부분 개혁을 싫어한다. 그들은 개혁의 혜택은 조직 자체가 향유하게 되며, 구성원들에게는 부가적인 업무와 무력감, 그리고 제한된 경력 경로를 초래할 뿐이라고 생각한다. 유능한 혁신 마케터는 개혁에의 참여가 흥미와 보상을 가져다 주며, 새로운 기술 습득의 기회를 제공하고, 조직 내에서의 자신의 가시도(可視度)를 높여주며, 개개인이 그 자신의 불가사의한 힘을 스스로 발견할 수 있는 재미있는 모험을 시작하는 것이라는 신념을 심어주어야 한다.

이를 위해 혁신 마케터는 광고회사 등에서 사용하는 혁신적인 마케팅 기법들, 즉 광고, 경쟁, 웹사이트 · 연극 · 동호회와 같은 참여적 미디어, 작문 · 하느님의 말씀 · 슬로건 · 이야기 꾸미기 · 미술 · 음악 · 노래 · 전쟁 구호와 같은 창의적 미디어, 혁신 강화를 위한 주제 선물(themed gifts), 포상, 역할 모델 및 성공 사례 등을 활용해야 한다.

(7) 혁신의 고취자

리더는 또한 혁신 고취자로서의 역할을 수행해야 한다. 사람들은 그들의 마음에 감동을 느낄 때 애정, 활력, 흥분, 창의력으로 반응을 보인다. 혁신 고취자로서 리더는 구성원 개개인이 그들 속에 잠재된 능력을 발견하고, 그들이 달성할 수 있는 개인적 위대성을 꿈꾸도록 도우며, 특수한 능력을 활용하여 모험을 추구할 수 있도록 용기를 북돋우고, 개인적 성공의 장애를 극복하도록 도우며, 개인의 조그만 성공에도 찬양을 보내야 한다.

(8) 시스템의 통합 및 조정자

혁신 리더는 또한 시스템의 통합 및 조정자로서의 역할도 수행해야 한다. 혁신 기여자 개개인은 그들의 혁신 노력에 대해 보상받기보다 처벌받게 될 우려가 있다는 점을 인식하게 될 경우 낙심하게 된다. 이러한 상황은 조직의 보상 체계가 혁신에 부합되도록 조정되지 않았을 경우에 흔히 발생한다. 혁신 리더는 예산, 성과 관리, 보수 체계, 인센티브 및 보상 체계, 보고 체계, 측정 기준, 승진 기준 등의 변화된 시스템이 혁신을 지원한다는 것을 확실하게 보장해야 한다.

(9) 감독자

혁신 리더는 또한 혁신 과정을 점검하고 관리할 감독자로서의 기능을 수행해야 한다. 조직은 통합된 시스템이기에, 시스템의 한 부분에 대한 변화는 다른 부분에 예기치 않은 변화를 유발할 수 있다. 따라서 조직문화의 특성에 대한 고려가 없이 혁신이 무리하게 추진된다면, 시스템의 일부 요소가 혁신에 장애를 초래할 수도 있다.

감독자로서 리더는 정기적으로 개혁의 진척도를 측정하고 무엇이 작동되고 무엇이 작동하지 않는지 그리고 무엇을 개혁해야 할 것인지 등에 관한 질문을 끊임없이 제기해야 한다. 그리고 혁신 리더는 최고관리자, 이사진, 혁신 일꾼들, 관리자, 그리고 기타 혁신 관여자 개개인에 대해 정기적으로 개혁의 진척도를 환류시켜야 한다.

혁신 리더는 또한 혁신 관여자들이 혁신의 장애를 식별하고 그 자신들의 수준에서 그러한 장애를 극복할 창의적 방법을 발견하도록 격려하고, 전체 조직에 영향을 미치는 주요 장애들을 식별하고, 조직구성원들이 성공 스토리를 공유·동일시하도록 하며, 또한 성공한 구성원들이 역할 모델이 되어 다른 사람들을 자극·격려하도록 하고, 혁신 기여자를 치하하고 보상하도록 격려해야 한다.

3 혁신 일꾼의 역할과 역량

1) 혁신 일꾼의 역할

혁신 일꾼은 혁신 리더들의 전략적 비전을 실제적인 행동으로 바꾸는 사람들을 말한다. 혁신 일꾼은 조직발전 전문가로 혁신을 이끄는 한 부서의 리더 또는 중간관리자들이다. 이들은 구조화된 학습 프로그램 등을 통해, 새로운 가치와 행동 그리고 기술을 받아들인 조기 채택자들(early adopters)이다. 조직에 새로운 방식을 도입하는 촉매 역할을 하는 그들은 숙주(宿主)조직을 감염시키는 양성 바이러스의 기능을 한다(Dover, 2004).

혁신 일꾼은 일반적으로 조직 속에서의 업무 성과를 기준으로 선정되며, 그들에게는 훈련이 필요 없는 것으로 잘못 인식되고 있다. 문제는 여기서 발생한다. 혁신 일꾼의 역할은 업무 성과를 단순히 2% 향상시키는 데 있는 것이 아니라 조직문화를 근본적으로 바꾸는 데 있다. 따라서 그러한 역할을 수행하기 위한 전문적인 훈련이 필요하다.

혁신 일꾼은 조직문화를 이해하고 조직문화의 혁신에 따르는 위험을 인식할 필요가 있다. 혁신 일꾼이라는 호칭은 종종 냉소를 사거나 오해받기도 한다. 혁신 일꾼은, 비록 조직혁신이 성공한다 할지라도, 정신적 · 육체적으로 그들의 건강을 위험에 빠뜨릴 수 있다. 그러나 개혁전략을 구체적으로 실현할 수 있는 구성원에 대한 필요는 혁신 일꾼의 역할에 대한 새로운 정당성을 창출하게 된다.

혁신 일꾼에게 요구되는 역할은 무엇인가? 혁신 일꾼은 조직의 현재의 성과를 유지하면서, 조직구성원들로 하여금 혁신을 효과적으로 추진하고, 장래의 변혁을 관리할 능력을 제고하는 등 장래의 성과를 확실하게 해야 한다(Kemp, 2001).

이러한 혁신 일꾼의 역할은 주로 인적자원 관리 기능과 연관된다. 대부분의 조직관리 전략은 인적자원 관리 이슈들과 관련되어 있으며, 인적자원 전문가들은 조직혁신을 지원하기 위해 필요한 주요 인사 시스템을 개발하고 관리한다. 결국 조직혁신은 혁신 일꾼의 인적자원 관리 역량에 달려 있다고 하겠다.

2) 혁신 일꾼에게 요구되는 역량

혁신 일꾼들에게는 다양한 기술과 능력이 요구된다. 혁신 일꾼의 성공은 한편으로는 그들의 메시지 전달 능력에 기반한다. 명확성과 일관성은 혁신 일꾼에게 요구되는 가장 중요한 의사전달 기술 가운데 하나다. 나날의 집행자들은 주요 개혁을 성공시키기 위해 조직 속의 다른 구성원들을 설득하고 협상하고 경청하는 특별한 기술이 필요하다.

혁신 일꾼으로서의 인적자원 관리 전문가들에게 요구되는 역량은 다양하다. 그리고 상황에 따라 다른 역량이 요구된다. 울리히(Dave Ulrich)는 이 분야의 광범한 연구를 통해 성공적인 혁신 일꾼이 갖춰야 할 역량을 다음과 같이 제시하고 있다(Kemp, 2001).

(1) 문제 진단

혁신 일꾼은 직무성과 관련 이슈를 식별하고 그것이 장·단기적 조직 성과에 미칠 영향을 분석할 능력을 갖추어야 한다.

(2) 고객과의 관계 정립

혁신 성과를 확보하기 위해 상호 책임을 지는 제휴를 형성할 수 있어야 한다. 혁신 추진의 경우 일상적인 인적자원 관리보다 위험성이 훨씬 높기 때문에 새로운 관계 정립을 위해서는 더 높은 신뢰 수준이 요구된다.

(3) 비전의 논리 정연한 설명

혁신 일꾼들이 혁신 논리를 효과적으로 전파하기 위해서는 구성원의 희망과 동기를 비전과 연계하여 설명하는 능력을 갖추어야 한다.

(4) 리더십 어젠다의 설정

혁신 일꾼들은 커뮤니케이션, 역할 모델 되기, 바람직한 행동의 강화 등과 같은 리더의 행동 역할을 정의해야 한다. 인적자원 관리 전문가로서 혁신 일꾼은 리더십의 역량과 역동성, 그리고 역사에 대해 정통하고, 리더십 어젠다의 달성을 끝까지 주장하는 고집을 지녀야 한다.

(5) 문제 해결

인적자원 관리 전문가에게 요구되는 역량은 문제 해결 자체가 아니라 문제 해결 방안에 대한 조언이다. 혁신 일꾼들이 부닥치는 문제들은 종종 정서적·정치적 역동성과 연관되어 있다. 혁신 일꾼은 이슈의 본질과 그것이 관련자들에게 미칠 영향의 민감성을 인식할 수 있는 통찰력과 문제 해결을 위해 때로는 난처한 조치도 취할 수 있는 용기를 지녀야 한다.

(6) 개혁 목표 달성을 위한 계획의 수행

성공적 조직혁신은 올바른 전략의 선택과 조직문화의 개혁에 달려 있다. 그런데 조직문화의 혁신은 일관된 인사관리 정책과 체제, 그리고 과정에 의지한다. 결론적으로 말하면, 조직혁신 계획이란 인적자원 관리와 조직관리 양자를 포괄하는 인적자원 관리 계획이라고 할 수 있다.

혁신 일꾼에게 요구되는 위의 여섯 가지 역량에 더해, 켐프(Kemp, 2001)는 혁신 일꾼의 효과성에 필수적인 요소를 다음과 같이 부가적으로 제시한다. (1) 뛰어난 다방향 의사전달 능력, (2) 직무 관련 지식: 과업 및 핵심적 작업 과정, (3) 거시적·미시적 혁신 전망의 파악·유지, (4) 기획 및 프로젝트 관리 기법, (5) 불명료성을 인내할 수 있는 능력, (6) 저항 관리, (7) 모험 추구, (8) 갈등관리 등이 그것이다.

이러한 요건 가운데 일부는 개인적 속성이며, 다른 것은 훈련을 통해 습득된 기술이다. 전략적 수준에서 일하는 혁신 일꾼들은 이러한 요건을 갖추지 않고는 효과적으로 혁신 과업을 추진할 수 없다. 혁신 일꾼에게 필요한 명확한 역량 모델을 갖고 있다는 것과, 혁신 과업을 효과적으로 수행하기 위해 그러한 지식과 기술을 실제로 습득한다는 것은 서로 다르다. 이러한 역량을 기르기 위해서는 그와 관련된 효과적인 혁신 관리훈련 프로그램을 개발·시행해야 한다.

제 3 부

성공적 행정개혁 전략

제6장

행정개혁과 저항

제1절 저항의 의의와 기능

1 저항의 의의

케이든(Gerald E. Caiden)은 혁신 작업에 수반되는 저항에 초점을 두어, 행정개혁을 "저항에 맞서 인위적으로 유도하는 행정 변혁"으로 정의한다. 행정개혁은 인위적으로 기존의 질서를 타파하고 새로운 질서를 구축하려고 하는 것이기에 개혁에는 무릇 저항이 따르게 마련이다. 개혁이 추구하는 새로운 질서란, 다른 말로 하면, 권력·부·명예 등 사회적 가치의 분배 기준을 바꾸는 것을 말한다. '유형화된 가치배분 기준'인 제도를 바꾸려 할 때, 그러한 변화를 통해 손해를 보게 되는 개인 및 집단은 개혁에 저항하게 마련이다.

저항은 개혁에 반대하는 적대적 태도와 행동을 말한다. 케이든이 말하듯이, 개혁에는 언제나 저항이 따르게 마련이다. 저항의 이유는 다양하다. 저항은 앞서 얘기했듯이, 개혁으로부터 손해를 보지 않으려는 사람들의 이기적 자세에서 비롯되는 경우가 많으나, 변화를 귀찮아하는 현상 유지 관성(inertia)에서 기인되는 경우도 적지 않다.

저항은 개혁 추진자 또는 개혁 추진 방법에 대한 불만 때문에 야기되기도 하며, 또한 개혁의 내용을 잘 모르기 때문에, 그리고 개혁 내용의 비논리성·비합리성 때문에 야기되기도 한다.

인간 사회의 수많은 개혁 시도가 대부분 기득권 계층의 저항에 의해 무산되거나 굴절된 것은 역사가 증언하고 있다. 우리나라의 경우 1994년 봄, 공무원 집단이 정부의 행정개혁 추진에 맞서 법 규정을 엄격히 지킨다는 이른바 '준법 투쟁'을 통해 민원처리를 지연시키고 '복지부동'의 자세를 보이는 등 조직적인 저항을 하자, 당시의 김영삼 행정부는 결국 "더 이상의 추가적인 정부조직 개편은 없다"고 선언하지 않을 수 없었다.

영국의 경우에도 1853년의 노스코트와 트레벨리언 개혁안은 이해관계 집단의 저항에 부닥쳐 그 시행에 10여년이 걸렸다. 경쟁시험에 의한 공무원 채용은 1870년의 2차 추밀원령에 의해 비로소 제도화되었다. 노스코트와 트레벨리언 개혁안은 타임스(The Times)와 같은 유력 언론과, 조윗(Benjamin Jowett, 1817-1893) 등 많은 대학의 지도자들 그리고 밀(John Stuart Mill, 1806-1873)과 같은 영향력 있는 인사들의 열광적인 지지를 받았으나, 이듬해인 1854년 정치권 및 관료집단 내부로부터 강력한 반발에 부딪쳤다.

러셀(John Russell, 1st Earl Russell, 1792-1878) 수상은 경쟁시험에 의한 공무원채용이 초래할 인사권(정실인사) 상실의 정치적 파장에 질겁했으며, 이러한 정서는 당시의 각료 대부분이 공유하고 있었다. 급진적 정치인들은 경쟁시험이라는 학문적 자격 요건을 비웃었다. 채드윅(Edwin Chadwick, 1800-1890)과 같은 공리주의자들은 시험 위원들이 행정 전문가보다 시험을 잘 보는 전형적 학생들을 우선시할 것이라고 공격했다. 그리고 트레벨리언의 동료 공무원 대부분도 분업 체제의 도입 및 학문적 재사(才士)를 공무원으로 채용한다는 아이디어에 대해 아주 냉담했다(Greenaway, 1992, 1996).

2 저항의 기능

저항은 개혁에 대해 좋은 영향을 미칠 수도 있고, 나쁜 영향을 줄 수도 있다. 저항은 개혁 그 자체나 개혁 추진자에 대해 공개적 적대 행동으로 노골화되는 경우가 있는가 하면, 간접적이고 완곡한 반발의 형태로 나타나는 경우도 있다.

저항에 관한 일반이론을 전개하는 논자들은 전통적으로 저항의 역기능에 초점을 맞춘 이론을 전개해 왔으나, 저항의 순기능적 역할을 강조하는 논자도 없지 않다. 예를 들면 개혁에 대한 저항은, 바람직하지 않거나 불필요한 변동을 거부하고 바람직한 변동만을 선택하도록 함으로써 조직의 혼란과 와해를 방지하는 것은 순기능적 역할을 할 수 있다는 것이다. 또한 개혁 추진자들은 저항이 있을 것으로 예상될 경우, 개혁의 입안과 시행에 더 신중하게 임할 것으로 추론할 수 있다. 저항은 또한 개혁 추진 과정에 봉착할 수 있는 문제 영역을 확인하는 데 도움을 줄 수 있으며, 부정적 개혁의 영향을 받게 될 사람들의 감정에 대한 정보를 제공하여 대응 행동을 할 수 있게 해준다는 것이다.

저항을 극복하지 못하면 개혁은 처음부터 좌절되거나 왜곡되기 쉽다. 개혁을 성공적으로 추진하기 위해서는 무엇보다 저항의 원인을 분석하여 이를 제거할 수 있는 효과적인 방안이 강구되어야 한다.

제 2 절 행정개혁에 대한 저항의 원인

일반적으로 행정개혁에 따르는 저항의 원인으로는 기득권의 침해, 타성으로 인한 저항, 개혁 내용의 불확실성, 고객집단의 저항 등을 든다.

그 밖에 개혁이 수반하는 혁신의 과부하(過負荷), 변혁에 따른 혼돈과 불안 및 정신적 고통도 저항의 원인이 된다. 개혁 추진자의 특성과 저항자의 특성 또한 저항에 큰 영향을 미치는 요인이 된다. 개혁에 대한 저항은 흔히 정서적 문제로 야기된다. 조직 속의 구성원 대다수는 최선의 성과나 최선의 해결책을 얻기 위해 노력하기보다는 대개 어느 정도 만족할 만한 수준에서 안주하기를 원한다. 혁신은 미지의 장래를 의미하는 바, 조직구성원들은 혁신이 자신들의 조직생활에 어떠한 변화를 초래할지에 대해 두려움을 느낀다.

사람들은 제2의 천성이 되어버린, 익숙해진 행동 방식에 집착하게 된다. 그러한 행동 방식을 변경시키려는 어떠한 시도도 불편을 야기하게 된다. 개혁에 대해 저항하는 것은 인간 본성에 속한다(Elms, 1966). 혁신 과정은 낙관 및 기회와 함께 긴장과 근심도 동시에 초래한다. 혁신은 구성원 개인에 대해 행태 변화와 함께 새로운 여건에 적응할 것을 요구한다. 개혁으로 인한 혼란과 성가심은 그것이 설사 다소의 편익을 가져다 주리라는 점을 알고 있다 하더라도 선뜻 개혁에 나서기를 꺼리게 만든다.

1 저항 원인의 일반적 유형화

개혁에 대한 저항의 원인은 학자들이 다양한 범주로 나누고 있으나, 여기서는 (1) 개혁의 목표 및 내용과 관련된 원인, (2) 개혁의 추진 방법 및 절차와 관련된 원인, (3) 저항의 심리적 원인, (4) 기타 환경적 원인의 네 범주로 분류하고자 한다. 물론 이러한 범주 속의 내용은 상호 배타적이라기보다 밀접하게 관련되어 있다고 할 수 있다.

1) 개혁의 목표 및 내용과 관련된 원인

개혁 목표 및 내용과 관련된 저항의 원인으로는 이익 및 권한의 상실 등 이해관계의 상충과, 개혁 성과에 대해 불신하거나 또는 개혁안의 내용이 바람직하지 못하거나 불확실한 경우를 들 수 있다. 어떤 유형의 혁신이든 개혁에는 승자(수혜자)와 패자(손해 보는 자 및 비용 부담자)가 있게 마련이다. 행정개혁으로 인해 불이익을 받는다고 느끼거나 지위가 상실된다고 느끼는 사람들은 개혁에 저항한다.

2) 개혁의 추진 방법 및 절차와 관련된 원인

개혁의 추진 방법 및 절차와 관련된 저항의 원인으로는 개혁 목표를 달성하기 위한 중간 메커니즘으로서의 추진 전략이 제대로 수립되지 못했거나, 의사결정 과정에 관련자들의 참여가 배제되고, 의사 전달에 장애가 있을 경우, 개혁 추진의 시기가 적절하지 못하거나 혁신 일꾼 등 개혁 추진자의 신망이 낮은 경우 등을 들 수 있다. 우리나라의 경우 현실적으로 특히 의사결정과정에서의 참여 부족이 주요 원인으로 지적되는 경우가 적지 않다.

3) 저항의 심리적 원인

저항의 심리적 원인으로는 이익 침해에 대한 우려, 미지의 상황에 대한 불안감과 재적응의 부담, 타성으로 인한 저항 등을 들 수 있다. 특히 이익 침해에 대한 우려는 저항의 심리적 원인임과 동시에 개혁의 목표와 관련된 저항의 주요한 원인으로 작용한다.

4) 기타 환경적 원인

기타 환경적 저항 요인으로는 관료제의 경직성과 보수적 관행, 정치 · 사회적 전통과의 충돌, 법적 제약, 재정적 한계 및 매몰비용의 문제 등을 들 수 있다. 이러한 요인들은 개혁에 대하여 저항을 유발하는 요인임과 동시에 의사결정과정에서 개혁의 시도 자체를 어렵게 하는 요인으로 작용한다.

어떠한 개혁에도 저항은 불가피하게 따르게 마련이다. 능숙한 혁신 관리자는 개혁이 선포되고 개혁 대상자들의 동요를 막기 위한 전략을 구상할 때, 각 구성원들의 저항의 강도를 예측해야 한다. 그리고 어떠한 저항이 개혁을 심각하게 저해할 것인지를 예측해야 한다.

조직 내외에서 혁신 일꾼을 선발할 때는 이러한 저항을 극복할 수 있는 자긍심이 강하고 확신에 찬 강인한 성격의 소유자를 선발할 필요가 있다. 또한 혁신 관리자는 개혁의 결과에 대해 낙관적이고, 비판과 저항을 꿋꿋이 견딜 수 있으며, 그 자신의 운명을 통제할 수 있어야 한다.

2 저항 원인의 기타 유형화

1) 심리적 원인에 따른 유형화

리코타-크시아젝(Lichota-Ksiazek, 2003)은 개혁에 대한 저항은 조직구성원 개인 수준에서 일어나기에 저항의 기원을 개인의 심리에서 찾아야 한다고 주장하면서, 개혁에 대한 저항의 야기 요인을 (1) 정서적 범주(emotional category), (2) 환경적 범주(environmental category), (3) 지각적 범주(perceptual category), (4) 인지적 범주(cognitive category)의 네 가지로 나누었다.

(1) 정서적 범주

정서적 범주 속에는 모험에 대한 공포(fear of taking the risk), 불명료성의 불용(incapacity to tolerate ambiguity), 심판관 성향(tendency to judge), 신속한 성과의 기대(inability to sleep on the issue), 소속집단의 상실 및 안전의 상실에 대한 공포(fear of loss of the group to which one has belonged for a long time, and loss of security) 등 다섯 가지 요인이 포함된다.

조직구성원이 만약 실패로 인해 처벌받은 경험이 있다면, 그는 어떤 새로운 시도를 하기를 두려워할 것이다. 조직 내외의 혁신 일꾼은 조직구성원들이 그러한 두려움을 극복할 수 있도록 도와주어야 한다. 개혁의 초창기에는 복잡한 혁신 절차가 무척 번거롭고, 제기되는 여러 문제점을 헤치고 나아가기가 어려우며, 개혁이 끝난 뒤의 종국 상태를 예측하기가 힘들다.

따라서 개혁의 초기 단계에서는 관련자들이 개혁의 성과에 대해 가시적 확신을 가질 수 있도록 해야 한다. 그리고 개혁에 대한 심판관적 자세는 삼가야 하는바, 왜냐하면 그러한 태도는 사기를 떨어뜨리고 당신을 '절망의 계곡' 속으로 되돌려 보낼 수 있기 때문이다(Loh, 1997).

오늘날 급변하는 환경 속에서 조직은 신속한 문제 해결과 신속한 변화를 요구한다. 그러나 중대한 변혁이 가시적 성과를 내기까지 상당한 시간과 인내를 요구한다는 사실을 인식할 필요가 있다. 혁신의 성공적 추진을 위해서는 초기 단계에서 혁신 관리자들이 즉각적인 긍정적 효과를 약속해서는 아니 된다. 신속한 효과를 과시하기 위한 몇몇 프로젝트가 수행될 수 있으나, 구성원들의 행태 적응에는 오랜 시간이 걸린다. 그리고 개혁을 추진할 때도 인간은 동료집단에 귀속되고 그들에 의해 받아들여지기를 원하는 사회적 동물이라는 점을 명심할 필요가 있다.

(2) 환경적 범주

환경적 범주 속에는 너무 많은 개혁 조치의 동시 집행(too many initiatives being implemented at the same time), 협소한 초점(too narrow a focus of change), 재정지원의 결여(lack of support, inadequate resources and limited economic factors) 등의 요인이 포함된다.

관리자들은 흔히 모든 것을 한꺼번에 바꿀 수 있다고 생각한다. 그러나 조직구성원들은 평소에 처리해야 할 일상사가 많다. 따라서 조직구성원들에게 개혁 업무를 부가하기 위해서는 일 처리의 우선순위를 분명하게 인식시켜야 한다.

그리고 개혁을 성공적으로 추진하기 위해서는 모든 관련 과정을 총체적으로 접근하는 '헬리콥터' 시각을 가질 필요가 있다. 특정한 개혁 조치를 취할 때 그와 관련된 여러 절차와 과정의 변혁을 동시에 추진하지 않을 경우, 결코 소기의 성과를 거둘 수 없다. 또한 성공적 개혁을 위해서는 재정적 · 정치적 지원을 포함하여 위로부터의 전폭적 지원이 필요불가결하다.

(3) 지각적 범주

지각적 범주 속에는 정형화된 조직문화(stereotyping), 이슈와 사람의 분리 곤란(difficulty separating the issues from the person), 통제력 · 권력 및 전문성 상실에 대한 공포(fear of losing control, power, and expertise) 등의 요인이 포함된다.

모든 조직은 구성원들의 행태를 형성하고 일처리 방식을 규율하는 일정한 조직문화를 갖고 있다. 역사가 오래된 동질적 조직은 집단사고(groupthink)[1]의 위험에 빠질

1) 응집력이 높은 소규모 의사결정 집단에서 대안의 분석 및 이의 제기를 억제하고 합의를 쉽게 이루려고 하는 심리적 경향을 말한다. 즉, 집단구성원들이 대안에 대한 충분한 분석 및 토론이 없이 쉽게 합의하고 그 대안이 최선이라고 믿고 합리화하려고 하는 현상을 말한다. 집단사고는 의사결정 과정에 나타나는 '집단착각 현상'이다. 집단사고에 빠지게 되면 조직구성원들은 새로운 정보나 변

가능성이 큰바, 이러한 기존 행태를 한꺼번에 바꾸려 할 경우 커다란 저항에 직면할 수 있다.

또한 조직 내 구성원들은 조직정치에서 자유로울 수 없으며, 일상적으로 얼굴을 마주하는 동료의 문제를 다룰 때 사람과 일을 분리하여 생각하는 객관적 입장을 지니기가 어렵다. 이러한 점을 고려하여 혁신을 추진할 때는 '상이한 안경'을 낀 외부인을 활용하여 정치적으로 민감한 문제를 처리하도록 하는 것이 바람직하다.

(4) 인지적 범주

인지적 범주 속에는 정확한 정보의 결여 및 부정확한 언어의 사용(lack of the correct information and using incorrect language), 인지적 경직성(cognitive inflexibility) 등의 요인이 포함된다.

개혁 과정의 모든 단계에서 구성원들에게 적절한 정보를 제공하지 않을 경우 저항은 증가된다. 따라서 부서에 따라 각기 그 특성에 적합한 통신 수단과 언어를 사용하여 적절한 정보를 제공하는 것이 중요하다. 그리고 저항의 징후를 탐지하기 위해 가능한 모든 정보를 활용하는 것이 중요하다.

2) 상황적 조건과 심리적 원인에 따른 유형화

한편 오석홍은 저항의 원인을 (1) 저항 야기의 상황적 조건과 (2) 저항의 심리적 원인으로 나누어 설명한다(오석홍, 2012: 37－40).

저항 야기의 상황적 조건으로는 (1) 일반적 장애, (2) 개혁 추진자의 낮은 신망, (3) 개혁 목표와 내용의 결함, (4) 추진 방법과 절차의 결함, (5) 개혁 관련자의 개인적 특성 등이 제시된다.

행정개혁의 촉발 자체를 좌절시키거나 저항을 야기할 수 있는 일반적인 장애로는 ① 정치적 불안정, ② 경제적 빈곤(자원의 부족), ③ 사회적 갈등, ④ 문화적 혼란, ⑤ 행정 체제의 능력 부족과 제도화된 부패, ⑥ 관료제의 경직성과 보수적 행정문화, ⑦ 조직 내의 갈등과 권력 투쟁, ⑧ 현상 유지적 집단 규범, ⑨ 법령 등 조직행동을 공식

화에 민감하게 반응하지 못해 상황 적응 능력이 떨어지게 된다(이종수, 2009a, 「행정학사전」).

적・비공식적으로 제약하는 요인, ⑩ 기존 상태에 투입된 많은 매몰비용 등 열 가지를 들 수 있다. 개혁에는 저항이 야기되지 않는다 하더라도 '장애' 자체가 개혁을 좌절시킬 수도 있으며, 그러한 장애는 또한 저항을 야기할 수 있는 상황적 조건이 된다.

그리고 개혁 추진자의 낮은 신망, 개혁 목표와 내용의 결함, 추진 방법과 절차의 결함 등 공통적으로 제시되는 요인 이외에 개혁 대상자나 기타 저항 야기의 가능성이 있는 사람들의 성격, 습관, 지각 등도 개혁 관련자의 개인적 특성으로서 저항 야기의 조건이 될 수 있다.

저항의 심리적 원인으로는 (1) 개혁 성과에 대한 불신, (2) 개혁 내용의 몰이해, (3) 이익 침해 인식, (4) 재적응의 부담, (5) 자존심 손상, (6) 미지의 상황에 대한 불안감 등이 제시된다.

제 3 절 저항의 극복 방안

개혁에 대한 저항을 극복하기 위해서는 앞서 살펴본 저항의 원인을 제거하면 될 것이다. 혁신 관리자는 각 개인별 저항의 원인을 정확하게 진단, 그에 적합한 저항 극복의 전략과 수단을 동원해야 한다. 저항의 극복 방법에 대해 학자들은 다양한 전략을 제시한다.

존스(Jones, 1966)는 저항의 극복 전략을 (1) 강압적 전략(coercive strategy), (2) 규범적 전략(normative strategy), (3) 공리적 전략(utilitarian strategy), (4) 중립적 전략(neutral-like strategy)의 네 가지로 분류하고 있다.

코터와 슐레진저(Kotter & Schlesinger, 1979)는 저항에 대처하는 방법으로 (1) 교육과 의사 전달(education and communication), (2) 참여와 관여(participation and involvement), (3) 촉진과 지지(facilitation and support), (4) 협상과 타협(negotiation and agreement), (5) 조작과 포섭(manipulation and cooptation), (6) 명시적・묵시적 강제(explicit and implicit coercion) 등을 제시한다.

그리고 너트(Nutt, 1986: 255-257)는 저항 극복에 동원할 수 있는 전술을 (1) 개입 전술(intervention tactics), (2) 참여 전술(participation tactics), (3) 설득 전술(persuasion tactics), (4) 포고 전술(edict tactics)로 나누었다.

저항 극복의 방법은 일반적으로 (1) 강제적 방법, (2) 공리적 · 기술적 방법, (3) 규범적 · 사회적 방법 등으로 나누어 볼 수 있다.

1 강제적 방법

강제적 방법(coercive method)은 저항자에 대해 물리적 제재나 불이익의 위협을 가하는 방법이다. 저항을 극복하기 위한 최종적 수단은 결국 저항자에 대해 물리적 제재나 불이익의 위협을 가하는 수밖에 없다. 강제적 접근방법은 상황에 따라 계층제상의 권한을 사용하거나 의식적으로 긴장을 조성하여 개혁에 순응하지 않을 수 없는 분위기를 조성하는 방법도 사용할 수 있다. 강제적 방법의 예로는 (1) 명령, (2) 제재, (3) 긴장 조성, (4) 권력구조 개편 등의 방법을 들 수 있다.

개혁은 전통적 권력 행사 방식의 점잖은 묘사에 다름 아니라고 주장되기도 한다(Caiden, 1969: 195). 즉, 사람들의 행동은 폭력 또는 적어도 폭력의 위협이 없이 그들의 의사에 반해 갑작스럽게 변화될 수 없다는 것이다. 개혁이 궁극적으로 자신의 이익에 도움이 될 것이라는 점이 설득되지 않는다면, 저항은 개혁에 순응하지 않을 경우 큰 불이익을 당할 것이라는 위협에 의해서만 극복될 수 있다.

사람들은 본질적으로 보수적이기에 '혹시나' 하는 미래의 상태보다는 현재를 즐기려 하기 마련이다. 이러한 인간 본성은 강제와 위협, 밀착 감시와 엄격한 통제를 강조하는 맥그리거(Douglas M. McGregor)의 이른바 X이론에 잘 묘사되어 있다.

따라서 저항을 극복하기 위해 개혁가는 권력의 장악, 즉 의사전달 · 동기부여 · 영향력과 같은 전략적 지렛대의 장악을 겨냥해야 한다. 개혁가로 하여금 다른 사람의 생활 방식을 바꿀 수 있게 하는 것은 바로 권력인 것이다. 이러한 강제적 접근 전략은 일반적으로 계서적 권한을 활용하게 된다.

그러나 경우에 따라서는 인적 청산과 아울러 권력구조를 먼저 개편하여 저항집단의 세력을 약화시킨 뒤에 개혁을 추진하는 방법도 있을 것이며, 기득권 연대가 철의 삼각동맹(iron triangle)처럼 강고할 경우 국민에게 직접 호소하는 포퓰리즘의 방법을 동원하여 정치 · 사회적 지원을 얻을 수도 있을 것이다. 또한 의도적으로 위기 의식을 조장하고 사회적 갈등을 부추기면서 저항 세력을 반개혁 · 기득권 세력으로 몰아가는 방법도 강구할 수 있다.

그러나 권력 변수에 초점을 둔 이와 같은 주장은 일리 있는 주장이기는 하나, 그것은 진리의 한 측면에 불과하다. 즉, 행정개혁은 단순한 권력 행사 또는 행동 변화 이상으로 보아야 한다. 개혁은 진보(進步)의 이상을 인간 활동의 한 영역에 적용하는 것이다. 인간이 무엇을 믿는다는 것은 그것이 바로 실재(實在)이고 아주 큰 중요성을 지닌다는 것을 의미한다.

그리고 강제적 전략은 위기 상황이나 저항을 신속하게 제압할 필요가 있을 경우에는 유용한 수단이 될 수 있으나, 더 큰 저항을 불러오는 등 여러 부작용을 초래하고 개혁 대상자들의 진정한 승복을 얻을 수 없다는 점에서 바람직하지 못하다고 하겠다.

2 공리적 · 기술적 방법

공리적 · 기술적 방법(utilitarian-technical method)은 이익 침해에 대해 기술적 조정을 하거나 보상을 함으로써 저항을 회피하는 전략이다. 예를 들면 구조조정으로 인한 퇴출 또는 인사 이동 대상자들에게 명예퇴직 수당을 지급하는 등 경제적 보상을 제공하거나 산하기관 또는 유관 기관의 자리를 알선해 주는 방법도 있을 것이며, 신규 인력 충원의 감축 등을 통해 강제퇴직의 규모를 최소화하거나 구조조정 시기를 기술적으로 조정하여 저항을 줄이는 방법도 강구할 수 있다.

공리적 · 기술적 방법의 예로는 (1) 경제적 보상, (2) 임용상의 불이익 방지, (3) 개혁의 편익에 대한 홍보, (4) 시기 조정, (5) 적응성 제고 등을 들 수 있다.

그러나 이러한 공리적 방법은 경제적 재원이 많이 소요되고 저항의 진정한 극복이 아니라는 문제점을 지니고 있다. 즉, 이러한 공리적 접근 방법은 저항을 극복하는 것이 아니라 타협하고 양보하는 것이며 이로 인해 개혁의 의미가 퇴색할 우려가 있다.

공사조직의 구조조정 등 개혁 시도가 흔히 직원노조의 저항에 부딪쳐 무산되거나 오히려 개악되는 경우를 볼 수 있다. 본래의 개혁 취지가 의회에서의 여야 협상을 통해 왜곡되거나 또는 직원노조와의 협상 과정을 통해 훼손되어 버리는 경우, 이러한 개혁은 도대체 무엇을 위해 왜 추진되어야 하는지 의문이 들 때가 많다.

3 규범적 · 사회적 방법

규범적 · 사회적 방법(normative－social method)은 상징 조작 및 설득의 방법을 통해 개혁 대상 집단의 심리적 저항 요인을 약화시키는 전략이다.

신망이 높은 종교인이나 사회지도층 인사를 개혁 지도자로 내세우거나 동료들의 신망이 높은 조직구성원을 혁신 일꾼으로 선발하는 것도 저항의 강도를 약화시키는 데 도움이 될 것이다. 또한 새로운 의사전달망을 개발하여 의사소통을 원활히 하고 참여의 통로를 개발 · 확장함으로써 소외 의식을 불식시키는 것도 훌륭한 수단이 될 수 있다. 그리고 지속적 교육훈련을 통해 개혁의 불가피성과 필요성을 인식시키고, 조직구성원 개개인의 성취 욕구를 개혁의 불쏘시개로 활용하는 방법을 강구할 필요가 있다.

즉, 규범적 접근 방법은 개혁에 대한 이해와 협조를 구하기 위해 이해관계자들의 참여를 확대하고 개혁에 대한 정보를 제공하며 개혁의 당위성 및 예상되는 성과를 제시하면서 설득하는 방법이다. 이러한 규범적 접근 방법은 저항자들의 이해와 양해를 얻는 근본적인 저항 극복책으로 조직의 인간화를 주장하는 논자들에 의해 가장 선호되고 있다.

규범적 · 사회적 방법의 구체적 예는 (1) 신망 제고와 솔선수범, (2) 의사 전달과 참여의 촉진, (3) 사명감 고취와 역할 인식 강화, (4) 적응 지원, (5) 가치 갈등 해소, (6) 교육 훈련과 자기 계발 등으로 정리할 수 있다. 규범적 · 사회적 방법은 저항의 근본적인 해결책으로 조직의 인간화를 주장하는 오늘날의 연구인들이 가장 선호하는 저항 극복 방법이다. 그러나 규범적 · 사회적 방법은 효과가 더디게 나타나며, 끈기 있는 노력과 시간이 많이 소요된다는 한계를 지닌다.

저항의 극복은 개혁 대상자인 공무원들이 새로운 규범과 행태를 받아들이는 것으로 귀결된다. 그들은 변혁이 궁극적으로 개인적 · 집단적 이익에 부합되기에 개혁에 따른 현재의 불편을 감수할 만한 가치가 있는 것으로 판단할 때 비로소 변혁에 순응하게 된다. 개혁 대상자들이 개혁 과정에 참여하게 될 경우 개혁은 좀 더 용이하게 수용될 수 있을 것이다. 개혁 대상자들이 개혁에 따르는 고통을 기꺼이 감내하는 배후에는 이해 증진이라는 분명한 목적 의식이 있다.

제7장

성공적 개혁 관리전략

제1절 성공적 개혁의 기초

개혁은 체제의 문제이기에, 포괄적 접근이 필요하다. 그리고 조직혁신은 조직이 변하는 것이 아니라 사람이 변하는 것이다. 즉, 정부 또는 조직 자체가 변하는 것이 아니라, 조직 속의 구성원들이 변하는 것이다. 정부 속에서 공공 서비스를 생산하고 배분하는 것은 공무원이다.

따라서 좋은 성과는 정부로부터가 아니라 정부 속의 공무원들로부터 얻게 된다. 그리고 변혁은 마음(heart)과 정서의 문제이지 머리(head)의 문제가 아니다. 사람들은 자신이 변해야 한다는 것을 알고 있으나, 어떤 까닭에 의해 변하지 않는 것이다. 결국 정부혁신은 궁극적으로 정부조직 속에서 일하는 공무원들의 행태 및 가치관의 변화로 귀결되어야 한다.

수많은 혁신 노력은 실패로 끝나는 경우가 많다. 그러한 실패는 탁월한 비전이 없어서가 아니라, 혁신 그 자체의 본질을 제대로 이해시키지 못했기 때문이다. 정부재창조 작업이든 기업조직의 혁신이든 간에 개혁이 성공하기 위해서는 여러 가지 요건이 필요하다. 학자들은 이러저러한 논거에서 개혁의 다양한 성공 요건을 제시하고 있다. 다음에서는 몇몇 학자가 제시하는 개혁의 성공 요건을 고찰해 보고자 한다.

1 던포드의 개혁의 성공 요건

던포드(Durnford, 2004)는 성공적 혁신의 기초로 다음 다섯 가지를 제시하고 있다.

1) 최고관리층의 선도

던포드는 '최고관리층의 선도'를 혁신의 가장 중요한 성공 요인으로 제시하고 있다. 공・사조직을 불문하고 조직혁신 프로그램과 리더십 역량은 상호 밀접하게 연관되어 있다.

혁신을 가능하게 하는 리더의 속성은 일반적으로 비전과 용기 및 확신, 개인과 사업 양 차원에서의 모험 추구 역량, 그리고 혁신을 타인에게 단순히 강요하는 것이 아니라 개혁에의 헌신을 밖으로 표현하는 능력 등이다. 모토롤라와 GE 등 조직혁신에 특출하게 성공한 기업들은 모두 혁신 프로그램 속에 리더십 훈련 과정을 담고 있다는 특징을 지닌다.

2) 간부집단의 헌신

'간부집단의 헌신' 또한 혁신의 성공적 추진을 위한 주요 요건 가운데 하나다. 이사회의 중역이든 또는 조직의 부서장이든 간에 헌신적인 간부진은 혁신 프로그램의 성공적 추진에 필수불가결한 요건이 된다. 혁신에 대한 간부진의 '단순한 말 공양(lip service)'은 혁신을 심각하게 저해하는 요인 가운데 하나가 된다.

진정한 개혁은 특히 상급자들에게 커다란 위협이 된다. 개혁이 추진되면 간부들은 어떻든 기존의 역할과 책임, 행태, 리더십 스타일 등을 바꾸지 않으면 아니 되는바, 무엇보다 이러한 관계 변화가 간부진에게는 불쾌하고 언짢은 것이다. 불행하게도 적지 않은 간부집단은 종종 혁신과는 반대되는 방향으로 연대한다. 이사회에서 개혁을 지지한 간부가 복도에서는 그 결정을 비판하는 것과 같이 특히 간부진의 장막 뒤에서의 은밀한 반대는 혁신의 가장 큰 위협이 된다.

간부진으로 구성된 혁신지원 팀은 특히 개혁의 초기 단계에 발족되어야 한다. 코터(Kotter, 1995)는 이를 '혁신 향도 연대(guiding coalition)'라 부른다. '향도집단'은 개혁 작업을 실제적으로 수행하는 집단이 아니라, 개혁의 장애 요인을 제거하고 혁신 분위기를 조직 전체에 확산시키는 기능을 수행한다.

개혁 프로그램이 지속적으로 추진되기 위해서는 조직 전체가 함께 휩쓸려야 한다. '함께 성장한다'는 의미를 지닌 라틴어 coalitus에 연원을 두는 '연대(coalition)'는 '동일한 목표를 위해 뭉친 동맹체'라고 할 수 있다. '진정한 연대(true coalition)'가 되려면, 사소한 견해 차이는 건설적으로 표출되어야 하나, 총체적인 목표만은 공유되어야 한다. '진정한 연대'는 부단한 교육훈련을 통해 혁신에 따르는 갈등을 극복하고 관점을 공유하는 방법을 체득하게 한다. 혁신의 장애 요인을 제거하고 혁신을 지원할 '향도 연대'는 본격적인 개혁 추진에 앞서 구축되어야 한다.

국・과장급의 중간간부진(middle managers)은 개혁 초기부터 동참해야 한다. 국장급들은 특히 '위로부터의 개혁'을 추진하는 데 중심적 역할을 하는바, 이들의 행동과 태도는 지극히 중요하다. 개혁 초기에는 상당히 파격적인 조치와 동요가 있게 마련인데, 중간간부들에게 개혁 관련 정보를 사전에 충분히 제공함으로써 소외감을 갖지 않도록 하는 것이 무엇보다 중요하다. 소외된 중간간부들은 개혁 과정을 가로막고 훼손하는 장애 요인이 된다. 간부진의 지원을 받는 혁신 추진팀은 강력하게 개혁을 추진할 수 있으나, 간부들이 관심을 갖지 않거나 혁신이 그들의 역할에 위협이 된다고 생각하게 될 경우 개혁 작업은 용두사미로 끝나게 된다.

3) 강력한 비전의 창출

'강력한 비전의 창출' 또한 성공적 개혁을 추진하기 위한 주요 요건이 된다. 사람들은 가슴 뛰게 하는 강력한 비전에 의해 미래의 가능성을 보고 그에 따라 행동하기 시작한다. 비전은 혁신 에너지를 집중시키고 지속시키는 역할을 한다. 강력한 비전은 조직이 혁신의 추진 기간 및 추진 후에 어떤 모습을 띠게 될 것인지, 조직구성원 개개인과 팀이 왜 혁신을 추구해야 하는지, 우려되는 점은 무엇이며 그리고 그것을 어떻게 다루어야 할 것인지 등에 대해 얘기해 준다.

4) 반복된 의사전달

'반복된 의사전달'도 개혁의 성공적 추진을 위한 요건 가운데 하나다. 커뮤니케이션은 노력과 시간을 필요로 한다. 그러나 커뮤니케이션은 그만큼 가치 있는 투자다. 조직구성원에게 혁신의 비전을 상기시키고 개혁이 얼마만큼 추진되어 왔는지를 알려주는 것은 사기와 신념을 진작시키는 데 긴요하다. 개혁이 순조롭게 추진되고 있다는 긍정적 증거는 냉소주의자들을 제어하는 데 유용하다.

개혁의 성공적 추진을 위해서는 당신이 생각하는 것보다 10배나 많은 커뮤니케이션이 필요하다. 최근의 연구는 한 종업원에 대해 회의, 게시판, 회보 등을 통해 3개월간 평균 230만 단어의 일반적인 커뮤니케이션이 이루어지고 있으며, 혁신 비전 관련 커뮤니케이션은 3개월간 단지 1만 3,400 단어를 기록하고 있음을 밝히고 있다. 이 같은 수치는 비전 관련 의사소통이 회사의 커뮤니케이션 시장에서 겨우 0.58%를 차지, 턱없이 부족함을 나타낸 것이다. 커뮤니케이션은 말로만 이루어지는 것은 아니라 춤이나 음악을 통해 이루어지기도 한다. 그리고 명백한 메시지는 행동을 통해 전달되기도 한다.

5) 혁신 촉진자의 육성 및 훈련

혁신 촉진자(facilitators of change)를 육성하고 훈련하는 것도 혁신의 성공을 위해 긴요하다. 혁신 촉진자는 강력한 문제 해결 수단 및 에너지와 열정을 주입할 수 있는 능력을 갖춘 개인들로, 혁신의 촉매작용을 하는 사람들이다. 훈련된 혁신 촉진자들은 혁신팀을 성공으로 이끄는 가장 훌륭한 수단이 된다. 조직 내의 지원자 가운데 능력 있고 신뢰할 수 있는 혁신 일꾼을 찾아냄으로써 비로소 개혁의 중추가 자리 잡게 되는 것이다.

2 워싱턴 등의 개혁의 성공 요건

워싱턴과 그의 동료들(Washington et al., 2004)은 혁신의 다섯 가지 구성 요건을 다음과 같이 제시하고 있다.

1) 비전(vision): 당신은 어디로 가려고 하는가? – 혁신이 성공하기 위해서는 강렬한 비전이 필요하다

혁신 노력이 실패하는 가장 중요한 요인 가운데 하나는 명확한 비전이 없기 때문이다(Kotter, 1995). 비전은 조직이 변화해 나가야 할 방향을 명확하게 제시한 것이다. 성공적 혁신을 위해서는 열정을 불러일으키고 정신을 불붙이는 비전이 설정되어야 한다. 훌륭한 비전은 사람들이 스포츠 이벤트에서 느끼는 것과 같은 열광을 불러일으킨다(Nutt & Backoff, 1997: 309). 비전은 대담해야 하며 그러한 비전은 생생하게 정열적으로 소통되어야 한다. 조직 목표와 전략을 담은 비전은 구성원들의 정서와 에너지를 강력하게 촉발시키는 형상(imagery)의 기능을 수행한다.

너트와 배코프(Nutt & Backoff, 1997)는 비전이 네 가지 아이디어를 구체화해야 한다고 주장한다. 즉, 비전은 실현가능성(possibility), 소망성(desirability), 작동성(actionability), 그리고 명료성(be articulable)을 지녀야 한다.

비전은 실현가능성을 지녀야 한다. 즉, 사람들이 달성 가능하다고 생각하는 미래 상태를 제시해야 한다. 비전은 또한 조직구성원들이 현재 상태에서 목표 상태로 나아가기를 소망할 만큼 바람직해야 한다. 여기서 혁신의 정서적 부분이 아주 긴요하다. 사람들은 종종 비전에 대해 얘기는 하나 열정이 담겨 있지 않은 경우가 많다. 열정이 담겨지지 않을 경우 진정한 혁신은 불가능하다.

비전은 그리고 작동성을 지녀야 한다. 비전은 조직이 이루고자 하는 단순한 희망목록이 아니다. 비전은 중요한 몇몇 사항에 초점을 맞추어, 조직이 비전을 어떻게 달성해야 하는지에 대한 통찰력을 제공해야 한다. 예를 들자면 '투명한 정부'를 만들기 위해 시민에 대한 정보 제공 서비스를 어떻게 개선하고자 한다는 것과 같이, 특정 분야에서 어떠한 목표를 어떻게 달성하고자 하는지를 나타내야 한다.

마지막으로 비전은 단 몇 개의 단어로 표현할 수 있을 정도로 명료성을 지녀야 한다. 비전의 길이가 한 단락을 넘으면, 힘을 잃게 된다. 포드 자동차는 '품질이 생명이다(Quality is job one)', 아디다스(Adidas)는 '불가능, 그것은 아무것도 아니다(Impossible is nothing!)'와 같은 슬로건으로 비전을 표현했다. "경험상 당신이 비전을 5분 이내에 다른 사람에게 전달, 이해(理解)와 관심을 끌 수 없다면, 당신은 아직 아무것도 하지 않은 것이다(A useful rule of thumb; if you can't communicate the vision to someone in five minutes or less and get a reaction that creates both understanding and interest, you are not yet done)"(Kotter, 1995: 63).

비전을 전달하는 것은 리더의 가장 중요한 역할 가운데 하나다. 코터(Kotter, 1995)는 혁신 노력이 실패하는 여덟 가지 주요 요인 가운데 하나로 비전의 소통 부족(under-communicating)을 들고 있다. 위대한 지도자들은 그들이 행하는 모든 일을 비전의 말로 정의할 필요가 있다. 만델라(Nelson Mandela)의 '인종 차별 철폐'라는 부정적·소극적 메시지가 아닌 '만인 평등'의 비전이나, 킹(Martin Luther King) 목사의 '흑인에게도 평등한 권리를' 비전이 정치권의 좋은 예가 될 수 있다.

2) 리더십(leadership): 누가 당신을 그곳으로 인도할 것인가?
– 혁신이 성공하기 위해서는 비전의 전달과 함께 리더의 역할이 중요하다

셍게(Senge, 1990)와 코터(Kotter, 1990)는 혁신의 성공을 위해 리더는 비전을 제시하고, 조직활동의 초점을 비전에 맞추며, 비전 구현을 위한 행동을 이끌어내야 한다고 주장한다. 즉, 리더는 조직의 방향을 결정하고 비전을 자신의 것으로 만들어야 한다. 리더는 또한 구성원들에게 비전을 전달하고, 비전을 중심으로 구성원들을 정렬시켜 그들의 에너지를 결집시키는 역할을 수행해야 한다.

리더는 부하 직원들에게 혁신을 이해시키는 데 더 많은 시간을 투입해야 한다. 리더들은 종종 비전을 개발하고 이해하는 데 5일을 소모하지만 부하들에게 비전을 전달하는 데 단지 15분을 할애하고는 부하들이 비전에 대해 흥분하지 않는다고 좌절하곤 한다. 리더는 또한 혁신 추진을 위한 행동을 이끌어내야 한다. 위대한 리더는 비전을 창출해야 할 뿐만 아니라 그것을 달성하는 수단에 관한 생각도 가져야 한다.

리더들은 그 밖에도 다양한 역할을 해야 한다. 최근의 리더십 이론은 효과적인 리더들은 환경에 내재하는 복잡성·역설·모순을 알아채고 반응하는 인지 및 행동 능력을 가져야 한다고 주장한다(Denison, Hooijberg & Quinn, 1995).

퀸(Quinn, 1988)은 리더십에 관한 문헌을 개괄, 융통성–안정성, 내부 초점–외부 초점의 두 차원을 기준으로 하여 여덟 가지의 리더십 역할을 추출했다. 그가 식별한 리더십 역할은 (1) 혁신자(innovator), (2) 중개인(broker), (3) 생산자(producer), (4) 관리자(director), (5) 조정자(coordinator), (6) 감독자(monitor), (7) 촉진자(facilitator), (8) 멘토(mentor)다. 현실의 리더십 훈련은 여덟 가지 역할 가운데 기껏해야 한두 가지 역할에 초점을 둔다는 점에서 이러한 관점은 아주 중요하다. 리더 역할의 행태적 복잡성이라는 이 관점은, 다양하고 때로는 모순된 목표들을 균형잡아야 하는 공공부문에서는 특히 유용하다.

3) 전략계획(change plan): 어떻게 그곳에 도달할 것인가?
– 성공적 혁신을 위해서는 잘 짜인 전략계획이 필요하다

실천할 생각이 없는 전략계획을 짜서는 아니 된다. 그리고 개혁을 끝까지 완수할 생각이 없으면, 시작을 해서는 아니 된다. 계획된 개혁이 추진되지 않으면 구성원들은 실망하게 되고, 신뢰의 상실로 인해 향후의 개혁 추진이 더욱 어렵게 된다.

전략계획은 조직이 가야 할 방향을 세세하게 담아야 한다. 개혁을 인도할 로드맵이 없으면 엉뚱한 곳으로 가버릴 수가 있다. 전략계획은 또한 단순해야 한다. 불행하게도 대부분의 전략계획은 '단순해야 한다'는 KISS 원칙(Keep it simple, stupid!)을 좇는데 실패하고 있다. 전략계획은 물론 다양한 유형이 있을 수 있다. 조직혁신 관련 문헌에는 TQM, ISO9000, Quality circles, PDSA–cycle, 7–step processes, Hoshin planning 등 무수하게 많은 약자(略字)들이 넘쳐난다.

전략적 혁신계획에는 네 가지 기본 요소가 들어가야 한다. (1) 비전, (2) 현황 분석, (3) 실행계획, (4) 점검 시스템이 그것이다.

조직혁신을 위해서는 먼저 비전, 즉 바람직한 미래 상태에 관한 그림이 필요하다. 비전은 구성원들의 주의를 집중시킬 뿐만 아니라, 팀 기술의 개발을 거드는 기능을 수행한다.

두 번째는 현황 분석이 필요하다. 조직이 대응성, 능률성, 서비스 수준의 제고와 같은 더 나은 상태를 지향하기 위해서는 먼저 현재의 상황을 정확하게 진단, 현재와 미래 상태의 수준 차이를 파악할 필요가 있다.

조직혁신을 위한 세 번째 구성 요소는 현재와 미래의 수준 차이를 줄여줄 실행계획이다. 코터(John Kotter)는 상세한 실행계획의 결여가 혁신 실패의 주요 원인 가운데 하나라는 점을 명확하게 지적하고 있다. 훌륭한 실행계획은 측정성이 있고(실행계획이 완수되면 얼마만큼의 개선이 이루어질 것인지를 알려 줌), 책임 소재를 밝혀주며(각 실행계획의 책임자가 누구인지를 알려줌), 신속하게 이행할 수 있도록 세밀해야 한다.

네 번째 구성 요소는 점검 시스템이다. 개혁 작업은 종종 거창한 출범식을 가진 뒤 한두 달이 경과하면 개혁에 대한 관심이 떨어지고 시들해지게 되는바, 이는 개혁 추진 과정을 세밀하게 점검하는 시스템이 없기 때문이다. 점검 시스템은 개혁 작업이 소기의 성과를 거둘 수 있도록 개혁 과정을 조정하고 다듬는 역할을 한다.

혁신의 성공을 위해서는 이 네 가지 기본 요소가 갖추어져야 한다. 개혁 작업은 그러나 종종 너무 완벽한 비전과 실행계획을 짜는 데 모든 에너지를 소진하고, 정작 집행은 제대로 이루어지지 않는 경우가 많다.

4) 정치계획(political plan): 어떻게 다른 사람의 지지와 도움을 동원할 수 있을 것인가? – 정치계획이 성공적 혁신의 한 요건이 된다

실행계획이 혁신의 기술적 부분이라면, 정치계획은 사회적 부분(social parts)이다. 정치계획은 혁신 추진을 위해 지지 세력을 결집시키고 장애 요인을 극복하기 위한 계획을 말한다. 미국 스탠퍼드대학의 경영학과 교수인 페퍼(Jeffrey Pfeffer)는 그의 저서 『권력에 의한 관리: 조직 속의 정치와 영향력(*Managing with Power: Politics and Influence in Organizations*)』(1992)에서 정치계획이 필요한 세 가지 이유, 즉 자원의 희소성, 상호의존성, 그리고 다양성을 제시했다.

대부분의 조직은 여러 가지 프로젝트를 추진하고 있으나 그 모든 프로젝트를 수행할 충분한 자금을 확보하고 있지 않다. 따라서 어떻게 소요 재원을 확보할 것인지에 관한 계획을 짠 리더만이 당해 프로젝트를 성공시킬 수 있다.

상호의존성이란 조직구성원들이 서로 의존하고 있는 상황을 가리킨다. 이러한 상호의존성 때문에 혁신 리더들은 조직 속의 주요 인물들이 혁신 아이디어를 채택하도록 영향력을 행사할 필요가 있다.

다양성은 조직 속의 모든 구성원이 동일하게 생각하지 않는 것을 말한다. 당신은 당신의 아이디어가 세상에서 가장 훌륭한 아이디어라고 생각할 수 있으나, 다른 사람은 그와 다른 아이디어를 가질 수 있다.

이러한 자원의 희소성, 상호의존성, 그리고 다양성 때문에 성공적 혁신을 위해서는 정치계획을 수립할 필요가 있다. 정치계획은 찬반 식별 계획(support and resistance plan), 관여 계획(involvement plan), 의사전달 계획(communication plan)의 세 부분을 포함한다.

'찬반 식별 계획'은 누가 당신의 편(개혁을 지지)이고 누가 반대 세력(당신의 아이디어 자체를 좋아하지 않은 경우도 포함)인지를 가리는 계획을 말한다. 찬반 명단을 작성한 뒤에는 지지집단과 반대집단의 특성, 즉 계층을 달리하는지 또는 역할이 서로 다른지의 차이 등을 살펴보아야 한다. 이러한 찬반 식별 계획은 관여 계획의 수립에 필요하다.

'관여 계획'은 혁신 추진을 위한 지지와 도움을 어디서 어떻게 얻을 것인가에 관한 계획을 말한다. 특별 팀을 구성할 수도 있을 것이며, 다른 부서 사람들에게 요청할 수도 있을 것이다. 혁신계획의 작성을 도와준 사람들은 개혁안의 집행을 위한 지지 세력 동원에도 도움이 된다.

'의사전달 계획'은 다른 사람들이 개혁 추진에 대해 확신을 가질 수 있도록 설득하는 데 도움이 된다. 의사전달은 당신의 계획을 싫어하는 사람들을 설득하거나, 당신의 상관에게 당신의 아이디어를 팔거나, 또는 혁신 추진 계획에 다른 사람들을 끌어들이는 데 유용하다.

5) 강렬한 혁신 열망(burning platform): 왜 나는 바뀌어야 하는가? – 강렬한 혁신 열망은 혁신 성공의 가장 중요한 관건 가운데 하나다

강렬한 혁신 열망(burning platform)은 '불타는 연단'과 같이 더 이상 그 자리에 머물거나 되돌아갈 수 없기 때문에 어쩔 수 없이 비전을 향해 앞으로 나아가게 만드는 강력한 동기를 말한다. 이집트를 탈출한 이스라엘인들이 뒤로는 홍해가 닫혀 더 이상 되돌아갈 수 없어 '약속의 땅'이라는 비전을 찾아 앞으로 나아갈 수밖에 없는 절박한 상황을 '불타는 연단'에 비유할 수 있다.

강렬한 열망은 비전과 함께 혁신의 성공에 필요한 가장 중요한 두 요인 가운데 하나다. 비전이 끌어당기는 힘이라면, 열망은 내모는 힘이다. 개혁에 대한 열망이 강렬하면 강렬할수록 당신은 위대한 리더십을 창출하고, 훌륭한 비전을 수립하며, 그에 따른 정치계획을 수립할 수 있다. 아무리 비전이 매력적이라 해도 혁신의 성공을 위해서는 비전을 향해 앞으로 나아가도록 하는 에너지가 필요하다. '강렬한 열망'이 위대한 일을 성취하도록 사람들을 어떻게 부추겼는지에 관한 역사상의 사례는 수두룩하다. 혁신에 대한 강렬한 열망이 없다면, 비전은 한낱 꿈에 불과하게 된다.

강렬한 혁신 열망은 어디서 유래하는가? 자긍심과 경쟁심, 그리고 인생을 낭비하지 않겠다는 신념은 강렬한 열망을 불러일으키는 내적 촉발 요인이 된다. '불타는 연단'은 굳이 고상하게 묘사되지 않아도 좋다. 그것은 분노, 복수, 실패에 대한 두려움과 같이 부정적 정서로 표현될 수도 있다. 강력한 내적 촉발 요인은 당신을 안락한 침상에서 떨쳐 일어나게 할 수 있는 것이라면 어떤 것이라도 좋다.

강렬한 열망은 또한 경쟁 상대의 위협, 재정 상태의 악화, 규제 압력 및 세계적 변화와 같은 외적 압력으로부터 초래될 수도 있다. 조직 차원에서는 새로운 기술이나 경쟁 업체의 등장이 혁신 동기의 외적 촉발 요인이 된다. 품질 좋은 중국산 IT제품의 등장은 한국의 IT산업계에는 '불타는 연단'의 역할을 하게 된다.

내외적 요인 모두가 강렬한 혁신 열망을 촉발할 수 있다. 그러나 외적 촉발 요인은 계층제 구조 때문에 대부분의 조직에서 반응 시기가 늦을 수 있다. 최고관리층은 따라서 항상 외부 위협 등 환경 변화에 민감해야 하며, 좀 더 먼 지평을 내다보고 긴 시관(時觀)을 가질 필요가 있다. 일선 근무자는 급박한 위험이나 고객 불만 및 나쁜 평판과 같은 정보를 먼저 접할 수 있으나, 조직 내 커뮤니케이션이 원활하지 않을 경우 대처가 지연될 수 있다.

조직 전체의 집단적 혁신 열망은 궁극적으로 구성원 개개인의 혁신 열망으로 환원될 수 있으며, 그 역도 성립한다. 혁신에 대한 구성원 개개인의 열정이 낮아 로마가 불타는 것을 곁에서 지켜보기만 한다면, 조직은 생존의 위기에 봉착하게 될 것이다.

그러나 개인 및 조직이 강렬한 혁신 열망을 갖도록 이끄는 것은 결국 리더십의 몫이다. 리더들은 업무 성과의 환류와 시정 조치를 통해 개인의 혁신 열망에 불을 지필 수 있다.

제 2 절 행정개혁의 성공적 관리전략

행정개혁은 '선언적 프로그램(manifesto programme)'에 의해 자동적으로 달성되는 것이 아니다. 행정개혁의 실천 과정은 지극히 복잡하며, 개혁에는 적지 않은 사회·경제적 비용이 소요된다. 특정 정권이 짧은 집권 기간 안에 성급하게 가시적 결실을 거두고자 하는 단기적 접근으로는 행정개혁 작업이 결코 성공할 수 없다. 정부기관의 구조 및 절차의 개혁은 혁신 프로그램이 시행된 뒤 3~4년 또는 그 이상의 기간이 경과한 뒤에야 효과가 나타나는 경우가 많다.

성공적 행정개혁을 추진하기 위해서는 개혁의 방향과 속도, 그리고 품질에 영향을 미치는 조작 가능한 변수가 무엇인지를 식별, 그러한 변수들을 적절히 활용해야 할 것이다. 혁파되어야 할 기존 질서가 무엇인지 분석되어야 할 것이며, 또한 새로운 운용 절차가 마련되고, 개혁 작업을 추진할 요원들에 대한 훈련이 이루어져야 할 것이다. 그리고 구성원들에 대한 새로운 역할이 정의되고 적절한 평가 및 보상 체계가 마련되어야 한다. 또한 혁신과 관련된 정보가 서비스 이용자 및 이해관계자들에게 적절히 제공되어야 할 것이며, 이 모든 낯선 것들이 관련자들에게 초래할 걱정을 감소시키기 위한 노력도 경주되어야 한다.

그리고 혁신의 추진을 위해서는 수많은 정치·경제적 요인과 사회구성원들의 이해관계가 고려된 치밀한 행동전략이 마련되어야 한다. 개혁 추진자와 보수주의자 및 중도자의 역할을 밝히고, 혁신이 그들에게 미칠 이해관계를 분석, 수혜집단을 개혁 추진의 불쏘시개로 동원해야 할 것이다.

공공부문의 개혁은 매우 힘들며 지속적인 노력을 요한다. 그러나 장기적이고 지루한 개혁 스케줄은 정치인들에게 인기가 없다. 그들의 주된 관심은 차기 개각과 선거, 또는 당장 오늘밤의 텔레비전 뉴스와 같은 지극히 단기적인 데 있다. '지금 당장 보여줘야 하는 그 무엇'에 대한 정치인의 필요와 혁신 추진자가 필요로 하는 시간 사이의 간극은 개혁 과정 전반에 걸쳐 큰 영향을 미친다.

다음에서는 앙게른과 아더톤(Angehrn & Atherton, 2004)이 제시한 혁신의 관리전략을, 개혁 단계별로 나누어 고찰해 보고자 한다. 그들은 혁신 단계를 (1) 혁신 프로젝트의 비전화 단계(visioning stage), (2) 혁신 프로젝트의 기획 단계(planning stage), (3) 혁신 프로젝트의 집행 단계(implementing stage), (4) 혁신 프로젝트의 점검 및 학습 단계(reviewing and learning stage)로 나누어 혁신의 성공적 관리전략을 제시하고 있다.

1 비전화 단계의 관리전략

비전의 구상은 혁신의 출발점이다(Connor & Lake, 1994; Kanter et al., 1992; Kotter, 1996). 이 단계에서는 개혁을 둘러싼 주요 이해관계자를 식별하고, 개혁이 그들에게 미칠 영향을 정확하게 분석해야 한다. 이러한 분석 작업은 개혁의 초창기부터 유력한 집단의 지지를 획득할 수 있게 함으로써 실패 가능성을 감소시킨다(Nadler & Tushman, 1997). 이 과정에서는 또한 개혁의 범위가 현실적・지적으로 설정되고, 그것이 조직의 전략적 맥락 속에 반영되어야 한다(Canterucci, 1998; Dunphy, 1981). 그렇지 않을 경우, 혁신 노력이 실패할 확률이 높아진다(Want, 1995).

이 단계에서는 고위 간부진의 명시적 지지가 표명되어야 한다. 그리고 강력한 혁신 향도 연대가 구축되어야 한다(Ascari et al., 1995; Dunphy, 1981; Kanter et al., 1992; Kotter, 1995, 1996). 이 향도 연대는 필요한 자원을 마련하고(Kliem, 1996), 권고된 내용을 실천에 옮기며(Kotter, 1996; Nadler & Tushman, 1997), 혁신 프로젝트 전반에 걸친 정보 소통과 반복적 의사 전달을 유지해야 한다(Clinton, 1997).

이 단계에서는 또한 혁신 프로젝트 관리를 위한 체계적 접근방법론 또는 구조화된 과정이 채택되어야 한다(Canterucci, 1998; Clark & Wheelwright, 1992; Kliem, 1996). 이러한 접근 체계는 혁신 프로젝트 전반에 걸쳐 신축적으로 시행되어야 하며, 집행 단계에서 발생하는 예상치 않은 사태에 대처할 수 있어야 한다(Canterucci, 1998).

2 기획 단계의 관리전략

혁신 작업의 성공적 추진을 위해서는 신뢰성 있고 존경받는 프로젝트 관리자가 있어야 한다. 이러한 프로젝트 관리자는 문제 해결, 팀 형성(team-building), 의사 전달, 설득력, 의사결정 및 대인 관계 등 관리 능력을 두루 갖추어야 한다(Canterucci, 1998). 나아가 여러 전문 분야의 최상급 구성원으로 짠 프로젝트 팀을 만들 필요가 있다(Want, 1995). 팀의 구성원들은 핵심적인 기술을 훈련받아야 한다. 이들은 또한 비전 달성을 위해 다른 사람들을 임파워[1]하는 능력을 가져야 한다(Kotter, 1996).

혁신 프로젝트의 기획 단계에서는 혁신 추진을 위한 구체적 전략이 개발되어야 한다. 프로젝트 계획에는 모든 과업과 이정표가 상세하게 기술되어야 하며, 각 부서 또는 개인의 역할과 책임, 소요 예산과 자원이 분명하게 규정되어야 한다(Kliem, 1996).

그러나 혁신 추진과정에는 예기치 않은 우발적 상황이 발생할 가능성이 있기에 그러한 상황에 대비하여 계획을 신속하게 수정할 수 있도록 신축성 있는 계획을 작성할 필요가 있다. 역사상 가장 강한 군대 가운데 하나라는 평가를 받고 있는 프러시아 육군은 100여 가지의 경우의 수를 감안한 작전계획을 수립한 것으로 유명하다.

전략계획에는 또한 프로젝트 전반에 걸친 적시(適時)의 단기적 성공 사례(timely short term wins)가 포함되어야 한다(Jacobs, 1998; Kotter, 1996). 특히 개혁 초창기의 가시적 성공 사례는 혁신에 대한 찬양을 불러일으키고 추진력을 유지시켜 주는 중요한 기능을 한다(Canterucci, 1998; Carnall, 1995). 이러한 성공 사례에 대해서는 곧바로 찬양과 보상이 제공되어야 한다. 물론 전략계획 단계에서는 새로운 행태와 업적을 강화하기 위해 기존의 보상 체계가 전면적으로 재설계되어야 한다.

대부분의 조직에서는 여러 가지 주요 개혁 프로그램을 동시에 추진하는 경우가 많은바, 이때에는 이러한 여러 혁신 프로그램을 식별, 평가하고 가능하면 하나로 통합할 필요가 있다.

---

1) 임파워먼트(empowerment)란 일반적으로, 조직이 구성원들에게 자율성과 독립성을 부여함으로써 조직의 효율성을 제고하고자 하는 관리기법을 의미한다. 즉, 구성원에게 '할 수 있다'는 자신감을 심어주며, 권한의 이양을 통해 잠재 능력을 길러 주고 책임감을 높임으로써 조직의 전반적 효과성을 제고하고자 하는 기법을 말한다.

3 집행 단계의 관리전략

성공적인 혁신 추진을 위해서는, 앞서 지적했듯이, 집행 단계에서 신축성을 유지하는 것이 긴요하다(Buchanan & Boddy, 1992; Canterucci, 1998; Kanter et al., 1992). 즉, 혁신의 접근방법을 특수한 조직 맥락, 문화, 비전, 정치, 구조, 공동가치 등에 적합하도록 변용하여 적용할 필요가 있다(Want, 1995).

이 단계에서는 또한 강력한 혁신 논리를 개발하여 유포시킬 필요가 있다. 그 속에는 혁신과 관련된 은유도 포함될 수 있으며, 혁신 추진의 절박성도 제시되어야 한다(Kotter, 1996; Kanter et al., 1992). 동시에 조직구성원의 가치 속에 '혁신은 몸으로 부딪치는 스포츠이며 구성원 모두의 책임'이라는 인식이 주입되도록 해야 한다(Markus & Benjamin, 1997).

혁신의 성공을 위해서는 또한 개혁이 개개 구성원과 조직 그리고 이해관계자에게 미칠 영향이 평가되어야 한다. 이러한 영향은 미시적 수준에서 측정 방법, 보상 체계, 책임, 업무 방침, 과정 및 절차, 기술 개발 및 훈련, 문화, 동기부여, 의사전달 등과 연관시켜 정의되어야 한다.

혁신 프로그램의 실패로부터 배울 수 있는 가장 강력한 교훈은 "사람을 망각해서는 아니 된다"는 것이다(Kliem, 1996). 전략의 형성 및 집행 과정에는 가능한 한 많은 사람이 참여하는 것이 필요하다. 그리고 혁신의 수용자 및 최종 수요자들에게는 진취적 분위기가 확산되어야 하며, 궁극적으로는 개개인 스스로가 개혁을 받아들여야 한다. 의사결정권은 또한 고객과 가장 가까운 일선 근무자들에게 위임될 필요가 있다(Clinton, 1997).

공식적 · 비공식적 의사전달은 지속적으로, 정직하게 그리고 단순하게 이루어져야 한다(Clinton, 1997; Kanter et al., 1992). 이때 정당한 사람이 정당한 청중에게 올바른 메시지를 위로부터 계단식으로 전달하는 것이 중요하다. 모든 수용자에게 왜 혁신이 필요한지를 제대로 설명하지 못한다면 개혁은 그만큼 실패할 가능성이 높다.

혁신의 성공을 위해 또 하나 중요한 것은 개혁에는 저항이 따르게 마련이라는 점을 인식하고 이에 대한 대처 방안을 강구하는 일이다. 이를 위해서는 개혁 기간 내내 주요 이해관계자, 개인 및 조직의 저항 수준을 지속적으로 점검해야 한다. 혁신 일꾼들이 정직하고 개방된 그리고 진지한 접근을 통해 이들의 신뢰를 확보함으로써 개혁에 따른 저항을 극복할 수 없다면 혁신 노력은 결코 성공하지 못할 것이다. 앞에서도 밝혔듯이, 개혁은 조직 자체를 변화시키는 것이 아니라 그 속에서 일하는 사람을 변화시키는 것이다.

집행 단계에서는 혁신이 강화되고 제도화되어야 한다(Barrett & Luedecke, 1996; Dunphy, 1981; Kotter, 1996; Kanter et al., 1992). 이는 성과의 측정방법, 보상 체계, 책임, 업무 방침, 기술 개발 및 훈련, 문화, 의사 전달과 같은 모든 조직 과정이 새로운 상태와 일치되고 부합되는 것을 의미한다.

4 점검 및 학습 단계의 관리전략

혁신 프로젝트의 점검 단계에서는 프로젝트의 전개 과정을 점검 · 성찰하고 성공과 실패를 평가, 그에 따른 적절한 보상을 제공해야 한다(Connor & Lake, 1994; Dunphy, 1981). 일반적으로 정책평가는 당초 설정된 목표가 얼마나 충족되었는지를 파악하기 위해, 성공과 실패의 원인을 구체적으로 식별하기 위해, 그리고 프로그램의 성공을 위한 원칙을 발견하기 위해 수행된다.

정책평가는 평가의 시기를 기준으로 형성적 평가와 총괄적 평가로 나누어 볼 수 있다. 이 가운데 혁신 추진 과정 중에 시행되는 평가(형성적 평가)는 정책집행 과정에서 나타나는 문제점을 해결하여 사업계획을 더 나은 방향으로 개선하기 위한 목적으로 수행된다. 그리고 총괄적 평가는 정책이 집행된 뒤에 과연 그 정책이 당초 의도했던 목적을 달성했는지 여부를 판단하는 활동이다. 형성평가의 결과는 혁신 수행 과정의 장애 요인을 식별하고 제거하는 데 활용되며, 총괄평가의 결과는 차기 계획 수립에 반영되어야 한다.

제 4 부

현대적 행정개혁 모형

제8장

탈관료제 모형

행정개혁의 모형은 여러 학자에 의해 다양하게 제시된다. 여기서는 현대적 행정개혁 모형으로 탈관료제 모형과 신공공관리 모형, 신공공서비스 모형, 그리고 기타 개혁 모형으로 기업가적 정부 모형, 뉴거버넌스 모형, 포스트모더니티 모형 등을 살펴보고자 한다.

제1절 탈관료제론의 개관

베버(Max Weber)의 전통적 관료제 모형은 1930년대 이후 적지 않은 비판을 받게 된다. 일단의 사회학자들은 (1) 관료제 모형이 공식적 면에만 관심을 갖고 자생집단 등 비공식적(informal) 측면을 도외시하고, (2) 합리적인 면만을 지나치게 강조하고 불합리한(irrational) 측면을 등한시하며, (3) 관료제의 순기능적 면만 강조하고 역기능적(dysfunctional) 측면을 경시하고, 또한 (4) 관료제를 환경과 관련시켜 보지 않고 조직 내부에 한정하여 고찰한다는 등의 문제점을 지적했다(Selznick, 1949: 26; 박동서, 1997: 314−316).

1960년대 이후에는 조직학자들을 중심으로 베버의 관료제론에 정면 도전하는 탈관료제 모형들이 제시되고 있다. 이들 탈관료제론자는 관료제의 항구적 구조 대신에 태스크포스(task force)와 같은 임시구조(temporary structure)를 처방하고, 계층제 대신에 탈계층제 구조를 처방하며, 무사 안일한 관료문화를 혁신하기 위해 전임직 대신에 임시직을 처방하기도 한다.

매커디(Howard E. McCurdy)는 탈관료제적 조직 구성의 원리로 (1) 문제 해결 능력을 가진 사람이 권한을 행사하며, (2) 업무 수행의 기준과 절차는 상황적응적이며, (3) 고객은 동료와 같이 다루어지며, (4) 비계층제적 구조를 형성하며, (5) 집단적 과정을 통해 문제 해결과 의사결정을 하며, (6) 직업적 유동성을 보장하며, (7) 조직구조는 생성 · 변화 · 소멸되는 잠정성을 가지며, (8) 모든 의사소통은 공개된다고 지적했다(McCurdy, 1977: 349; 김규정, 1997: 314).

구체적 탈관료제 모형은 여러 학자에 의해 다양하게 제시되고 있다. 다음에서는 피터스(B. Guy Peters)가 제시하는 전통적 관료제의 대안모형으로서 탈관료제 모형을 다루기로 한다(이종수, 2010a).

제 2 절 피터스의 탈관료제 모형

피터스(Peters, 1996)는 전통적 관료제의 대안모형으로서 탈관료제 모형을 다음과 같은 네 가지로 제시하고 있다. (1) 시장 모형(market model), (2) 참여정부 모형(participatory state model), (3) 유연정부 모형(flexible government model), (4) 저통제정부 모형(deregulated government model)이 그것이다. 피터스는 이들 모형을 조직구조, 관리, 정책 과정, 공익관의 다섯 가지 기준으로 나누어 비교한다.

1 시장 모형

시장 모형은 민간 부문의 관리활동이 전통적인 관료제 모형보다 본질적으로 우월하다는 가정에 입각해 있다. 즉, 전통적 관료제의 관리 방식이 구성원들에게 능률적 업무 수행을 위한 충분한 인센티브를 제공하지 못하고 있다고 본다. 또한 관료기관의 독점적 권력이 경쟁을 제한함으로써 공공재의 생산과 제공이 비효율적으로 이루어진다고 가정한다. 시장 모형은 전통적 관료제의 이러한 문제점을 해소하기 위해 민간 부문의 경쟁 원리를 관료제에 도입할 것을 처방하고 있다.

이러한 시장 모형의 이념은 1980년대 영국의 대처(Margaret Thather) 정부와 미국의 레이건(Ronald Reagan) 행정부에 의해 추진된 행정개혁에 본격적으로 적용되기 시작했다. 또한 1990년대 이후 세계 각국에서 다양하게 추진되고 있는 행정개혁에 이념적 기반을 제공하고 있다. 시장 모형은 전통적 관료제 모형의 대안 가운데 가장 친숙하고 잘 알려진 모형이다.

시장 모형은 오스트롬(Vincent Ostrom) 등이 주창한 공공선택이론(public choice theory)과 신공공관리론(new public management)에 지적(知的) 뿌리를 두고 있다. 공공선택론자들은 공공부문을 확대하고 서비스를 과잉 생산하는 관료들의 사익 추구가 공공부문 실패의 근원이라고 주장한다. 한편 신관리론자들의 분석은 공·사조직의 관리는 본질적 차이가 없으며 사조직의 관리 수단이 그대로 공공부문에 적용 가능하다는 가정에 입각해 있다.

요약하면 시장 모형은 공공부문이 사부문과 마찬가지의 관리 및 서비스 전달 문제에 직면해 있다고 하면서 이러한 문제점을 해결하기 위해 동일한 기법이 적용될 수 있다고 주장한다. 이 모형은 만약 전통적 관료제의 규칙에 기반한 권위적 구조가 제거된다면, 공공부문 구성원들의 창의적 재능이 활성화될 수 있다고 가정한다.

시장 모형의 특징은 다음과 같다.

1) 조직구조

공공부문의 전통적인 조직구조가 가지고 있는 문제 가운데 하나는 환경으로부터 지시받지 않는 대규모의 독점적 조직에 의존하고 있다는 점이다. 특히 공공선택론자들은 값이 매겨지지 않은(unpriced) 공공재와 서비스를 공급하는 대규모의 정부조직이 비능률성과 비효과성의 근본 원인이라고 주장한다. 이러한 구조적 문제점은 의사결정 과정에서 구성원 개인의 기업가적 정신이나 시장신호(market signals)보다는 공식적 규칙과 권위가 행동 지침으로 작용하게 됨으로써 가중된다는 것이다.

공공조직의 이 같은 문제에 대해 시장 모형은 정책 형성 및 집행의 분권화를 처방한다. 분권화는 대규모 부서를 작은 기관으로 분할하고, 하급 부서에 기능을 할당하며, 공공 서비스의 제공에 민간조직 또는 준민간조직을 이용함으로써 달성된다. 특히 공공 서비스가 시장성이 높을 때 이런 방법은 적용 가능성이 높다.

시장 모형은 계층 수가 적은 평평한 조직(flat organization)을 조직구조로 처방한다. 즉, 전통적 공공조직에서 통제와 의사결정의 일관성을 유지하기 위해 필요 불가결했던 계층 수를, 기업가적 활동과 개인의 책임성이 제고될 수 있도록, 현저히 축소할 것을 권고한다. 시장 모형의 주창자들은 이러한 조직구조가 합리적 의사결정을 낳게 될 것이라고 주장한다.

2) 관리

시장 모형이 함축하는 관리상의 의미는 명확하다. 공공부문 구성원들에 대해 민간부문 구성원들과 동일한 관리기법들이 적용되어야 한다는 것이다. 이는 정부의 전통적인 인사관리 방식이 수정되어야 함을 의미한다.

전통적 인사관리 체제에서는 동일한 계급에 해당되는 자는 동일한 보수를 받아왔으나, 이제 이러한 체제는 성과에 따라 보수를 달리 지급받는 성과급제로 바뀌고 있다. 성과에 따른 보상의 차등 지급은 특히 상대적 자율성을 지닌 소규모 조직에서는 아주 중요하다.

3) 정책 과정

정책형성 과정에서 직업 관료들의 기능과 관련하여 시장 모형은 상호 모순된 역할을 기대하고 있다. 즉, 시장 모형에서 관료들은 자율적 결정권과 상부 지침에의 부응이라는 두 가지 역할을 동시에 요구받고 있다.

4) 공익관

시장 모형의 공익관이 명백하게 표명된 것은 아니지만, 시장 모형은 일반적으로 '값싼 정부'를 표방한다. 공공 서비스가 얼마나 값싸게 제공되느냐를 기준으로 좋은 정부의 여부를 평가한다. 이러한 목적을 달성하기 위해 정부는 복수의 경쟁적 서비스 공급자를 마련하는 등 비전통적인 방법을 동원하게 된다.

시장 모형의 공익관 속에는 또한 시민을 소비자이자 납세자로 보는 관점이 들어 있다. 이러한 관점에서 볼 때, 공익은 시민들이 시장에서 자유롭게 서비스를 선택할 수 있을 때 확보될 수 있다. 이를 위해서는 전통적인 공공 서비스 제공 방법인 독점이 해제되어야 한다. 구체적 처방으로는 서비스 구매권(voucher) 등을 들 수 있다. 실제로 각국에서 서비스 구매권은 복지 영역을 중심으로 출발하여 그 영역을 넓혀 나아가고 있다.

2 참여정부 모형

전통적 관료제의 계층구조를 최대의 문제점으로 지적하고 있는 참여 모형의 주창자들은 계층제 구조에서 소외되어 왔던 하급 구성원들과 고객으로서 일반 시민들의 참여가 확대될 수 있도록 정책 체제가 구조화되어야 한다고 주장한다.

정책 과정에의 참여를 활성화하자는 참여 모형은 전혀 새로운 것이 아니며, 공사부문의 일반적인 개혁 노력에서 끊임없이 거론되어 온 주제 가운데 하나다. 오래전부터 공·사부문에서의 작업장민주주의(workplace democracy)와 공동결정(codetermination)에 관한 원칙들을 발전시켜 온 스칸디나비아 국가 및 독일 등에서 이러한 참여 모형의 이념들이 구체화되어 왔다. 가까이는 1990년대 미국 클린턴(Bill Clinton) 행정부에 의해 추진된 '정부재창조(Reinventing Government)' 프로그램 속에서 '일선 관료들에 대한 권한부여(empowering)' 등의 원칙으로 참여정부 모형은 구체화되었다.

이 접근은 조직의 하급 계층에 활성화되지 않은 에너지와 재능이 충만해 있고, 이들이 재화와 용역의 생산에 관해 가장 많은 정보를 갖고 있다고 가정한다. 그리고 고객도 특정 프로그램에 관해 많은 정보를 갖고 있다고 가정한다. 따라서 이 모형은 정부조직 내의 의사결정에서 통상적으로 배제되어 온 하급 계층과 고객의 좀 더 활발한 참여와 관여를 권장한다.

참여정부 모형의 특성은 다음과 같다.

1) 조직구조

참여정부 모형의 조직구조에 대한 함의는 덜 명확하다. 이 모형은 구조(structure)보다는 과정(process)을 중시하기 때문이다. 그러나 참여를 촉진하는 구조개혁도 있을 수 있다는 의미에서, 이 접근이 공공조직의 설계 문제에 대해 완전히 침묵하고 있는 것은 아니다.

참여정부 모형은, 공공선택 접근에서와 같이, 공공조직은 계층 수가 적은 평평한 구조로 이루어져야 한다고 전제한다. 만약 하급 계층이 의사결정에 많이 기여할 수 있고 동기 유발이 잘 되어 있다고 가정한다면, 전통적 관료제의 '계서적 통제'는 조직 성과 달성에 장애가 될 뿐이다. 조직구조에 대한 참여정부 모형의 다른 함의는, 의사결정 과정에 고객과 하급 구성원들의 관여가 더 많이 허용된다면, 법률과 재정적 제약의 준수 여부를 확인하기 위한 상급자로부터의 통제가 더욱 많이 필요할 것이라는 점이다.

참여정부 모형은 참여를 제고할 수 있는 다양한 조직구조가 있을 수 있다고 가정한다. 고객과 하급 구성원들의 참여를 촉진하기 위한 현실적 조직구조로는 다양한 위원회와 자문집단을 들 수 있다.

2) 관리

참여정부 모형의 관리에 관한 함의는 조직구조에 대한 함의보다 뚜렷하다. 이 모형은 조직의 하급 계층과 고객들이 의사결정에 좀 더 직접적으로 관여하게 될 경우 정부조직이 효율적으로 작동될 것이라는 가정에 입각해 있다.

참여적 접근의 가장 두드러진 특징은 국정 운영에 대한 사회적 이해관계 집단의 관여를 좀 더 명백하게 하려는 시도에 있다. 시장 모형이 시민의 역할을 경시하는 데 반해, 참여모형은 시민의 역할을 제고하고 투표 이외의 수단으로 민주적 참여를 유인하려고 하는 특징을 지닌다.

3) 정책 과정

정책 형성과 관련된 참여정부 모형의 함의는 정책 과정의 상향적 접근 방식을 선호한다는 점이다. 이 모형에서는 중앙집권 방식으로 결정하고 경직적인 계층제를 통해 집행하는 국정 운영 방식이 효율적이지 않다고 가정한다. 그보다는 오히려 분권적인 의사결정을 권고한다. 조직의 하급 계층이 더 많은 정보를 보유하고 있다는 가정에 입각할 경우, 이러한 의사결정 방식은 효과적일 것이다.

참여 모형은 또한 거의 모든 정치 체제의 정책결정 과정에서 하급 관료들이 중요한 영향력을 행사하고 있다는 관점을 갖고 있다(Lipsky, 1980; Adler & Asquith, 1981). 즉, 정부조직의 의사결정은 대부분 정치적 리더들이나 관료조직의 상위 계층에 의해 이루어지는 것이 아니라, 오히려 하급 계층의 일선 관료들에 의해 이루어진다는 것이다.

4) 공익관

참여정부 모형은 의사결정 과정에 관료조직의 하급 구성원과 시민들의 참여가 최대한 보장될 때 공익이 확보된다고 가정한다. 이러한 참여는 세 가지 형태로 이루어진다. 첫째, 관료들의 독립적 의사결정권을 확대하거나 의사결정에 대한 영향력을 제고한다. 둘째, 시민들이 정책에 대해 상당한 영향력을 행사할 수 있도록, '토론 과정(dialogical process)'을 거쳐 정책을 형성한다. 셋째, 시민들이 정책 선택에 어느 정도 관여하도록 한다.

시민들이 소비자 선택을 할 수 있고 정책에 대해 좀 더 직접적인 통제를 할 수 있도록 허용된다는 점에서, 참여정부 모형은 시장 모형과 유사하다. 그러나 소비자 선택이 이루어지는 양식에서는 참여 모형이 더욱 정치적이다.

우리 사회가 민주화되고 각종 시민단체의 활동이 활성화되면서 시민 참여의 폭이 크게 확대되고 있다. 정책 과정에의 시민 참여 확대는 정책의 합리성을 제고하고 집행비용을 줄이는 효과를 가져다준다.

3 유연조직 모형

관료제 조직구조 및 인력의 항구성(恒久性)이 갖는 역기능의 문제점은 1960년대 이후 소위 탈관료제(post-bureaucracy)를 주창하는 조직이론가들에 의해 꾸준히 제기되어 왔다.

이들은 전통적 관료제구조의 항구성이 현상 유지 관행을 고착화함으로써 조직의 역동성을 저해하고 정책을 보수화하며, 조직구성원들로 하여금 정책관리보다는 조직 그 자체에 몰입하게 하는 원인이 되고 있다고 지적한다. 이들은 또한 복지 프로그램 등의 정책 영속성이 정부의 과도한 지출을 초래, 공공부문의 적자 누적을 심화시키고 있다고 지적한다.

유연조직 모형의 이념은 조직의 항구성을 무너뜨리고 임시조직을 처방하는 정부조직 개편과, 관료제 내에서 임시직을 늘이고 개방형 임용 제도를 추구하는 인사제도의 혁신 및 영기준예산제도(ZBB)의 도입과 같은 재정개혁에서 구체화되고 있다. 영국의 넥스트 스텝(Next Steps)과 뉴질랜드의 정부 기업화(corporatization)와 같은 행정개혁은 기본적으로 시장 모형에 입각한 행정개혁으로 볼 수 있으나, 다른 한편에서는 유연조직 모형의 구체화로도 볼 수 있다.

전통적인 관료제 조직에서는 정부조직에의 참여가 평생고용을 받아들이는 것으로 개념화되어 왔다. 마찬가지로 조직의 형성은 항구적인 실체를 만드는 것으로 생각되었다. 공공부문의 형성과 관리는 이러한 항구성의 개념에 의해 인도되어 왔다.

그러나 국정 운영 양식 및 노동시장의 변화는 공공부문 조직구조의 탈항구성(脫恒久性)을 요구하고 있다. 정부조직의 항구성을 탈피하도록 하는 또 다른 압력은 노동시장의 근본적 변화로부터 온다. 오늘날 대부분의 산업국가에서 종신고용과 상근(常勤, full-time)직 고용 양태가 임시고용과 시간제 근무 양태로 바뀌고 있다. 많은 정부조직은 이미 이러한 시간제 근무 양태를 도입하여 예산을 절약하고 조직의 융통성을 제고하고 있다. 유연조직 모형의 정책 지향은 또한 정책 영속성의 재검토·중단을 처방한다.

유연조직 모형의 특성은 다음과 같다.

1) 조직구조

유연조직 모형은 기존의 관료제 장치와 다른 대안적 구조를 창설할 것을 권고한다. 이 접근은 특정한 정책 영역을 항구적으로 담당하는 전통적 부처조직 형태에 의존하기보다, 기존 조직의 신속한 종식과 조직구조의 신축성을 추구한다.

이러한 조치는 항구적 조직의 골화(骨化, ossification)를 방지하고, 급변하는 사회·경제적 환경에 정부가 신속하게 적응할 수 있도록 해준다.

2) 관리

유연조직 모형의 관리상의 함의는 명백하다. 이 접근은 구조적 비항구성 외에, 구성원들이 동일한 기관 안에서 전 생애 또는 대부분의 생애를 보내게 되는 상근직보다는 시간제 근무와 임시직의 확대를 권장하며, 노동력을 수요에 적응시킬 수 있는 관리자의 능력을 강조한다. 1960년대 이래 미국 연방정부에서 임시직의 총 근무 시간 비율이 점차 늘어나고 있듯이, 이러한 고용 형태의 변화는 이미 여러 공공부문에서 나타나고 있다.

이러한 관리 지향은 정부예산을 절감해 주고, 위기 상황에 신속하고 효과적으로 대응할 수 있게 해주며, 갑자기 대두하는 서비스 수요에 신속하게 대응할 수 있게 해주는 장점을 지닌다. 그러나 임시 직원들의 조직에의 진정한 업무 관여를 기대할 수 없다는 점에서, 유연조직 모형은 참여정부 모형의 반명제 성격을 띤다.

3) 정책 과정

유연조직 모형은 정책결정 과정상의 공무원의 역할에 대해 직접적으로 언급하는 바가 없다. 그러나 관료들의 역할에 대한 논리적 함의를 추론해 볼 수는 있다. 정책결정에 관한 이 접근의 함의는 모순된 것처럼 보인다. 즉, 일부는 공무원들의 고양된 역할을 지적하는가 하면, 다른 사람들은 정책에 대한 정치의 지배와 관료들의 종속적 위치라는 고전적 관점을 재확인하는 것처럼 보인다.

전통적 관료구조는 안정적 인력의 유지·확보에 따르는 장·단점을 동시에 갖고 있다. 항구적 인력구조는 정책 방향을 제시하고 새 정책 입안에 필요한 경험적 지식을 제공하는 데 유리하다. 그러나 다른 한편으로 이러한 안정성은 혁신에 장애가 된다.

안정적인 대규모 조직의 고정 장치를 제거할 경우, 엘리트 관료들은 그들 자신의 정책 아이디어를 좀 더 자율적으로 개발할 수 있을 것이다. 미국의 고위공무원단(Senior Executive Service)은 다양한 관리 및 정책자문 상황에 활용될 수 있는 부동자원(浮動資源, free-floating resource)의 개념에 입각하고 있다.

4) 공익관

유연조직 모형은 국정 운영의 대안적 모형 가운데 그 특성이 가장 불명확하게 표명되듯이, 공익관 또한 불분명하다. 유연조직 모형의 공익관 가운데 분명한 요소는 정부의 비용 감축이 공공에 이익이 된다는 점이다. 만약 임시직 고용을 통해 비용이 감축된다면, 임시직 관료들의 지식 부족과 낮은 수준의 관여로 특정 고객이 비록 잠재적 불이익을 겪는다 하더라도, 전체 시민들은 이익을 얻게 될 것으로 가정된다.

공익에 관한 두 번째 함의는 쇄신적이고 덜 골화(骨化)된 정부조직이 공익을 증진시킨다는 점이다. 정부에 대한 전형적 불평 가운데 하나는 정부 내 조직들이 존속의 정당성 유무와 상관없이 그들 자신의 생존과 영역 유지를 위해 투쟁한다는 점이다. 정부조직의 항구성에 변화가 초래될 경우, 창의성이 제고되고 정부예산이 절약될 수 있을 것이다.

4 저통제정부 모형

저통제정부 모형은 관료제의 내부통제의 완화와 관련된 개념이다. 즉, 관료제를 신뢰할 수 없기 때문에 공공부문을 축소하고 경제행정 규제를 완화해야 한다는 행정규제 완화와는 상관이 없는 개념이다. 저통제정부 모형은 기본적으로, 내부통제를 위한 각종 규제가 제거될 경우 정부관료제가 훨씬 역동적이고 효율적으로 기능할 것이라는 가정을 전제하고 있다.

미국의 연방인사관리처(Office of Personnel Management: OPM)가 최근 수십 년간 축적되어 온 1만 페이지가 넘는 인사 관련 규정을 폐기, 규정 중심의 과거 인사관리 체제 대신 분권화되고 탄력적인 인사 운용 체제를 지향하게 된 것은 이러한 저통제 모형에 입각한 개혁이라고 할 수 있다.

또한 유럽 등의 여러 나라가 집중구매 원칙을 포기, 물자와 서비스를 각 기관별로 구매할 수 있도록 조달제도를 분권화한 조치라든지, 호주·뉴질랜드·스웨덴 등의 중앙재정기관들이 예산의 사용에 관한 세부 결정을 하급기관들이 스스로 할 수 있도록 하는 총괄예산제도(bulk budgets or global budgets)를 도입한 것 등도 이러한 저통제 모형에 입각한 재정개혁이라고 할 수 있다.

저통제정부 모형은 통제의 완화를 통해 정부의 잠재력과 창의성에 대한 속박을 풀어야 한다고 주창한다(Wilson, 1989; Bryner, 1987). 즉, 저통제정부 모형은 행정에 대한 제약이 제거되면 정부는 그 기능을 좀 더 능률적으로 수행할 수 있을 것이라고 가정한다.

저통제정부 모형의 특성은 다음과 같다.

1) 조직구조

저통제 모형의 조직구조에 관한 함의는 빈약하다. 이 모형의 주창자들은 조직구조보다는 조직의 통제에 사용된 절차나 그 속의 구성원들을 훨씬 더 중요한 것으로 생각한다. 또한 정부의 효과적 업무 수행 능력과 관련해서는 계서제에 기반한 전통적 관리가 그렇게 저주할 정도는 아니라고 생각하는 것처럼 보인다.

관료제 구조가 본래적으로 바람직하지 못하다는 전제는 이제 거의 일반적 통념이 되고 있으나, 저통제정부 모형은 관료제 구조가 수용 가능하며 일부 상황에서는 바람직하기까지 하다고 주장한다.

2) 관리

저통제정부 모형에서 관리문제는 주된 관심사가 아니기 때문에, 이 모형의 조직 관리에 관한 함의는 서로 반대되는 두 방향을 지향한다. 이 접근은, 한편으로 전통적 조직구조와 관리 방식이 그렇게 나쁜 것은 아니라는 관점에서, 계서제의 상층부에 위치하는 정책담당자의 기업가적 활동을 용인, 정책 기조가 위로부터 발안되는 일반적 조직문화를 받아들이고 있다.

이 접근의 또 다른 관리적 함의는 참여정부 모형에서 주창된 것과 유사하다. 즉, 만약 정부의 창의력이 진정으로 속박에서 벗어난다면, 조직의 모든 수준이 몰입하게 됨으로써 정부조직의 능률성이 제고될 수 있다는 것이다. 참여정부 모형과 함께 저통제정부 모형은 관료들의 조직몰입을 중시하지 않는 유연조직 모형과 대비된다.

3) 정책 과정

저통제정부 모형의 정책 형성에 관한 함의는 다른 부문의 함의보다 분명하다. 전통적 관점은 정책 형성을 정치지도자들의 특권으로 본다. 그러나 저통제정부 모형은 정책 형성에서 관료들에게 강력한 역할을 부여할 것을 권장한다. 즉, 조직은 아이디어와 전문기술의 주요 저장고이기에 조직구성원들에게 더 많은 결정권이 부여되어야 한다는 논리를 전개한다.

이 모형은 또한 하급 계층의 구성원들이 전문성을 지니고 환경과 밀접하게 접촉하기에, 좀 더 큰 영향력을 가져야 한다는 함의를 지니기에, 이러한 점에서는 참여정부 모형과 유사하다고 할 수 있다.

4) 공익관

저통제정부 모형은 행정통제를 덜 받는(less accountable) 적극적인 정부를 통해 공익이 확보될 수 있다고 가정한다.

전통적 관료제모형은 구조적 · 절차적 장치를 통한 행정통제 없이는 정부관료제가 부패하거나 비능률적일 것이라는 가정에 입각하고 있다. 이와는 달리, 저통제정부 모형은 정부관료제가 공공봉사 의지를 지닌 헌신적이고 재능 있는 대규모의 구성원으로 구성되어 있다는 가정을 한다. 이러한 가정은 행정 책임에 관한 프리드리히와 파이너의 논쟁을 되새겨 준다.

이 모형은 또한 사회에 대한 정부의 역할에 관해 분명하게 언급하고 있다. 공익은 좀 더 적극적이고 간섭적인 공공부문에 의해 확보될 수 있다고 이 모형은 가정한다. 그러나 이것을 '큰 정부'에 대한 자동적 선호로 볼 수는 없다.

제 3 절 관료제 모형과 탈관료제 모형의 비교

오늘날 정부관료제는 국민 전체를 위해 공익을 추구하기보다 관료집단의 제도적 이익을 추구하는 하나의 이익집단으로 기능하며, 관료제 조직의 각종 규칙과 규정은 '일이 되지 않도록' 하는 장애로 기능한다는 극단적 비판까지 대두되고 있는 실정이다.

여러 계보의 탈관료제 모형들이 지적하는 공공부문 저생산의 원인은 다양하다. 공공부문의 생산성이 낮은 원인은 크게 두 가지로 나누어 볼 수 있다. 먼저 공공부문의 고유한 성격에서 그 원인을 찾아볼 수 있으며, 관료제 조직의 설계 원리와 관리 방식에서 원인을 찾아볼 수도 있을 것이다.

공공부문의 고유한 특성으로는 공공부문의 독점성, 복합적 목표의 추구와 산출물 측정의 어려움, 정치·사회적 환경과의 관계 등을 지적할 수 있다.

먼저 관료제는 독점성이라는 그 본질적 특성으로 인해 시장 원리의 적용에 한계가 있다. 독점에 따른 경쟁의 부재로 생산성이 저하되고, 관료제 조직의 영구성·폐쇄성·배타성이 공무원들의 무사안일과 보신주의 그리고 집단이기주의를 부추기게 된다는 것이다.

그리고 비판론자들은 조직의 능률성을 확보하기 위해 도입된 분업·계층화의 원리, 규칙·절차·명령에 기반한 관리와 통제, 서비스의 규격화와 표준화 등 관료제 조직의 여러 설계 원리와 관리 방식이 오히려 능률성을 저해하는 요인이 된다고 지적한다. 즉, 계층적 권한에 기반한 통제 중심의 관리 방식은 구성원들의 창의력과 동기를 억제함으로써 생산성을 저하시킨다는 것이다.

전통적 관료제 모형과 탈관료제 모형들의 특징은 다음과 같이 다섯 부문으로 나누어 비교해 볼 수 있다(이종수, 1999).

첫째, 정부 기능 및 정책 지향에서의 각 패러다임의 특징을 살펴보면, 전통적 관료제가 공공재의 독점적 생산·공급을 지향하고, 공급자 중심의 행정을 추구하며, 정부의 규제와 기획 기능을 강조하는데 비해, 대안적 국정 운영 모형들은 공공 서비스의 경쟁적 공급과 공공부문의 축소를 권고하고, 그 대안으로 민영화·민간화·계약·외부 조달 등의 방법을 제시한다. 또한 공급자 중심의 행정 편의적 행정보다는 수요자 중심의 행정을 지향할 것을 주창하고, 민간부문의 창의력과 에너지가 활성화될 수 있도록 정부의 각종 내부규제를 완화할 것을 강조한다.

둘째, 정치·행정 관계와 관련하여 전통적 관료제는 정책 형성을 정치지도자들의 고유한 영역으로 인식하는데 비해, 대안적 모형들은 정책 형성에서 관료들의 주도적 역할을 인정하고, 관료들을 통제하기보다 그들에게 권한을 위양하고 자율성을 부여할 것을 제안한다.

셋째, 조직구조와 관련하여 전통적인 관료제 조직은 조직구조의 항구성을 지향하고, 분업과 계층제를 설계의 기본 원리로 하여 집권화를 추구하며, 조직의 대규모화를 처방한다. 한편 대안적 모형들은 이에 비해 비항구적·유기적·비계층적 조직구조를 처방하고, 분업화보다는 집단적 업무 처리를 중시하며, 하급 구성원과 고객에게 권한을 위양하여 이들의 잠재력과 아이디어를 정책 과정에 투입하고, 조직을 기능에 따라 소규모로 분절화할 것을 주창한다.

넷째, 조직의 관리와 관련하여 전통적 관료제는 통제를 중시하고 투입·과정·규칙 중심의 관리를 지향하며, 종신고용과 상근직원 중심의 관리 체제, 폐쇄형 인사제도, 연공서열 중시, 강력한 신분 보장, 고정임금제 등의 비경쟁적 인사관리 체제를 지향하는 것으로 특징지을 수 있다. 이에 비해 탈관료제 모형들은 통제보다는 하급 구성원들에게 권한을 부여하고(empowering) 산출 중심의 관리를 지향하며, 임시직 충원을 확대하고 개방형 인사제도를 지향하며, 연공서열보다는 능력과 성과를 중시하고 성과급제와 같은 변동임금제를 처방하는 경쟁적 인사관리제도를 선호한다.

〈표 8-1〉 관료제 패러다임과 대안적 국정 운영 모형의 특징

비교 국면	관료제 패러다임의 특성	탈관료제 모형의 처방	비고
정부 기능 및 정책 지향	• 공공재의 독점적 생산 · 공급 • 공급자 중심의 행정 • 규제와 기획 기능 강조	• 서비스의 경쟁적 공급 및 공공부문의 축소 – 민영화 · 민간화 · 외부 조달 • 수요자 중심의 행정 • 규제 완화 · 시장 메커니즘 강조	• 시장모형 • 시장모형, 참여모형 • 시장모형
	• 정책 형성은 정치지도자들이 주도	• 관료들의 정책형성 역할 인정 – 관료에 대한 통제의 이완과 재량권 부여	• 시장모형(이중적), 참여모형, 유연모형(이중적), 저통제모형
조직구조	• 조직구조의 항구성 • 분업 • 계층제 – 키다리 조직구조 • 집권화 • 대규모 조직	• 비항구적 · 유기적 구조 • 집단적 업무 처리 • 비계층적 구조 – 키 낮은 조직구조 • 분권화 – 하급 구성원에의 권한 위양, 참여 유도 – 고객에의 권한위양 • 소규모 조직으로 분절화	• 유연모형 • 참여모형 • 시장모형, 참여모형, 유연모형 • 시장모형, 참여모형, 저통제모형 • 시장모형, 유연모형
조직관리	• 통제(control) 중시 • 투입 · 과정 · 규칙 중심의 관리 • 비경쟁적 인사관리 – 종신고용, 상근 직원 중심 – 폐쇄형 인사제도 – 연공서열 중시 – 강력한 신분 보장 – 고정임금	• 재량적 관리 · 권한부여(empowering) • 산출 중심의 관리 • 경쟁적 인사관리 – 임시직 충원 확대 – 개방형 인사제도 – 능력 · 성과 중시 – 신분 보장의 약화 – 변동임금(성과급제)	• 시장모형, 참여모형(이중적), 저통제모형 • 시장모형, 참여모형 • 시장모형, 유연모형
행태적 특성	• 관료의 집단적 이익 추구 • 변화 · 개혁에 대한 저항 • 무사안일	• 공익에 봉사 • 쇄신적 · 창의적 • 조직에의 몰입, 적극성	• 참여모형, 유연모형 • 시장모형, 참여모형, 저통제모형 • 참여모형, 저통제모형

자료: 이종수(1999).

다섯째, 전통적 관료제 속의 공무원들은 관료의 집단적 이익을 추구하며, 비밀주의를 선호하고, 변화와 개혁에 대해 저항하며 무사안일을 추구하는 행태적 특성을 지닌

것으로 비판받는다. 이에 반해 대안적 국정 운영 모형 속의 공무원들은 국민 전체의 공익에 봉사하고 공개주의를 지향하며, 쇄신적 · 창의적 · 적극적일 것으로 기대된다.

이러한 특징들을 정리한 것이 <표 8-1>이다.

제9장

신공공관리 모형과 탈신공공관리 모형

제1절 신공공관리 모형의 의의

1 신공공관리론의 개념 요소

1980년대 이후 영미 국가를 중심으로 등장한 '신공공관리론(new public management)'은 '시장주의'와 '신관리주의'를 결합하여 전통적 관료제 패러다임의 한계를 극복하고 작은 정부를 구현하기 위해 개발된 정부 운영 및 개혁에 관한 이론이다.

첫째, 신공공관리론의 한 축을 구성하는 시장주의는 신자유주의 이념에 기초하여 가격 메커니즘과 경쟁 원리를 활용한 공공 서비스 제공, 그리고 고객 지향적 공공 서비스 제공을 중시한다. 따라서 신공공관리론에서는 수익자 부담 원칙의 강화, 민간위탁·민영화의 확대, 정부부문 내 경쟁 원리 도입, 규제 완화 등을 행정개혁의 방향으로 제시하고 있다. 이를 통해 정부 역할을 축소함으로써 '작은 정부'를 구현하고자 한다.

또한 신공공관리론에서는 국민들을 납세자나 일방적인 서비스 수혜자가 아닌 정부의 고객으로 인식한다. 이러한 고객 지향성 또는 고객주의에 의거하여 신공공관리론에서는 중시하는 결과의 산출, 서비스의 질 관리, 고객에 대한 서비스 선택권 부여 등을 강조하고 있다.

둘째, 신공공관리론을 구성하는 또 하나의 축인 신관리주의(new managerialism)에서는 기업의 경영 원리와 관리 기법들을 행정에 도입·접목하여 정부의 성과 향상과 관리의 효율성을 제고하는 것을 강조하고 있다. 신공공관리론은 민간부문의 경영기법의 도입을 통해 효과적이고 대응적인 정부를 구현할 수 있다고 주장한다.

즉, 정부는 기업과 같이 운영되어야 하며, 관료는 공공기업가(public entrepreneurs)가 되어야 한다는 것이다. 이와 관련하여 기업가 정신, 성과 지향적 관리, 권한이양(em-powerment), 품질관리 기법, 유인(incentive) 메커니즘, 마케팅 기법, 고객 만족 경영 기법 등을 행정에 도입하는 방안들이 주로 논의되고 있다.

2 신공공관리론의 지향성

이처럼 신공공관리론은 시장주의와 신관리주의를 결합하여 개발된 이론이지만, 그 이면에는 공공선택론(public choice theory),[1] 주인-대리인 이론(principal-agent theory),[2] 거래비용이론(transaction-cost theory)[3] 등이 자리 잡고 있다. 신공공관리론의 성격과 내용에 대해서는 아직도 다양한 논의들이 계속되고 있다.

신공공관리론이란 개념은 '구공공관리론'의 존재를 전제로 한다(Saint-Martin, 1998).

---

1) 공공선택론은 정부를 공공재의 생산자로, 시민을 소비자로 규정하고, 시민의 편익을 극대화하기 위해서는 공공부문의 시장경제화를 통해 가능하다고 주장한다, 정부관료제에 의해 독점적으로 생산·공급되어 오던 공공재를 공공(public), 즉 시민들이 선택하게 함으로써 시민의 편익이 극대화될 수 있다는 것이다.

2) 주인-대리인 이론은 주인(principle)이 대리인(agent)으로 하여금 자신의 이익과 관련된 행위를 재량으로 해결해 줄 것을 부탁하는 대리인 관계에서 나타나는 여러 문제를 다루는 이론을 말한다. 주인-대리인 관계에서는 대리인의 선호 혹은 관심 사항과 주인의 그것이 일치하지 않거나 주인이 대리인에 비해 전문지식과 정보가 부족하기 때문에, 대리인이 주인의 이익을 충실하게 대변하고 확보하지 못하는 대리인 문제(agency problem)가 발생한다.

3) 거래비용은 경제 주체들의 행위를 상호 조정하는 데 드는 비용으로, 계약자를 선정하여 협상하고, 계약을 체결하며, 계약 이행 여부를 점검·집행하는 데 드는 비용을 말한다. 거래비용이론은 거래비용을 줄일 수 있는 방안을 처방하는데, 거래비용을 줄이기 위해 만들어지는 장치 가운데 하나가 '조직'이다.

구공공관리론은 계획예산제도(Planning–Programming–Budgeting System: PPBS) 등으로 대표되는 정책분석을 강조하는 1960년대의 정치경제학자들의 합리주의적 사고와 그 맥을 같이한다(Ostrom, 1989; Lynn, 1998). 구공공관리론은 사회문제 해결에 필요한 인간의 합리성에 대한 확신에 근거하여, 중앙집권화된 관료제에 의한 합리적 계획을 강조했으며 결과적으로 관료제의 팽창을 초래했다(Saint–Martin, 1998).

이렇게 구공공관리론이 민간 기업에서 사용되는 의사결정 기법의 도입을 통한 정부관료제의 '의사결정 능력' 향상에 관심을 두었던 반면, 신공공관리론은 어떻게 하면 민간기업의 관리기법을 정부관료제에 도입하여 정부의 성과를 향상시킬 수 있는가에 주된 관심을 두었다.

그러나 신공공관리론이 정부의 역할을 대폭 시장에 맡겨야 한다고 주장하는 것은 아니다. 신공공관리론이 주장하는 것은 정부관료제의 운영 체제가 경쟁의 원리에 기반한 시장 체제를 모방, 계층제적 통제를 대체함으로써 정부관료제의 효율성을 높이자는 것이다. 즉, 신공공관리론의 주장은 "시장이 정부를 대신해서 모든 사회문제를 해결해야 한다"는 것이 아니라, "관료들이 자유롭게 정부관료제를 활용하여 사회문제를 해결하도록 해야 한다"는 것이다(이명석, 2002).

신공공관리의 주요 정책 수단은 인력 감축, 민영화, 재정지출 억제, 책임운영기관, 규제 완화 등이다. 신공공관리의 인사개혁 수단에는 권한위임, 고위직 근무평정 및 성과급제도, 임용 권한의 위임과 고위직 임용계약제 등이 포함되고, 재정개혁 수단에는 운영예산제도, 연도 말 이월, 다년도 예산, 발생주의 회계 등이, 그리고 서비스와 성과관리를 위한 개혁 수단에는 서비스 기준 제도, 성과 협약, 전략계획 등이 포함된다(김번웅, 1997; 총무처, 1997).

또한 신공공관리론은 고객 지향적 행정과 기업가형 정부 형태를 지향한다. 고객 지향적 행정은 과거의 행정 중심적이고 공급 중심적인 관행으로부터 민간 중심적이고 수요 중심적인 것으로의 전환을 의미한다(이종범, 1995). 기업가형 정부는 기업 운영 방식인 경쟁주의, 성과주의, 업적주의의 개념을 정부조직 내부에 적용함으로써 저비용으로 개선된 공공 행정 서비스를 마련하는 것을 말한다.

신공공관리 원칙은 전문 관리자에 의해 운영되는 공공기관, 공공부문 조직의 개별적인 독립 조직으로의 전환, 공공기관 상호간 또는 민간부문과의 경쟁 확대, 민간기업 스타일의 사업 집행과 경영 관행 강조, 재원 사용에서 규율과 검약 강조를 포괄한다(Hood, 1991: 4−5). 또한, 신공공관리의 원칙은 기관 책임자에게 관리상의 자유와 재량권 부여, 특정 기관의 독점 배제, 계약제나 공개입찰 절차를 통한 경쟁 방식 도입, 탄력적인 보수와 채용, 내부 규칙 제정 허용, 직접경비의 절감, 근무 규율의 확립, 기업의 규제 준수 비용 축소 등을 포함한다(Hood, 1991: 4−5; 윤은기, 2003).

제 2 절 신공공관리의 특성과 행정개혁 전략

1 신공공관리론과 뉴거버넌스론

전술한 바와 같이 신공공관리론은 크게 두 가지 측면을 가지고 있는데, 첫째는 경쟁 원리의 도입과 고객주의로 표현되는 시장주의이고, 둘째는 기업가적 정부 운영을 강조하는 사명 지향적 · 성과 지향적 · 탈통제적 관리로 표현되는 신관리주의다(정정길, 2000; 임도빈, 2002).

이와 관련하여 신공공관리론과 뉴거버넌스론은 때로는 동의어로 인식되기도 한다.[4] 이는 두 개념, 특히 뉴거버넌스가 상당히 모호하게 정의되기 때문인 것으로 보인다.[5]

예를 들어, 후술하는 바와 같이 로즈(Rhodes, 1997)는 뉴거버넌스의 여섯 가지 의미를 소개하면서, 그중 하나로 신공공관리론을 들고 있다. 그리고 피터스(Peters, 1996)는 전통적 관료제 모형의 대안 모형으로 전술한 시장 모형(market model), 참여정부 모형(participatory state model), 유연정부 모형(flexible government model), 저통제정부 모형

4) 문헌에 따라 신자유주의, 신공공관리론, 그리고 뉴거버넌스가 모두 같은 개념으로 취급되기도 한다. 한편 뉴거버넌스는 공공 거버넌스(public governance)로 불리기도 한다(Kickert, 1997).

5) 뉴거버넌스론의 구체적 내용은 제11장 제2절에서 후술한다.

(deregulated government model) 등의 뉴거버넌스 모형을 제시하고 있는데, 이들은 모두 '시장 원리'로 요약되는 신공공관리론의 아이디어와 매우 밀접한 논리적 연관성을 갖고 있다. 신공공관리를 가장 넓은 의미로 해석하면, 1970년대 이후 여러 국가에서 시도된, 전통적 방법과 다른, 모든 행정개혁을 포함하기 때문에 뉴거버넌스의 가장 넓은 의미의 개념과 일치된다고 할 수 있다.

그러나 신공공관리론과 뉴거버넌스론은 근본적으로 상이한 개념이다. 뉴거버넌스론이 정부와 사회 간의 새로운 상호작용의 형태를 의미하는 반면(Rhodes, 1997), 신공공관리론은 정부관료제를 조직·관리하는 새로운 방법을 의미한다. 즉, 신공공관리는 신자유주의적 이념을 바탕으로 한 행정관리 시스템의 전환을 의미한다. 또한 신공공관리론이 비정치적인 개념인 반면, 뉴거버넌스론은 정치적인 개념이다.[6] 로즈(Rhodes, 1997)에 의하면, '(뉴)거버넌스'라는 용어는 정부의 의미의 변화, 또는 공적인 업무의 수행 방법의 변화를 지칭한다(이명석, 2002).

2 신공공관리론의 특성과 전략

휴즈(Hughes, 1998)는 신공공관리론의 특성을 다음과 같이 종합·제시하고 있다.

(1) 투입 위주의 행정이 아니라 산출 위주의 행정(산출물 평가지표 체계 및 그 적용, 그리고 피드백의 강조)

(2) 조직, 인사, 고용 조건들의 유연한 관리(성과급 주의, 계약직, 임시직, 외부에 공직 개방, 공직 내외부 공개경쟁 등)

(3) 조직 및 개인의 명확한 목표 설정과 성과지표를 통한 성과측정(부서별 성과공시 제도, 공무원 개개인의 성과계약 체결, 목표의 계량화 등)

(4) 고위공무원들의 정치적 중립 대신에 정치적 목표 달성에의 헌신

(5) 정부의 기능은 '노를 젓는 것'이 아니라 '방향을 잡아 주는 것'

6) 신공공관리론은 비정치적인 관리기법을 강조한다는 측면에서 정치·행정이원론, 정책·관리이원론(Carroll, 1995), 또는 정책결정·서비스전달이원론(Kaboolian, 1998)과 맥을 같이한다. 반면에 뉴거버넌스론은 정치 과정에 대한 명시적인 관심을 기울이며 이러한 이분법들을 반대한다.

이런 주장에 신공공관리론의 대표적 학자라고 할 수 있는 던리비(Patrick Dunleavy) 및 후드(Christopher Hood)도 동의하고 있다. 이러한 특성에 기초하여 신공공관리론은 다음과 같은 행정개혁 전략을 처방한다(Hood, 1991; Kamensky, 1996; 이명석, 2002).

(1) 규정과 규제의 완화, 분권화 및 관료의 재량권 확대를 통한 관리의 탈규제화
(2) 성과 기준의 명시적 설정 및 성과 측정에 의한 투입 통제 및 관료제적 절차의 대체
(3) 계약제, 외부 계약 등을 통한 경쟁 원리의 도입
(4) 대규모 관료제의 준자율적 단위로의 분리, 정책결정과 정책집행 기능의 분리
(5) 민간기업의 관리 방식 도입, 기업가 정신에 근거한 행정에 의한, 전통적인 관료제적 행정의 대체
(6) 자원배분과 보상을 성과와 연계하는 금전적 유인 체제에 의한 비금전적 유인 체제의 대체
(7) 비용 절감, 효율성 및 인원 감축 강조

요컨대, 신공공관리론의 행정개혁 전략의 핵심은 경쟁의 원리가 적용되는 유인 체제를 마련하고, 그 체제 하에서 관료를 관료제적 규제로부터 해방시켜 공공기업가(public entrepreneur)로서 자유롭게 활동할 수 있게 하는 것이라 할 수 있다.

제 3 절 신공공관리론에 대한 비판

신공공관리론에 대해서는 다양한 비판이 제기되고 있다. 이러한 비판 가운데는 행정과 경영의 차이를 간과하는 것에 대한 비판, 능률성의 배타적 강조에 대한 비판(민주성, 형평성, 책임성 등도 강조), 보편주의의 한계에 대한 비판(사회 · 문화적 맥락 고려), 인간 행동의 동기와 합리성 등의 잘못된 가정에 대한 비판, 민주적 거버넌스와의 모순에 대한 비판, 조직실재론을 간과함에 대한 비판 등을 들 수 있다.

한국에서 신공공관리의 적용을 둘러싼 비판은 사회·문화적 맥락을 간과하는 것에 대한 비판과 사회적 발전 단계에 부합되지 않는다는 측면에서의 비판, 행정의 민주화 및 분권화를 소홀히 한다는 측면에서의 비판, 행정과 경영의 차이를 간과하는 것에 대한 비판 등을 들 수 있다(김광웅, 1999; 박동서, 1998; 강신택, 1999a; 김태룡, 2000; 박세정, 2000; 배용수, 2000; 정승건, 2000; 신희영, 2002).

신공공관리론에 대한 비판은 다음과 같이 요약할 수 있다(이명석, 2002; 조성한, 2000; 임도빈, 2002; 신희영, 2002).

1) 민간부문과의 상이성

공공부문은 민간부문과 다르기 때문에 민간부문의 관리기법을 공공부문에 적용하는 데는 한계가 있다는 주장이 있다(Kickert, 1997). 행정의 사회적·정치적·법적 환경은 민간기업의 그것들과는 근본적으로 다르다. 특히 좋은 행정의 구현에 핵심적인 역할을 담당하는 사회와 정부 간의 관계, 그리고 정치와 행정과의 관계 등은 민간부문에는 존재하지 않는다.

그리고 정부관료제는 시장 노출성의 정도, 공식적·법적 제약, 정치적 영향력, 강제성, 영향의 범위, 대중의 기대, 그리고 목표의 다양성 등의 측면에서 민간기업과는 근본적으로 다르다(Kickert, 1997). 이러한 이유로, 공공관리는 기업 경영과는 근본적으로 달라야 한다는 것이다(Galnoore et al., 1998).

2) 책임성과 자율성 간의 갈등 가능성

민주적 책임성과 기업가적 자율성·재량권 간의 갈등으로 신공공관리론은 정부관료제의 효율성을 향상시킬 수 없다는 비판이 있다(Bellone & Goerl, 1992). 공공부문에서는 성과 측정이 어렵거나 불가능한 경우가 많으므로, 흔히 투입에 대한 통제나 행정적 절차가 성과 측정의 대리변수로 사용된다. 즉, 관료제의 규칙과 규제는 행정의 책임성을 확보하는 전통적 행정의 주요 도구다. 공공부문의 성과 측정이 곤란한 경우, 행정의 효율성 향상의 도구로 기업가적 재량권을 선호하는 신공공관리론적 처방은 심각한 공공책임성의 문제를 야기할 가능성이 있다.

또한 신공공관리 모형의 실질적 효과성에 대해서도 근본적인 의문이 제기되는바, 신공공관리 방식을 채택한 대표적인 국가들인 영국, 호주, 뉴질랜드, 캐나다, 미국 등지에서 신공공관리론적 개혁의 효과가 드러나기보다는 재정지출이 지속적으로 늘어나고 있으며, 물가 상승과 함께 실업자의 증가에 의한 스태그플레이션이라는 후유증을 앓고 있다는 비판이 제기되고 있다.

3) 다른 행정가치와의 상충 가능성

신공공관리론은 행정의 다른 중요한 가치들과 상충 관계에 놓일 가능성이 있다. 만일 신공공관리론의 주장대로 효율과 검약이라는 가치만 추구하게 될 경우 공익과 형평성 등 다른 중요한 공공가치들이 희생되고 결과적으로 행정의 성과를 오히려 악화시킬 가능성이 존재한다. 조성한(2000)은 신공공관리론이 추구하는 효율성은 복지국가를 부정하여 소득불평등, 실업, 빈곤, 범죄 등의 사회적 문제를 심화시키는 것으로 본다.

민영화의 경우도 공공재 성격이 강한 재화를 생산하는 공기업들이 민영화되었을 때 실제로는 이들 재화가 높은 가격인상률을 보여 저소득층이나 빈곤층에게 불리한 역분배적 효과가 있음이 지적된다. 실제로 각국의 행정 개혁 사례에서 민영화, 민간위탁을 중심으로 이루어지는 효율성 중심의 개혁이 영역에 따라 형평성 등 다른 상이한 가치들을 크게 훼손시키는 사례들이 나타나고 있으며, 이를 보완하기 위한 추가적인 조치들이 이루어지고 있는 것을 볼 수 있다.

4) 고객 중심 논리의 문제

신공공관리론의 '고객 중심 논리'가 국민을 "관료가 행정 서비스를 향상시켜줄 것을 기대하는 수동적 존재"로 전락시킨다는 비판이 있다(Schachter, 1995: 531).

그러나 행정의 경우 '소비자 만족(consumer satisfaction)'과 '소비자 주권(consumer sovereignty)'은 엄밀히 구분되어야 한다(Kelly, 1998). 강제성, 영향의 범위 등의 행정의 특성을 고려할 때, 국민이 단순히 원하지 않는 행정 서비스를 거부할 수 있는 것만으로는 좋은 행정을 구현할 수 없으며, 국민은 행정 서비스를 자신의 선호대로 변경시킬 수 있는 기회를 제공받아야 한다.

5) 보편적인 적용 가능성

신공공관리론의 보편적인 적용 가능성에 대한 비판이 존재한다. 신공공관리론이 서구 사회를 기반으로 발달한 것이기 때문에 한국 사회에 잘 부합되지 않는다는 비판이 있다. 박종민 · 김서용(2001: 416)은 집단주의적 삶의 양식이 지배하는 한국 사회에서 신자유주의 정책이 조성하는 문화적 긴장과 갈등을 지적하고 있다. 이연호(1999)는 좀 더 넓게 신공공관리론의 이념적 바탕인 신자유주의적 개혁의 한계를 논하고 있다.

린(Lynn, 1998)에 의하면, 신공공관리론이라는 이름으로 시행된 서구 국가들의 행정개혁은 외견적인 유사성에도 불구하고 많은 근본적인 차이점을 갖고 있다고 한다. 이러한 사실은 신공공관리론의 개혁전략을 무비판적으로 수용하는 것이 매우 위험한 일종의 '도박'일 수 있다는 것을 의미한다. 신공공관리론은 아직까지 경험적인 과학적 이론의 수준에 이르지 못한 단순히 "성공 사례를 모방하는 방법론(best practice me-thodology)"에 불과하다는 것이다(Barzelay, 1992).[7)]

6) 문제 정의의 오류

신공공관리론은 관리주의적 논리로, 매우 중요한 정치적 문제들을 교묘히 회피하는 과오를 범하고 있다고 비판받는다. 정부가 제대로 관리되지 못해서 정부가 사회문제의 해결자가 아니라 사회문제 자체로 전락했다는 관점에서 볼 때, 신공공관리론의 관리주의적 논리는 행정의 내부적 관리의 효율성 향상에 도움을 줄 수 있다는 긍정적 측면이 존재한다. 경직적이고 비효율적인 정부관료제는 마땅히 개혁되어야 하고, 따라서 이러한 관점에서 정부를 기업처럼 운영되도록 하는 것은 매우 중요하다.

그러나 행정을 정치로부터 분리하여 기업처럼 운영되게 하는 것은 "'잘못 정의된 문제'의 문제(wrong-problems problem)"를 야기한다. 즉, 진정한 공공문제를 다루는 데

7) 케이든(Caiden, 1994)에 의하면, 탈관료제화나 탈규제와 같은 신공공관리론의 개혁이 행정 서비스의 질을 오히려 악화시켰다는 경험적인 증거가 존재한다고 한다.

필요한, 매우 어려운 정치적 선택을 의도적으로 무시하고, '좋은 관리(管理)'를 모든 공공문제를 해결할 수 있는 보편적인 해결책으로 강조하는 오류를 범하게 된다는 것이다. 이러한 논리에 의하면, 신공공관리론은 정치 · 행정이원론의 현대적 모습이라 할 수 있다(Carroll, 1995).

그러나 행정은 필연적으로 정치적일 수밖에 없다. 행정은 "정치의 수단이요, 정치에 의해 지배되는 것이다"(Caiden, 1994: 126). 행정에 대한 연구는 정치에 대한 연구일 수밖에 없다는 사실이 행정개혁 과정에서 간과되어서는 안 된다. 관리 측면의 개혁이 정부개혁의 구성 요소가 되어야 하는 것은 사실이나, 관리 측면의 개혁만으로 정부 성과를 향상시키는 것은 불가능하다(Ingraham, 1997).

7) 전통 행정학의 답습과 검증 부재

신공공관리론은 새로운 행정학의 이론이 아니라는 비판이 제기된다. 신공공관리론은 엄밀하게 검증된 이론이라기보다는 단순히 몇몇 개혁 아이디어의 모음이라는 것이다. 극단적으로 말하자면, 신공공관리론은 전혀 새로운 이론이 아니라는 주장이다.

대응적이고, 고객 지향적이며, 효율적인 정부는 신공공관리론뿐만 아니라 전통적인 행정학의 목표다. 키커트(Kickert, 1997)에 의하면, 기업 경영과 같은 공공관리, 효율적이고 효과적인 행정은 경영학이 학문으로 성립되기 이전부터 전통적인 행정학의 목적이었다는 것이다.

비록 행정개혁의 새로운 방향을 제시하고 있기는 하지만, 신공공관리론은 구체적이고, 이론에 근거하며, 경험적으로 검증된 행정개혁 전략을 제시하지 못하고 있으며, 전통적인 행정학의 오랜 문제들은 여전히 해결되지 못한 채로 남아 있다. 이러한 이유로 신공공관리론이 과연 행정학의 '패러다임의 전환'을 가져왔는가의 여부를 확신할 수 없다는 것이다.

제 4 절 탈신공공관리 모형

1 탈신공공관리의 의의

1980년대 이래 세계 각국에서는 기업식 관리기법의 도입, 성과관리, 민영화, 규제완화, 준자율적 단일 목표 기관(single-purpose organization)의 창설 등 공공부문의 능률성 제고를 위한 급진적인 여러 개혁 조치를 의욕적으로 추진해 왔다. 이러한 신공공관리적 개혁은 공공부문의 효율성을 제고하는 데 적지 않게 기여했다. 그러나 앞서 살펴보았듯이, 다른 한편에서는 이러한 신공공관리적 개혁 조치들에 대해 적지 않은 비판이 제기된 것도 사실이다.

일단의 학자들은 신공공관리론에 대한 이러한 비판적 관점에 기반하여 신공공관리 개혁의 부작용 및 한계를 보완하기 위한 반작용적(reactive) 또는 사전적(proactive) 조치들을 탈신공공관리(post-NPM)로 개념화하고 있다(이종수, 2010c).

'신공공관리의 초월(transcending New Public Management)'이라는 용어가 사용된 것은 1998년까지 거슬러 올라간다(Minogue, Polidano & Hulme, 1998). 탈신공공관리와 관련된 중심적 질문은 신공공관리가 과연 끝났는가의 여부이다(Pollitt, 2003). 일부 사람은 신공공관리가 겪은 위기를 인용하면서 신공공관리가 완전히 끝났다고 주장하나(Dunleavy et al., 2006), 크리스텐센(Tom Christensen)과 래그레이드(Per Lægreid)는 신공공관리가 결코 끝난 것이 아니라는 폴릿(Pollitt, 2003)의 견해를 지지한다.

그러나 일부 학자들은 신공공관리가 정점을 지나 쇠퇴하고 있다는 점을 강조한다(Hughes, 2003). 어떻든 신공공관리에 대해 새로운 도전이 있는 것은 사실이다. 즉, 새로운 혁신의 형태가 기존의 개혁에 덧붙여졌으며, 일부 반전(反轉)이 있는 것도 사실이다(Dunleavey et al., 2006; Christensen & Lægreid, 2007: 1-2).

탈신공공관리에 대한 논의는 크리스텐센과 래그레이드가 2006년 편집한 『자율과 규제(*Autonomy and Regulation*)』 및 2007년의 『신공공관리를 넘어(*Transcending New Public Management: The Transformation of Public Sector Reform*)』가 출판되면서 더욱 본격

화되기 시작했다. 이들은 1세대 개혁으로서의 신공공관리가 의도하지 않은 결과를 초래함에 따라 차세대 개혁, 즉 탈신공공관리가 대두하게 되었다고 하면서, 탈신공공관리의 기본적 목표는 신공공관리의 역기능적 국면을 교정하고 통치 역량을 강화하며, 정치 · 행정 체제의 통제와 조정을 개선하기 위해 재집권화와 재규제를 주창하는 것이라고 말한다.

이들 두 책은 오스트레일리아, 벨기에, 캐나다, 덴마크, 뉴질랜드, 노르웨이, 스웨덴 및 영국의 탈신공공관리 사례를 담고 있다. 저자들은 이 책에서 신공공관리의 단점을 교정하기 위한 조치에 초점을 두나, 그들의 인식론적 가정은 신공공관리의 그것과 크게 다르지 않은 것처럼 보인다. 즉, 구조적 · 제도적 접근은 실증주의 및 기능주의적 패러다임의 전통에 기초를 두고 있다는 점에서 양자의 인식론적 가정은 유사하다고 할 수 있다(Jun, 2009: 162).

2 신공공관리 개혁의 변화과정과 전망

크리스텐센과 래그레이드는 공공조직의 기관화(agencification)와 규제개혁 및 자율화 문제를 다룬 『자율과 규제』(2006)에서 신공공관리 운동이 시장 적응과 계약 방식, 민간화, 관리 지향, 능률성의 개선에 초점을 두면서 많은 나라에서 강력한 발판을 마련하게 되었으나, 신공공관리 운동과 규제개혁 속에는 고유한 긴장이 있다고 주장한다.

즉, 신공공관리 운동은 정치와 행정, 자율성과 통제, 집권화와 분권화, 기업가주의와 정치적 책임 사이에 지속적인 긴장을 야기한다는 것이다. 이들은 공공행정이 능률성 · 서비스 질 · 평등 · 정치적 통제 · 투명성 · 불편부당성 · 민주적 참여 및 전문적 관리와 같은 상이한 가치의 복잡한 생태 속에 작동한다고 하면서, 국가별로 그리고 시간을 둘러싸고 상이한 가치 간에 불안정한 균형과 균형 이동이 나타나는 현상을 지적한다.

그들은 개혁을 추진하는 가운데 나타나는 가치 간의 균형 이동 가운데 특히 신공공관리의 주된 수단인 규제개혁과 행정기관 개혁을 추진한 국가들에서 재규제화, 재집권화, 구조 통합 등 신공공관리 개혁과 거꾸로 된 움직임, 즉 탈신공공관리 현상이 나타나는 점에 주목했다.

즉, 그들은 규제 완화가 실제로 재규제(reregulation)를 다시 초래하게 되고, 통합된 중앙부처 모형(integrated ministerial model)을 다양한 단일목적 기관으로 분절화시킨 기관화 개혁이 중심기관(centre)의 필요성을 다시 주창하게 만들었다는 점을 지적한다. 다시 말하면, 전문화된 독립 기관으로의 분절화는 책임과 기능 배분의 명확한 경계 설정에는 기여했으나, 동시에 조정 및 정치적 통제 훼손의 문제를 초래하게 되었다는 것이다. 신공공관리의 진화 과정을 밝히고자 한 이 책에서 그들은 규제 완화와 동시에 일어나는 재규제화, 그리고 전문기관으로의 분절화와 동시에 제기되는 구조 통합의 복잡한 문제를 다루고 있다.

크리스텐센과 래그레이드(Christensen & Lægreid, 2006: 361)는 이 책에서 신공공관리의 정통적 교의를 되돌아보고 공공부문 관리 문제의 좀 더 정교한 관점을 개발할 필요가 있다고 결론내리면서, 신공공관리의 세계를 향한 선형적 발전(linear development)의 사례는 많지 않으며 거꾸로 된 움직임(counter-movement)도 적지 않았다고 밝히고 있다. 그러나 (탈신공공관리의) 일반적 추세는 신공공관리의 대체가 아니라 조정이라고 그들은 밝히고 있다. 즉, 그들은 '좋았던 옛 시절로의 회귀(a return to the good old days)' 사례는 거의 없었으며 순수한 신공공관리 모형으로의 가속화 증거도 별로 없었다는 것이다.

그들은 결국 개혁의 변환과 변형을 본바, 그것은 신공공관리 개혁이 부분적으로 수정되고 보완되며 강화된다는 것을 의미한다. 그들은 또한 신공공관리 개혁을 추진한 나라들에서 행정기관의 분절화와 집권화가 동시에 추구되고 자율화와 규제가 동시에 이루어지는 현상을 보았다. 크리스텐센과 래그레이드(Christensen & Lægreid, 2008: 16)는 2008년도 논문에서도 규제 완화는 흔히 재규제를 위한 첫 단계가 된다고 주장하고 있다.

크리스텐센과 래그레이드는 또한 2007년 편집한 『신공공관리를 넘어』에서 1980년대와 1990년대에 세계 여러 나라에서 추진된 신공공관리 개혁과 탈신공공관리 개혁을 비교하면서, 개혁의 과정과 효과를 이해하는 데 필요한 정치적 설계, 문화적·제도적 궤도 및 외부 압력에 초점을 두는 변혁의 이론적 접근을 적용했다.

신공공관리의 향후 진로와 관련하여 크리스텐센과 래그레이드(Christensen & Lægreid, 2008: 26-27)는 세 가지 시나리오를 제시하고 있다. 첫째 시나리오는 시장, 관리 그리고 능률성을 향한 직선적 발전 과정(linear process)이며, 둘째는 일정 기간 경과 뒤 신공공관리의 규범과 가치에 대한 반동이 야기되면서 '베버식 관료제(Weberian bureaucracy)'의 재발견과 '구(舊)서비스(old civil service)'로의 회귀 시나리오이며(Pollitt & Bouckaert, 2004; Olsen, 2006), 셋째 시나리오는 개혁 아이디어와 행정 관행, 그리고 이론의 공진화(共進化, co-evolution)다(Christensen & Lægreid, 2001; March & Olsen, 1989).

3 탈신공공관리의 주요 아이디어

신공공관리의 주창자는 물론 탈신공공관리의 주창자들도 모두 그들의 아이디어를 정치경제학, 제도주의 및 관리이론에서 도출하고 있다. 그들은 또한 다 같이 1980년대 이래의 공공관리운동이 대단히 혁신적이며 심지어 혁명적이라고까지 주장한다. 그러나 신공공관리 이념과 개혁전략 아래 놓인 이론적 가정들은 주창자들이 주장하듯이 그렇게 새로운 것이 아니다. 1900년대 이래의 절약과 능률 그리고 관리운동을 되돌아보고 지난 50년간의 조직이론과 사회과학 방법론을 살펴보면 이러한 주장의 타당성을 확인할 수 있다.

앞 절에서 살펴본 크리스텐센과 래그레이드(Christensen & Lægreid, 2007: 5, 33-35, 47, 2006: 365-66)의 책에 등장한 '총체적 정부(whole-of-government)' 또는 '결합정부(joined-up government)' 운동의 구조적 설계는 그렇게 새로운 것이 아니다. 그것들은 묵은 아이디어의 새로운 은유(隱喩)에 불과하다. 1960년대 이래 조직이론가들은 연결침 모형, 교차 기능 조직, 다차원 조직, 매트릭스 조직, 수평조직, 적응적 조직, 네트워크 조직 등과 같은 다양한 구조설계 전략에 관해 논의해 왔다.

크리스텐센과 래그레이드가 지적하듯이, 집권화와 분권화, 통제와 자율성, 집중과 분산, 공식적 네트워크와 비공식적 네트워크 간의 적절한 균형이 이루어져야 한다. 어떻든 공공관리 혁신을 추진해 온 나라들에서 전개된 논의들은 구조적 분석과 중앙통제, 조정 그리고 탈정치화를 강조한다.

효과적인 정부를 촉진하기 위해서는 능률적 관리가 중요한 전제 조건이 된다는 사실에 대해서는 어느 누구도 논박하지 못한다. 그러나 사회적 정의, 민주적 거버넌스, 공공선, 윤리 등의 가치도 공공행정의 중요한 국면임에 틀림없다. 따라서 '관리'만을 지나치게 강조하는 것은 '공공' 행정의 의미를 잘못 이해하는 것이 된다. 능률성과 절약 그리고 도구적 합리성의 가정은 결국 공공과 공공적 결과(public consequence)가 관련된 현상의 복잡성을 붙잡지 못한다(Denhardt & Denhardt, 2003; Jun, 2009: 161−162).

노르웨이의 사례를 보면, 2005년 총선을 앞두고 결성된 노동당 연립정부는 신공공관리 개혁이 초래한 부정적 결과, 즉 정치적 통제의 약화, 공공부문에서의 민간 공급자의 중요성 증대, 서비스 질의 저하, 사회적 불평등의 심화 등의 문제 때문에 신공공관리 개혁이 중단되거나 수정되어야 한다고 주장, 총선에서 승리를 거두게 되었다(Christensen & Lægreid, 2008: 20−21).

결국 탈신공공관리의 주요 아이디어들은 신공공관리 개혁의 수정과 보완 조치에서 찾을 수 있는 바, 이는 전통적 관료제 모형과 신공공관리의 변증법적 통합으로 볼 수 있을 것이다.

탈신공공관리의 주요 아이디어는 다음과 같이 정리될 수 있다(Jun, 2009: 163).

(1) 구조적 통합을 통한 분절화의 축소

(2) 재집권화와 재규제의 주창

(3) 총체적 정부 또는 합체된 정부의 주도

(4) 역할 모호성의 제거 및 명확한 역할 관계의 안출(案出)

(5) 민간−공공 부문의 파트너십

(6) 집권화, 역량 및 조정의 증대

(7) 중앙의 정치적 · 행정적 역량의 강화

(8) 환경적 · 역사적 · 문화적 요소에의 유의

<표 9−1>은 전통적 행정과 신공공관리, 그리고 탈신공공관리의 특징을 비교한 것이다.

〈표 9-1〉 전통적 행정 · 신공공관리 · 탈신공공관리의 비교

비교 국면		전통적 행정	신공공관리	탈신공공관리
정부 기능	① 정부-시장 관계의 기본 철학	• 능동적 정부 – 정부의 규제 기능 강조	• 시장지향주의 – 규제 완화	• 정부의 정치 · 행정적 역량의 강화 – 재규제의 주창 – 정치적 통제 강조
	② 추구하는 주요 행정가치	• 민주성 · 형평성 등 전통적 행정 이념	• 능률성, 경제적 가치 강조	• 민주성 · 형평성 등 전통적 행정가치도 동시에 고려
	③ 정부 규모와 기능	• 적정 규모	• 정부 규모와 기능의 감축 – 민간화 · 민영화 · 민간위탁	• 민간화 · 민영화의 신중한 접근
	④ 공공 서비스 제공의 초점	• 공급자 중심	• 시민 및 소비자 관점의 강조	
	⑤ 공공 서비스 제공의 방식	• 공공부문이 직접 생산 · 공급	• 시장 메커니즘의 활용 – 민간부문을 공공 서비스의 공동생산자 및 경쟁자로 규정 –내부시장화 · 계약 · 외주화	• 민간-공공 부문의 파트너십 강조
조직 구조	⑥ 기본 모형	• 베버식 관료제 모형	• 탈관료제 모형	• 관료제 모형과 탈관료제 모형의 조화
	⑦ 조직구조의 특징	• 항구적 · 기계적 구조	• 비항구적 · 유기적 구조 – 임시조직 · 네트워크 활용 – 비계층적 구조 – 구조적 권한 이양과 분권화	• 재집권화 – 분권화와 집권화의 조화
	⑧ 조직개편의 방향		• 소규모의 준자율적 조직으로 분절화 (예) 책임운영기관	• 분절화 축소 • 총체적 정부 강조 • 집권화, 역량 및 조정의 증대
관리 기법	⑨ 조직관리의 기본 철학	• 계서제에 의한 통제 중시	• 경쟁과 자율성 강조하는 민간부문의 관리기법 도입 – 경쟁의 원리 도입 – 규정과 규제의 완화 – 관리자의 자율성 · 책임성 강조	• 자율성과 책임성의 균형 강조
	⑩ 통제 메커니즘	• 투입과 절차의 통제	• 결과 · 산출 중심의 통제 – 성과계약제 등 성과관리제	
	⑪ 인사관리의 특성	• 비경쟁적 인사관리	• 경쟁적 인사관리 – 능력 · 성과 기반 인사관리 – 경제적 인센티브 중시 – 개방형 인사제도	• 공공책임성 강조

자료: 이종수(2010c)에서 재인용.

제10장

신공공서비스 모형

제 1 절 신공공서비스론의 의의[1)]

신공공관리론에 대한 반명제로 대두된 신공공서비스(new public service)론은 기업가 정신보다 시민권(citizenship)을 강조하고, '방향잡기(steering)'를 통해 시민을 통제하기보다 시민에 대한 '공공 서비스 제공'을 강조하는 이론 지향을 말한다.

신공공서비스론자들은 정부의 역할은 신공공관리론에서와 같이 기술적 · 경제적 합리성(technical and economic rationality)을 강조하고 시장 메커니즘에 의지하는 '방향잡기'에 그칠 것이 아니라, 정치적 합리성까지 고려하는 전략적 합리성(strategic rationality)에 기반하여 시민과 지역사회의 이익을 중재하고 공유가치를 창출하는 '서비스 제공'에 초점을 두어야 한다고 강조한다.

신공공서비스론이 신공공관리론과 크게 다른 점은 행정의 역할이 공공 서비스를 제공해야 하는 데 있음을 강조한다는 점이다. 즉, 신공공서비스론은 관료의 기본 역할이 사회의 방향을 설정하고(steering) 통제하는 데 있는 것이 아니라 시민이 그들의 공유된 이익을 표출하여 충족시킬 수 있도록 도와주는 데 있음을 강조한다. 신공공서비스

1) 자세한 내용은 이종수(2010a)를 참조할 것.

론의 주창자들은, 행정가가 책임져야 하는 것은 행정 업무 수행에서의 '효율성'보다 모든 사람에게 "더 나은 생활을 보장하는 것"이라고 주장한다(Denhardt & Denhardt, 2003: 4).

따라서 관료는 시민이 담론을 통해 공유된 가치(shared value)를 표명하도록 하고, 지역사회가 직면하고 있는 문제를 해결하는 과정에서 협상과 중재의 기능을 담당해야 한다는 것이다(Denhardt & Denhardt, 2000; 김태룡, 2010: 312-313). 신공공서비스론자들은 또한 관료가 대응적이어야 할 상대는 '고객(customers)'이 아니라 '시민(citizen)'이어야 한다는 점을 강조한다.

제 2 절 신공공서비스론의 대두 배경

기업 경영 방식과 민간화된 작은 정부를 강조하는 신공공관리론은 1980년대 이후 공공부문 관리에 큰 변혁을 초래했다. 그 결과 관료들은 시민들에게 서비스를 제공하기보다는 '방향잡기'에 치중했다. '노젓기'에서 '방향잡기'로 옮아감에 따라 관료들은 보트의 목표와 방향을 선택하고 그곳에 도달하는 경로를 입안하게 됨으로써 더 많은 권한을 행사하게 되었다.

그러한 와중에 우리는 보트의 주인이 누구인가를 망각하게 되었다. 킹과 스타이버스(King & Stivers, 1998a)는 그들의 저서 『정부는 우리다 (*Government Is Us*)』에서 정부의 주인은 바로 시민이라는 점을 명확하게 일깨워 주었다. 관료는 따라서 공공조직을 관리하고 정책을 집행할 때 시민에게 권한을 부여하고 그들에게 봉사하는 데 활동의 초점을 두어야 한다는 점이 강조되기 시작했다. 다른 말로 하면 시민을 중심에 두어야 하며, 노젓기 또는 방향잡기보다는 무결성(無缺性)과 대응성을 지니는 공공제도의 확립에 강조점이 두어져야 한다는 것이다(Denhardt & Denhardt, 2000: 549-550).

신공공관리에 대한 학자와 실무자들의 이러한 우려는 『미국행정학회지(*Public Administration Review*)』에서 주관한 리더십, 민주주의 그리고 공공관리에 관한 심포지엄 등에서 표출되었다.

신공공관리론에 대한 도전으로는 신공공관리가 안고 있는 내적 모순이 지적되는가 하면(Fox, 1996), 신공공관리론이 내세우는 가치에 대한 의문이 제기되기도 했다(Frederickson, 1996; Schachter, 1997). 그리고 시장 모형이 장려하는 분권화와 공공부문에서의 조정의 필요성 사이에 개재하는 긴장이 지적되기도 했으며(Peters & Savoie, 1996), 민영화가 민주적 가치와 공익에 대해 가지는 함의를 따져보아야 한다는 지적이 있는가 하면(McCabe & Vinzant, 1999), '기업가 정신'과 '신관리주의'가 공정성, 정의, 대표성 및 참여와 같은 민주적·헌법적 가치를 손상시키는 문제점에 대한 비판이 제기되기도 했다.

신공공관리론에 대한 이러한 비판적 관점에 기초하여 시민을 중심에 두는 거버넌스 시스템에서 행정의 역할에 관한 새로운 아이디어로 신공공서비스론이 대두하게 된 것이다.

제 3 절 신공공서비스론의 지적 뿌리

신공공서비스론의 지적 뿌리는 민주적 시민이론(theories of democratic citizenship), 공동체 및 시민사회 모형(models of community and civil society), 조직인본주의와 담론이론(organizational humanism and discourse theory) 등에서 찾아볼 수 있다.

1 민주적 시민이론

신공공서비스론은 무엇보다 민주적 시민이론에 지적 뿌리를 두고 있다. 시민정신(citizenship)과 민주주의에 대한 관심은 특히 최근의 정치이론과 사회이론에서 중요성을 지니는바, 양자는 모두 좀 더 활성화되고 적극화된 시민정신을 강조한다(Barber, 1984; Mansbridge, 1990, 1992; Pateman, 1970; Sandel, 1996).

정부는 선거와 같은 특정한 절차와 개인적 권리의 보장을 통해 시민들이 그들의 사익에 일치하는 선택을 할 수 있도록 해주기 위해 존재한다는 샌델(Michael Sandel)의 관점은 공공선택론 및 공공선택이론의 주장과 일치한다. 그러나 샌델은 개인이 거버넌스 속에서 훨씬 더 적극적으로 관여하는, 민주적 시민권에 대한 다른 관점을 제시한다. 즉, 시민은 공동체 전체에 대한 관심과 소속감 및 도덕적 결속감을 느끼는 좀 더 광범하고 장기적인 관점을 채택함으로써 사익을 초월하는 더 큰 공익을 지향하게 된다는 것이다(Sandel, 1996: 5–6; Schubert, 1957).

2 공동체 및 시민사회 모형

신공공서비스론의 두 번째 지적 뿌리는 공동체 및 시민사회 모형에서 찾아볼 수 있다. 최근 미국 사회에서는 공동체의 아이디어에 대한 관심이 다시 대두되고 있다. 주요 정당의 정치지도자와 학자들, 그리고 베스트셀러 작가들은 미국 사회에서 공동체가 쇠락하고 있다는 점에 대해 동의할 뿐만 아니라 공동체에 대한 새로운 감각이 절실하게 필요하다는 점을 인정한다. 미국 사회에서의 점증하는 다양성에도 불구하고 아니면 그것 때문에, 공동체는 통일성과 종합성을 가져다주는 방안으로 간주되고 있다(Bellah et al., 1985, 1991; Etzioni, 1988, 1995; Gardner, 1991; Selznick, 1992).

행정에서 공동체에 대한 관심은, 정부의 역할은 특히 지방정부에서는 '공동체'를 창출하고 지원하는 데 있다는 관점에 반영되어 있다. 이러한 노력 가운데 하나는 건강하고 적극적인 '중재 제도(mediating institutions)'를 창설하는 것이라고 할 수 있다.

퍼트남(Putnam, 1995)이 주장하듯이, 미국의 민주주의 전통은 적극적 관심을 갖는 시민(engaged citizens)과 매사에 적극적인 집단, 결사체 그리고 정부조직의 존재에 의존한다. 이러한 소규모 집단이 '시민사회(civil society)'를 형성하는바, 시민은 그 속에서 민주주의 그 자체 및 공동체 형성에 필수적인 담론과 숙의를 통해 상호 관여를 하게 된다. 킹과 스타이버스(King & Stivers, 1998a)는 정부는 시민과 공동체의 연결을 창출하고 지원하는 중요한 역할을 할 수 있다고 주장한다.

3 조직인본주의와 담론이론

신공공서비스론의 세 번째 지적 뿌리는 조직인본주의와 담론이론에서 찾아볼 수 있다. 지난 4반세기 동안 일단의 행정이론가들은 해석학(Harmon, 1981), 비판이론(Denhardt, 1981), 그리고 포스트모더니즘(Farmer, 1995; Fox & Miller, 1995; McSwite, 1997; Miller & Fox, 1997)과 같이 전통적 관료제와 실증주의를 비판하는 진영에 가담해 왔다. 이러한 접근은 권위 및 통제와 같은 이슈에 덜 지배되고, 조직 안의 구성원 및 조직 바깥의 고객과 시민의 관심 사항에 더 세심한 주의를 기울이는 공공조직을 추구해 왔다.

그동안에는 관료제 및 사회에 대한 해석학적·비판적 분석이 중심을 이루어 왔으나, 최근에는 담론이론과 같은 포스트모던 관점에까지 이러한 추세가 확대되었다. 신공공서비스론의 지적 배경에는 관료제를 재활성화하고 행정의 정통성을 복원하기 위해서는 시민과 관료들을 포함하는 모든 당사자 간의 진지하고 개방된 담론이 필요하다는 담론이론과 함께 조직인본주의적 관점이 놓여 있다.

제 4 절 신공공서비스론의 특징

1 신공공서비스론의 기본 원칙

신공공서비스론에서는 다음과 같은 일곱 가지 기본 원칙을 제시한다(Denhardt & Denhardt, 2000: 553-556).

(1) '방향잡기'보다 '봉사'하라(Serve, rather than steer): 관료 역할의 중요성은 사회의 새로운 방향을 잡고 통제하는 데 있는 것이 아니라, 시민들로 하여금 그들의 공유된 가치를 표명하고 그것을 충족시킬 수 있도록 도와주는 데 있다.

(2) 공익은 부산물이 아니라 목표다(The public interest is the aim, not the by-product):

관료는 공익이라는 공유된 이익과 공유된 책임을 창출하는 데 기여해야 한다.

(3) 전략적으로 생각하고 민주적으로 행동하라(Think strategically, act democratically): 공공의 욕구를 충족시키기 위한 정책은 집합적 노력과 협력적 과정을 통해 가장 효과적으로, 그리고 가장 확실하게 달성될 수 있다.

(4) 고객이 아닌 시민에 봉사하라(Serve citizens, not customers): 공익은 개별적 사익의 합계가 아닌 공유가치에 관한 담론을 통해 도출된다. 따라서 관료들은 '고객'의 요구에 단순히 대응할 것이 아니라, '시민'과 함께 그리고 시민 사이의 협력과 신뢰 관계를 구축하는 데 초점을 두어야 한다.

(5) 관료들의 책임성은 단순하지 않다(Accountability isn't simple): 관료들은 시장에만 주의를 기울여서는 아니 되며, 헌법과 법률, 지역사회의 가치, 정치적 규범, 행정관의 전문직업적 기준, 시민적 이익에도 관심을 기울여야 한다.

(6) 생산성만이 아니라 '사람'의 가치를 존중하라(Value people, not just productivity): 공공조직과 그 네트워크는 장기적 안목에서 보면 모든 사람을 존중하는 바탕 위에서 공유된 리더십과 협력의 과정을 통해 작동될 때 성공할 수 있다.

(7) 기업가 정신보다는 시민 의식과 공공 서비스의 가치를 존중하라(Value citizenship and public service above entrepreneurship): 공익은 공공자금을 그들 자신의 것인 양 행동하는 기업가적 관료에 의해 확보되기보다는 사회에 대해 의미 있는 기여를 하는 시민과 관료들에 의해 더 잘 증진될 수 있다.

2 신공공관리론과 신공공서비스론의 비교

덴하트와 덴하트(Denhardt & Denhardt, 2000)는 신공공관리론의 주창자들이 신공공관리와 구(舊)행정을 주로 비교한바, 이렇게 될 경우 신공공관리론이 항상 우월한 것처럼 비치게 된다고 주장하면서 신공공관리론과 신공공서비스론의 비교를 시도했다.

이들은 이론적 · 인식론적 기반, 추구하는 합리성과 인간 행태 모형, 공익의 개념 등 10개 국면에 걸쳐 구행정과 신공공관리론, 그리고 신공공서비스론을 비교한바, 그 결과는 <표 10-1>과 같다.

〈표 10-1〉 구행정 · 신공공관리론 · 신공공서비스론의 관점 비교

비교 국면	구행정	신공공관리론	신공공서비스론
이론적 · 인식론적 기반	- 정치이론 - 사회적 · 정치적 주석	- 경제이론 - 실증과학에 기초한 정교한 토론	- 민주주의 이론: 실증주의, 해석학, 비판이론, 포스트모더니즘 등 다양한 접근
추구하는 합리성과 인간 행태 모형	- 개괄적 합리성 - '행정인'	- 기술적 · 경제적 합리성 - '경제인' 또는 사익 추구적 의사결정자	- 전략적 합리성: 정치적 · 경제적 · 조직적 합리성 등 포괄
공익의 개념	- 정치적으로 정의된 공익 - 법률 속에 표현된 공익	- 개별 이익의 총화로 규정됨.	- 공유 가치에 대한 담론의 결과물
관료적 대응성의 대상	- 고객과 선거구민	- 고객	- 시민
정부의 역할	- 노젓기	- 방향잡기	- 서비스의 제공
정책 목표 달성 메커니즘	- 기존의 정부기관을 통한 정책관리	- 민간기구와 비영리기관을 통한 유인구조의 창조	- 공공기관, 비영리기관, 민간기관의 연립 구축
책임성의 접근	- 계서제 활용: 관료들은 선출된 정치적 리더에 대해 책임을 짐.	- 사익들이 모여 광범한 시민집단이 욕구하는 결과를 초래함.	- 다국면적: 관료들은 법률, 공동체의 가치, 정치적 규범, 전문직업적 기준, 시민의 이익을 섬겨야 함.
행정 재량	- 제한된 재량권의 허용	- 기업가적 목표를 충족시킬 수 있는 광범한 재량권이 인정됨.	- 재량권 필요하나, 제한되고 책임이 수반됨.
가정된 조직구조	- 하향식 권위의 관료제 조직	- 분권화된 공공조직: 기초적 통제는 남아 있음.	- 협력적 구조: 내외적으로 공유된 리더십을 지님.
동기부여 수단	- 보수와 편익 - 공무원의 신분 보장	- 기업가 정신: 정부 규모의 축소를 지향	- 공공 서비스와 사회 공헌에 대한 욕구

자료: Denhardt & Denhardt(2000: 554).

제 5 절 신공공서비스론의 함의 및 결론

신공공서비스론은 이론적 관점에서 볼 때, 전통적 행정과 관리주의 모형 양자에 대해 중요하고 실용적인 대안을 제시한다. 행정공무원들의 행동은 그 행동이 기반한 가정과 원칙에 따라 크게 달라질 수밖에 없다. 정부의 책임이 개인의 사익을 촉진하는 것이라고 가정될 때와 시민정신, 공공 담론 그리고 공익을 촉진하는 것이라고 가정될 때의 행동이 다를 수밖에 없다. 오래전 카우프먼(Kaufman, 1956)은 행정기관은 시기에 따라 각기 다른 가치를 추구하도록 조직화되고 작동된다는 사실을 지적하면서, 그러나 특정한 아이디어가 지배적인 시기에도 다른 가치들이 전적으로 무시되는 것이 아니라는 점을 강조했다.

오늘날 신공공관리는 거버넌스와 행정 분야에서 하나의 지배적인 패러다임으로 확립되고 있다. 신공공관리가 지배적인 상황에서 민주적 시민정신과 공익에 대한 관심이 완전히 사라진 것은 아니다. 그러나 그러한 가치들이 경시되어 온 것은 사실이다. 민주주의 사회에서 민주적 가치에 대한 관심은 아주 중요하다. 능률성·생산성과 같은 가치는 공공부문에서 결코 놓쳐서는 아니 될 중요한 가치들이다. 그러나 이러한 가치들도 민주주의, 공동체, 공익과 같은 좀 더 큰 맥락 속에서 자리 잡아야 한다.

신공공서비스론은 민주사회의 기반 위에서 전통적 행정과 신공공관리론에서 내세우는 중요한 기법과 가치가 작동될 수 있는 틀을 마련해 준다는 차원에서 의미를 지닐 수 있을 것이다.

제11장

기타 개혁 모형

제1절 기업가적 정부

1 기업가적 정부의 의의

오스본과 게블러(Osborne & Gaebler, 1992)가 『정부재창조론(*Reinventing Government*)』에서 제시한 '기업가적 정부(entrepreneurial government)'는 신공공관리론 모형 및 피터스가 제시한 시장정부(market model) 모형과 여러 측면에서 유사하다. 그러나 '기업가적 정부' 모형이 비록 신공공관리 모형 및 시장정부 모형과 여러 국면에서 유사하다 하더라도, 모든 면에서 동일하다고 할 수 없기에 여기서는 별도의 절로 독립시켜 그 특성을 살펴보고자 한다.

오스본과 게블러가 기업가적 정부를 제안한 배경은 1930년대의 뉴딜 정책과 1960년대의 '빈곤과의 전쟁' 관련 정책을 통해 미국 사회 전반에 걸친 연방정부의 개입 확대와 각종 정부 규제로 인한 기업 부담의 증가 및 국가 경쟁력이 저하되는 상황을 맞아, 정부개혁에 대한 미국민들의 압력이 커졌기 때문이다.

'기업가적 정부' 개혁의 바탕에는 '권력 분립을 통한 민주적 정부'라는 이념 아래 운영되어 온 미국 정부의 전통적 모형은 그 시대적 사명을 다했다는 판단이 놓여 있다.

2 기업가적 정부의 원리

오스본과 게블러가 『정부재창조론』에서 제시한 '기업가적 정부 운영의 10대 원리'는 신공공관리론적 정부개혁의 방향을 잘 나타내 주고 있다. 이들은 미국 정부 모형의 문제점을 타파할 수 있는 10대 원리로 관료적 형식주의 타파, 고객 만족 중시, 경쟁 원리 및 시장기구의 활용, 결과 및 성과 중시, 끊임없는 혁신의 추구 등으로 표현되는 기업가 정신과 기업 경영 원리를 행정에 도입함으로써 정부의 효율성과 효과성을 높여 나갈 수 있다는 점을 강조했다.

이들이 제시한 10대 원리는 다음과 같다.

1) 촉진적 정부(catalytic government)

기업가적 정부는 직접적인 서비스 공급자가 되기보다는 촉매자, 중개자, 그리고 촉진자로서의 역할을 수행하는 것이 바람직하다는 것이다. 정부는 '노젓기(rowing)'를 통해 민간부문에 일일이 간섭하려 하기보다는, 주요 정책의 방향만을 제시하는 '방향잡기(steering)' 역할에 만족해야 한다.

2) 지역공동체 소유의 정부(community-owned government)

기업가적 정부는 관료적 통제와 공급자 위주의 행정에서 벗어나 주민들에게 권한을 부여하여 지역공동체를 형성시킴으로써, 지역주민과 지역공동체를 공공 서비스 공급 주체의 일원으로 참여시키는 것이 바람직하다는 것이다. 이는 시민이 만든 자조적 조직으로서의 지역공동체가 공공 서비스의 소유권과 통제권을 관료의 손에서 넘겨받아야 한다는 것을 의미한다.

3) 경쟁적 정부(competitive government)

공공 서비스 공급에 경쟁 원리를 도입함으로써 행정 서비스 공급의 경쟁력을 높이자는 것이다. 독점은 비능률을 초래하는바, 공공 서비스 공급의 생산성과 효율성을 높이기 위해서는 경쟁의 원리를 도입해야 한다.

4) 사명 지향적 정부(mission – driven government)

법규나 규정에 의한 관리보다는 목표와 임무를 중심으로 조직을 운영하고, 결과를 중시해야 한다는 것이다. 이를 위해 행정기관들은 임무와 목표를 규정하고 그들의 목표성취도를 측정해야 하며, 성공한 조직에 보상을 제공하는 보상 시스템을 발전시켜야 한다.

5) 결과 지향적 정부(result – oriented government)

공공부문의 업무 성과를 제고하기 위해서는 투입(inputs)이 아니라 산출(outputs)과 결과를 기준으로 자원을 배분해야 한다는 것이다. 이를 위해서는 업무 성과의 측정을 강화하고, 성과를 중시하는 유인(誘因) 시스템을 발전시켜야 한다.

6) 고객 지향적 정부(customer – driven government)

서비스 제공 대상자를 고객으로 인식하고, 이들에게 선택권을 부여하여 정부의 필요가 아니라 고객인 국민의 필요에 따라 서비스를 제공해야 한다.

7) 기업가적 정부(enterprising government)

예산 지출보다는 수입 확보의 기회를 찾는 기업가적 정신을 가진 정부를 만들어야 한다. 정부기관들이 지출 위주의 기존의 정부 운영 방식에서 탈피하여 수입 확보를 찾아 나서도록 하는 유인을 개발해야 한다.

8) 예견적 정부(anticipatory government)

정부는 문제가 발생하고 난 뒤 사후적으로 대책을 수립하기보다는 사전 예방에 주력하는 것이 더욱 효과적이다. 변화의 속도가 빨라질수록 예견력의 결여는 더욱 위험해진다. 기업가적 정부는 미래 예측을 위해 최선을 다해야 한다.

9) 분권적 정부(decentralized government)

공공조직은 위계 조직에서 탈피하여 참여와 팀워크를 중시하는 분권화된 조직으로 바뀌어야 한다. 즉, 권한 분산과 하부 위임을 통해 참여적 의사결정을 촉진시켜야 한다. 조직구조의 저층화, 참여적 의사결정, 권한의 하부 위임을 통해 분권화를 촉진함으로써, 변화하는 환경적 여건과 고객의 요청에 신속히 대응할 수 있다.

10) 시장 지향적 정부(market–oriented government)

시장 기제를 활용하여 임무를 수행하는 시장 지향적 정부를 발전시켜야 한다. 관료제 메커니즘보다는 시장 메커니즘을 폭넓게 활용할 경우, 정부의 성과를 크게 높일 수 있다.

3 기업가적 정부의 추진 전략

오스본과 플래스트릭(Osborne & Plastrik, 1991)은 기업가적 정부를 만들기 위한 다섯 가지 전략을 제시했다. 그것은 정부의 유전자를 바꾸는 유전자 리엔지니어링(genetic reengineering)의 전략이다. 유전자의 다섯 가지 부분은 ① 목표, ② 유인, ③ 책임, ④ 권력, ⑤ 문화다.

오스본과 플래스트릭이 제시한 다섯 가지 정부재창조 전략(the five C's)은 다음과 같다.

(1) 핵심 전략(core strategy): 공공조직의 목표를 대상으로 하여 목표 · 역할 · 정책 방향의 명료화를 추구한다.

(2) 성과 전략(consequences strategy): 유인(誘因)을 대상으로 하여 업무 유인을 위해 경쟁을 도입하고 사업성 관리 · 성과 관리를 추진한다.

(3) 고객 전략(customer strategy): 정부조직의 책임자를 대상으로 하여 고객에 대한 정부의 책임 확보와 고객에 의한 선택의 확대를 추구한다.

(4) 통제 전략(control strategy): 권력을 대상으로 하여 분권화를 추구한다.

(5) 문화 전략(culture strategy): 조직문화를 대상으로 하여 구성원들의 가치, 규범, 태도 그리고 기대를 바꾼다.

4 기업가적 정부와 전통적 관료제 정부의 비교

전통적 관료제 모형을 시장 모형, 또는 기업가적 정부 모형으로 전환할 경우, 공공부문의 생산성은 크게 제고될 수 있다. 오스본과 게블러의 논의를 중심으로 하여 기업가적 정부 모형과 전통적인 관료제 정부를 비교·정리한 것이 <표 11-1>이다.

〈표 11-1〉 전통적인 관료제 정부와 기업가적 정부 모형의 비교

비교 국면	전통적인 관료제 정부	기업가적 정부
정부의 역할	노젓기 역할	방향잡기 역할
정부의 활동	직접적인 서비스 제공	권한 부여
행정의 가치	형평성, 민주성	경제성, 효율성, 효과성
서비스 공급 방식	독점적 공급 -행정 메커니즘에 의존	경쟁 도입: 민영화, 민간위탁 등 -시장 메커니즘에 의존
행정관리 기제	법령, 규칙 중심 관리	임무 중심 관리
행정관리 방식	투입 중심 예산 -지출 지향 -사후 대처 -명령과 통제	성과 연계 예산 -수익 창출 -예측과 예방 -참여와 팀워크 및 네트워크 관리
행정 주도 주체	관료 및 행정기관 중심	고객 중심
책임성 확보 방법	계층제적 책임 확보	참여적 대응성 확보

자료: Osborne & Gaebler(1992) 등에 의거하여 작성.

제 2 절 뉴거버넌스 모형

1 뉴거버넌스의 의의

거버넌스(governance)는 국정관리 체계(國政管理體系), 공치(共治), 협치(協治) 등의 용어로 번역되거나 그냥 거버넌스로 음역하여 사용된다. '정부로부터 거버넌스로(from government to governance)'라는 경구가 대변해 주듯이 '거버넌스'는 일방적·계층제적 통치를 의미하는 '정부(government)'와 대비되는 개념이다. 즉, 기존의 정부가 계층제적 국정관리 체계를 의미한다면, (뉴)거버넌스는 네트워크식 국정관리 체계를 의미한다고 하겠다.

넓은 의미의 거버넌스, 즉 국정관리 체계의 주요 양식으로는 계층제(관료제 또는 전통적 형태의 정부조직), 시장, 네트워크(network) 등이 있다.[1)] 거버넌스는 넓은 의미에서 일반적인 국정관리 체계를 가리키는 말로도 사용되며, 다른 한편에서는 특별하게 '네트워크식 국정관리 체계'만을 지칭하는 의미로 상호 교호적으로 사용됨으로써 혼란이 초래된다. 여기서는 거버넌스를 일반적인 국정관리 체계의 의미로, 그리고 네트워크식 국정관리 체계는 '뉴거버넌스'로 구분하여 사용하고자 한다.

전통적으로는 계층제에 의존하는 거버넌스가 지배적이었으나, 1980년대 이후부터 점차 계층제 외에 시장과 네트워크를 적절히 조합한 방식을 활용하여 공공문제를 해결하려고 하는 뉴거버넌스의 시대(the era of new governance)가 도래하게 된 것이다. 다시 말하면, 그동안 계층제적 국정관리 체계로서의 정부는 공공 서비스의 일방적·독점적 생산자 및 공급자 역할을 담당해 왔으나, 점차 공공 서비스의 생산과 전달에서 민간부문과 비영리부문의 참여가 확대되었다.

그 결과 이제 공공 서비스 전달의 효율성과 효과성은 정부부문과 민간부문 및 비

1) 계층제, 시장, 네트워크는 일종의 조정 기제(coordination mechanism)라고 할 수 있다. 이 중 계층제는 행정명령을 통한 조정 기제이고, 시장은 가격 경쟁을 통한 조정 기제이며, 네트워크는 신뢰와 협력을 통한 조정 기제다(Thompson et al., 1991: 15; 정용덕, 2002: 733).

영리부문 간 협력적 네트워크의 구축 및 관리에 의해 크게 영향을 받게 되었다. 바로 이런 배경에서 정부 주도의 공공 서비스 전달 또는 공공문제 해결 방식을 넘어서는 새로운 대안으로 등장한 것이 뉴거버넌스 이론이다.

또한 세계화에 따라 국민국가의 역할이 축소되는 가운데 그 역할을 시민사회나 시장 및 국제 체제가 분담하게 되고, 정보화가 진전되면서 국가·사회·기업 등 국가 운영 주체 간의 관계가 변화되었다. 이에 따라 국가·시장·시민사회 및 세계 체제와의 관계를 새롭게 정립할 필요성이 제기된 점도 뉴거버넌스론이 등장하게 된 배경이다.

뉴거버넌스의 개념은 당초 정책 네트워크(policy network)의 개념에 기초하여 발전된 것으로 볼 수 있다. 정책 네트워크의 개념은 뉴거버넌스의 가장 중요한 측면 중의 하나인 공공부문과 민간부문과의 네트워크 현상에 주목하여 등장한 개념으로, 정부 내 혹은 정부 바깥의 다양한 정책공동체(policy community)에서 활동하는 정책 이해관계자들 사이의 긴밀한 타협과 협상의 결과로 구성되는 공식적 혹은 비공식적 네트워크를 말한다.

거버넌스를 네트워크식 국정관리 체계로 이해하는 학자들(Goss, 2001; Kichert, 1997; Kooiman, 2003)에 의하면, 이들은 (뉴)거버넌스의 가장 중요한 특징으로 각 계층의 정부·시장·사회단체·주민단체 등 다양한 구성원들의 자발적 참여로 이루어진 네트워크식 국정관리 체계를 지적한다.

이들의 주장에 의하면, 민주화·세계화·지방화 등 행정환경의 변화로 국가의 권한과 책임이 다른 사회 권력들에 이전되었으며, 이에 따라 국가의 힘이 약화된 것을 의미한다는 것이다. 이에 따라 새롭게 힘을 얻게 된 민간집단들이나 지방정부들은 기존의 계층적 구조에서 벗어나, 공동 목적을 향해 공동 국정관리를 담당하는 네트워크를 구성한다는 것이다(조성한, 2005).

2 뉴거버넌스의 특징

로즈(Rhodes, 1996)는 뉴거버넌스의 개념 속에는 다음의 여섯 가지 속성 개념이 포함되어 있다고 주장한다. 즉, 최소국가(the minimal state), 기업적 거버넌스(corporate governance), 신공공관리(new public management), 좋은 거버넌스(good governance), 사회적 인공지능 체계(socio-cybernetic system), 자기조직화 네트워크(self-organizing network) 등이 그것이다.[2)]

1) 최소국가

기존의 공공관료제는 규모가 크고 비용이 많이 들며 공공 서비스 제공에 비효율적이기에 뉴거버넌스는 최소국가를 지향해야 한다는 것이다. 이러한 주장 속에는 공공 서비스의 생산·공급에서는 민간부문이 더 효율적일 수 있기에 시장과 준시장을 적극적으로 활용해야 하며, 또한 시장에 대한 정부의 규제를 완화시키는 등 정부의 역할과 기능을 축소시켜 작은 정부로 만들어야 한다는 생각이 담겨 있다.

2) 기업적 거버넌스

기업적 거버넌스란 기업조직의 지휘·통제 방식을 의미한다. 이 개념이 강조되는 이유는 의무경쟁입찰(compulsory competitive tendering: CCT),[3)] 내부시장에서의 재량적 사업 단위 설치, 좀 더 상업적인 경영 형태 도입 등 기업적 거버넌스 방식을 공공부문에 도입하여 관료제 문화를 바꿈으로써 공공부문의 효율성을 제고하고자 하는 데 있다.

3) 좋은 거버넌스

정부의 일을 관리하는 국정관리 체계로서의 거버넌스가 '좋은 거버넌스'가 되기 위해서는 효율적인 공무원단, 독립적인 사법 체계 및 계약 집행을 담보하기 위한 법률 구조, 책임성 있는 공공기금 관리, 입법부에 책임을 지는 독립적 공공감사기구, 모든

---

2) 이러한 여섯 가지 속성들 중 신공공관리는 앞에서 자세히 다루었으므로, 이하에서는 나머지 다섯 가지 속성에 대하여 개략적으로 논의한다.

3) 의무경쟁입찰제도는 공공 서비스 공급의 경쟁화(입찰경쟁)를 통해 공공 서비스의 질적 수준 및 생산성 제고를 유도하기 위한 제도를 말한다. 이 제도는 '시청 청소과' 등 기존의 공공 서비스 공급을 담당하던 공무원 조직(부서)을 '청소대행업체' 등 민간부문과의 경쟁 입찰에 다 같이 참여할 수 있게 한다는 점에서 민간위탁과 구별된다.

수준의 정부에서 법과 인권을 존중하며, 다원주의적 제도 구조와 출판의 자유 등이 전제되어야 한다.

4) 사회적 인공지능 체계

(뉴)거버넌스는 사회적 인공지능 체계의 의미로 이해될 수 있다. 사회 체계 속에서는 정부뿐만 아니라 비정부기구 등 여러 행위자들이 상호작용한다. 하나의 공공정책은 중앙정부와 지방정부, 공기업과 같은 공공부문뿐만 아니라, NGO · 민간기업 · 자원기구 등 민간부문과의 상호작용 속에서 이루어진다. 이와 같이 공공부문과 민간부문 간 상호작용 유형의 새로운 형태라는 의미에서 뉴거버넌스를 사회적 인공지능 체계로 규정할 수 있다.

5) 자기조직화 네트워크

뉴거버넌스는 또한 '자기조직화 네트워크'로 정의되기도 한다. 네트워크식 국정관리 체계로서의 '뉴거버넌스'는 다른 형태의 국정관리 체계인 '시장'과 '계층제'를 보완하는 거버넌스로 볼 수 있으며, 조정 메커니즘의 시각에서는 계층제와 시장에 대한 대안적 거버넌스로 볼 수도 있을 것이다.

시장의 조정 메커니즘이 경쟁이라면, 계층제의 조정 메커니즘은 행정명령이고, 네트워크의 중심적 작동 메커니즘은 '신뢰'와 '상호 협력'이라고 할 수 있다(Thompson et al., 1991: 15). 통합된 네트워크는 정부로부터의 방향 제시(government steering)에 대항하여 스스로 정책을 개발하고 환경도 조성할 수 있다(Rhodes, 1996: 659)는 측면에서 네트워크가 자기조직적(selforganizing)이고 자율적이어야 한다는 점이 중요하다.

자기조직화 네트워크로서의 (뉴)거버넌스는 시장이나 계층제만큼이나 독특한 거버넌스 체계로, 이때 정부의 주된 과제는 이러한 네트워크의 능력을 키우고 새로운 형태의 상호간 협력을 강구하는 것(Rhodes, 1996: 666)이라고 할 수 있다(정용덕, 2002: 726-734 참조).

이처럼 뉴거버넌스의 의미가 다양하게 제시되고 있지만, 그 요체는 공공 서비스 전달 또는 공공문제 해결에서 정부라는 제도적 장치에 전적으로 의존하기보다는 정부와 민간부문 및 비영리부문 간의 협력적 네트워크를 적극 활용하는 것이라고 할 수 있다. 이 과정에서 정부와 시장 및 공동체 간의 관계와 정부의 역할이 새로 정립되고, 정부와 민간부문 및 비영리부문 간의 협력 체제(partnership)가 등장하게 되며, 이들 부문 간의 조정 기제로서 상호 신뢰와 협력에 기초한 네트워크를 활용하게 되는 것이다.

3 국정관리 체계의 변화와 뉴거버넌스의 전망

1) 국정관리 체계의 변화 과정

국가 목표를 달성하기 위해 선호되는 국정관리의 양식은 시대에 따라 변모해 왔다. 자유국가(혹은 야경국가)의 시대라 불리는 19세기에는 자원을 배분하고 사회문제를 해결하는 기제로서 시장만큼 좋은 제도가 없다는 믿음에 입각하여 정부를 최소화하는 대신 자유시장을 지배적인 국정관리의 양식으로 채택했다.

그러나 20세기에 접어들면서 시장의 결함과 병폐가 인정되면서 시민들의 복리를 위해 정부의 개입이 역설적으로 주장되었고 "최대의 봉사가 최선"이라는 기치 아래 관료제(혹은 계층제)의 원리에 입각하여 조직된 거대한 복지국가가 시장을 대체하는 지배적인 국정관리의 양식으로 대두되었다.

그러나 20세기 말에는 정부개입이 오히려 큰 폐해를 초래했다는 정부실패에 대한 인식이 확산되면서, 정부의 기능을 다른 수준의 정부(예컨대, 지방정부)나 사회의 다른 행위자(기업이나 NGO)들에 의해 대행시킴으로써 정부를 축소하려는 움직임이 나타났다. 정부의 기능이 정부 내외의 다른 행위자들에 의해 분산 수행됨으로써 공·사부문의 다양한 행위자들이 협력하여 사회문제를 해결하는 네트워크가 새로운 국정관리 양식으로 부상했다.

특히 21세기에 들어와 전통적 국정관리 체제가 (뉴)거버넌스 양식으로 전환되고 있다는 말은, 다름 아니라 계층제에서 네트워크로 국정관리의 양식이 변모되고 있다는 것을 의미한다(Leach & Percy-Smith, 2001; Goss, 2001; Kooimin, 2003; 유재원 · 소순창, 2005).[4]

2) 뉴거버넌스의 전망과 과제

네트워크형 국정관리 모형으로서 뉴거버넌스의 전망은 어떠한가? 계층제는 사라지고, 뉴거버넌스는 과연 전통적 행정을 완전히 대체할 새로운 형태의 국정관리 시스템으로 발전할 것인가? 그리고 정부는 실제적으로 시장과 민간부문의 집단들과 수평적 관계로 연계되고 있는가?

네트워크식 국정관리 시스템에 대한 여러 국내외 연구는 국가와 민간부문이 영향력 면에서 같은 수준을 유지하기 어렵다는 것을 밝히고 있다. 정부는 재정력, 정보력 등에서 민간부문을 압도하고 있다. 민간이나 시장의 참여가 없어도 정부는 국가의 사업을 수행할 수 있지만, 시장이나 민간은 공익과 관련된 사업을 독자적으로 수행할 유인이 없거나, 자원이 부족하다.

민간위탁을 통해 얻은 미국에서의 경험은 독립성을 지닌 NGO들이 민간위탁 사업을 수탁하면서 정부에 귀속되어 버리는 결과를 가져온 것으로 밝혀졌다. 재정력이 부족한 NGO들은 정부의 재정을 지원받기 위해 정부의 눈치를 보기 시작했으며, NGO 간 정부의 재정을 차지하기 위한 경쟁까지 시작이 되었다.

정부는 민간에 위탁된 서비스의 질을 확보한다는 명목 아래 수탁기관들에 대한 감독을 하게 되었으며, 이에 따라 정부의 계층제는 민간부문까지 오히려 확대되는 결과가 나타났다. 반면에 내부적 민주주의를 유지하던 NGO들은 정부의 재정적 지원을 받으면서, 점차 정부와 같은 관료제적 행태를 보이기 시작했다. 그리고 공익사업보다는 내부 구성원들의 이익에 더 큰 비중을 두기 시작한 것으로 밝혀졌다.

정부의 규제개혁과 관련된 국내외적 경험에서도, 탈규제와 재규제의 순환 과정이

4) 어떤 학자들(Pierre & Peters, 2000; Richards & Smith, 2002)은 정부의 시대가 (뉴)거버넌스 시대로 전환되고 있다는 것을 달리 표현하여 구거버넌스(old governance)에서 뉴거버넌스로 전환되고 있다고 말한다. 이러한 표현에서 보듯이, 구거버넌스와 정부는 문제 해결의 기제로 계층제에 의존하는 국정 운영 패러다임이라면, 구거버넌스와 대비되는 개념으로 뉴거버넌스는 네트워크를 문제 해결의 기제로 활용하는 국정 운영 패러다임이라고 할 수 있다.

지속되고 있는 것으로 밝혀지고 있다. 탈규제는 지나칠 경우, 시장의 규칙마저 무너뜨리게 되며, 이에 따른 시장 질서의 어지러움을 해결하기 위해 재규제가 이루어지기도 한다는 것이다. 또한 시장 규제가 약화되면서 야기되는 형평성의 문제를 해결하기 위한 차원에서 사회적 규제가 강화되기도 한다. 결국 규제개혁은 양적으로나 질적으로 기대한 만큼의 뉴거버넌스적 효과를 거두지 못하고 있다고 하겠다.

또한 한국이나 일본과 같은 전통적인 정부 주도적 국가들의 경우에는 탈규제조차도 정부 주도적으로 추진되는 모순을 나타내고 있기도 하다. 정부 주도적 탈규제는 정부의 책임감을 약화시키면서 통제의 기능은 그다지 약화되지 않는 부작용을 초래하기도 한다.

세계적으로 행정개혁이 (뉴)거버넌스적으로 전환되고 있다는 학문적 주장은 많지만, 실제로 계층적 정부조직이나 관리 체계가 사라진 경우는 찾아보기 쉽지 않다. 네트워크식 참여 형태가 간혹 나타나기는 하지만 완성도 면에서 차이가 크며, 몇몇 네트워크식 국정관리 사례가 전통적 정부행정을 근본적으로 전환시켰다는 증거는 쉽게 찾아보기 힘들다. 오히려 개별 사업별로 나타나는 네트워크식 국정관리는 정부정책의 예측성을 약화시켜 시장경제의 혼란을 가져올 수도 있다는 문제점이 지적되고 있다(조성한, 2005).

제 3 절 포스트모더니티 모형

1 포스트모더니즘의 의의와 지적 특성

포스트모더니즘(post-modernism)은 산업화 이후 사회의 특성, 즉 탈근대성(post-modernity)을 설명하는 하나의 관점 또는 이론을 지칭한다. 포스트모더니즘은 모더니즘(modernism)의 합리주의적 사고에 대한 회의, 즉 과학주의와 기술주의의 한계와 부작용을 비판하면서 등장한 사조다.

르네상스[5] 이후 15~17세기를 거치면서 등장한 근대성(modernity)은 뉴턴식 · 기계적 세계관을 바탕으로 이성(reason)과 과학의 힘을 중시하며, 인류 역사의 진보와 낙관적인 미래를 가정하며, 인류의 무한한 발전과 행복을 가져올 수 있다는 믿음을 제공했다. 그러나 인간 사회는 눈부신 과학의 발전에도 불구하고 많은 시행착오와 퇴보를 경험해 왔으며, 모더니즘의 관점과 시각에서 예견했던 많은 상황을 실현할 수 없을 뿐만 아니라, 점차 미래에 대한 확신도 갖지 못하는 불확실성의 시대에 살게 되었다.

포스트모더니즘은 18세기 이후 300여 년간 서구사회를 지배해 온 근대주의(modernism) 사조의 문제점을 극복하려는 하나의 대안적 사조로서, 모더니즘 관점의 이성중심주의, 합리주의, 진보주의를 극복하려는 것이다. 포스트모더니즘적 사고방식의 특징으로는 탈경험성, 다양성, 다원성, 우연성, 탈규제성, 분산성, 불확정성, 탈규격성, 탈연속성 등을 들 수 있다(조창현, 2006).

관료제로 상징되는 전통적 행정학은 모더니티의 가정들을 수용하고 있는 전형적 사례라고 할 수 있다. 따라서 합리성을 추구하는 모더니티는 전통적 행정학의 기초라고 할 수 있다. 전통적 행정학은 모더니티의 두드러진 특징인 합리성의 장점을 가지고 있으나, 합리성으로부터 도출된 명제들이 한계에 부딪치는 만큼 전통적 행정이론은 반대 명제와 모순이라는 한계를 갖게 된다. 포스트모더니티의 행정이론은 이와 같은 한계를 지닌 전통적 행정이론에 대한 회의와 비판을 반영한다(강신택, 2002: 25).

포스트모더니즘이라는 용어는 대체로 두 가지로 구분되어 사용되고 있다(Parker, 1992; Gergen & Thatchenkery, 1996; Hassard, 1996; 김동원, 2005). 하나는 새로운 시대를 묘사하는 용어로서, 다른 하나는 새로운 인식론을 의미하는 용어로서 사용되고 있다.

우선 과거에 통합, 통일성, 집중화, 경직성, 전체주의화 등이 유행하던 모더니즘의 시대에 대응하여 새로이 등장하고 있는 시대에는 분산, 다양성, 분권화, 유연성, 무작

5) 14세기경 북부 이탈리아 지역에서 시작된 르네상스는 인간의 사고와 활동을 지배하던 종교적 제약에서 벗어나 자유로운 사고와 활동을 강조하는 인문주의의 부활 운동으로, '새로운 인간관과 세계관의 발견'을 가능케 했다. 르네상스 이후의 근대적 지식은 모더니즘에서 중시하는 인간중심적 · 논리중심적인 주체관, 세계관으로 구성되었다. 즉, 근대적 주체는 논리와 이성의 주체로서 권력을 행사하고 무의미한 자연세계에 의미를 부여하는 적극적 행위자다.

위성 등이 중요시되고 있는데, 이 시기가 바로 포스트모더니즘의 시대라는 것이다. 또 다른 의미의 포스트모더니즘은 실증주의 및 구조주의에 대한 비판 및 반성으로 등장한 하나의 새로운 인식론으로 사용되고 있다.6) 즉 후기실증주의(post-positivism)뿐만 아니라 후기구조주의(post-structuralism) 철학과 동일시된다.

포스트모더니스트들은 실증주의 인식론의 다음과 같은 특징을 비판한다. 첫째, 실증주의 인식론은 현실을 절대적으로 유일한 것이며 실체적인 것으로 본다. 둘째, 탐구의 과정은 가치중립적이다. 셋째, 관찰자와 관찰 대상은 서로 독립적이다. 넷째, 시간 및 공간을 초월하는 일반적 이론 또는 보편적 이론을 추구한다. 다섯째, 결과에 선행하는 또는 동시에 발생하는 원인이 실재한다(Farmer, 1995: 214-215).

사회과학에서 실증주의란 모든 사회 현상 간에는 규칙성 및 인과관계가 존재한다고 믿으며, 연구자는 이들을 발견하여 사회 현상을 설명하고 예측해야 한다는 사조를 말한다. 실증주의는 사회적 맥락에 대한 고려 없이 보편적 이론을 발견하려고 한다. 포스트모더니즘은 이러한 실증주의적 사고와 접근 방법을 배격한다. 바로 상대주의 및 다원주의적 세계관을 기본 관점으로 하여 특정한 사회적 맥락에 따라 현실에 대한 해석은 달라질 수 있고, 심지어 같은 맥락 속에서도 현실에 대한 해석은 다양할 수 있음을 강조한다(김동원, 2005).

요약하면, 포스트모더니즘은 인간의 이성과 과학의 무한한 힘을 믿었던 데카르트(René Descartes) 이후의 근대적 세계관이 무너지는 과정에서 나타난 현상으로 전체성 해체, 독자적 개체의 인정, 주체와 객체의 구별 해소 등 한마디로 '해체'와 '해방'을 의미하고 있다(김광웅, 1995: 142).

이러한 포스트모더니즘의 지적 특성을 살펴보면 다음과 같다.

첫째, 포스트모더니즘은 우리가 발견할 수 있는 객관적 사실이 있다고 보는 객관주의를 배척하고 사회적 현실은 우리의 마음속에서 구성된다고 보는 구성주의(constructivism)를 지지한다.

6) 인식론이란 인식 자체의 반성이나 그 기원·본질·방법·한계 등을 연구하는 철학의 한 부분을 말한다. "우리가 세상을 어떻게 알 수 있는가?" "세상에 관한 우리의 진술이 어떻게 그 의미를 얻는가?" 또는 "세계에 대한 우리의 믿음은 어떻게 정당화되는가?" 등에 관심을 갖는다.

둘째, 포스트모더니즘의 세계관은 상대주의적이며 다원주의적이다. 보편주의와 객관주의를 추구하는 것은 헛된 꿈이라고 비판하고 지식의 상대주의를 주창한다.

셋째, 포스트모더니즘은 해방주의(emancipatory)적 성향을 지닌다. 개인들은 조직과 사회적 구조의 지시와 제약으로부터 해방되어야 한다고 주장한다. 사람들은 서로 상이성을 인정한 위에서 자유롭게 접근할 수 있어야 한다는 것이다. 개인들은 모든 의미에서 자유로울 수 있는 존재라고 한다. 그들은 인위적 계서제와 구조들로부터 자유로울 수 있고 서로 다를 수 있으며, 각자가 자기 특유의 개성을 가질 자유를 누려야 한다는 것이다.

이러한 포스트모더니즘의 관점에 기초하여 행정학에서 근대(모더니즘)를 상징하는 관료제를 비판적으로 해석하고, 그 대안으로 제시된 것이 포스트모더니즘 행정이론이다. 포스트모더니즘 행정이론으로는 파머(D. J. Farmer)가 제시한 반관료제론과 폭스(Charles J. Fox)와 밀러(Hugh T. Miller)의 담론이론 등이 있다(김종술, 1999; 조만형, 1999).

2 파머의 반관료제론

파머는 성찰적 해석 방법에 의거해 근대성(modernity)과 탈근대성(postmodernity)이라는 두 개의 렌즈를 사용해 행정이론을 분석하고 있다. 그는 관료제도를 중심으로 한 근대 행정이론을 과학주의, 기술주의, 기업주의 등으로 규정하면서 이를 비판적으로 해석하고 있다. 이러한 관료제를 중심으로 한 근대 행정이론의 비판적 해석에 기초해 파머는 포스트모더니즘 행정이론을 상상(想像), 해체(탈구성), 탈영역화, 타자성(他者性) 등을 중심으로 제시하고 있다.

파머(Farmer, 1995)에 따르면 지금까지 행정을 둘러싼 우리의 언어는 모더니스트적 사고 방식에 뿌리를 두고 있는데 그것은 내생적인 논리적 한계에 직면해 있다고 한다. 따라서 다음과 같은 포스트모더니즘의 네 가지 특징이 이 한계를 넘어서 행정에 대해 새롭게 사고할 수 있게 한다고 주장한다(김동원, 2005; 강신택, 2002).

1) 상상

상상(imagination)은 단순히 마음속으로 오감을 활용하여 형상화하는 것이 아니라 보는 관점에 따른 '가능성(possibilities)'을 의미한다. 예를 들어 돼지는 늑대의 눈에서는 먹이이고 회교도들에게는 지저분한 동물에 불과하다. 보는 시각에 따라 돼지는 달리 상상될 수 있다. 이와 같이 상상은 상황을 새로운 시각에서 바라보고 이해하는 능력을 향상시켜 줄 뿐만 아니라 이해를 다른 사람과 공감할 수 있게 만들기도 한다.

모더니티의 전형인 베버의 관료제 모형에서는 합리성이 인간 사고의 촉매적 역할을 하듯이 포스트모더니티에서는 '상상'이 인간 사고의 촉매적 역할을 할 수 있다는 것이다(Farmer, 1995: 158-177).

2) 해체

포스트모더니스트들이 말하는 해체(deconstruction)는 텍스트(언어, 몸짓, 이야기, 설화, 이론)의 근거를 파헤쳐 보는 것을 말한다. 이러한 해체는 특정한 상황에서의 텍스트들을 더 잘 이해할 수 있게 해준다. 해체는 모더니스트적인 행정이론과 실제뿐만 아니라 포스트모더니티에서 구성된 설화들(narratives)을 파괴하는 데 사용될 수 있다. 여기서 해체의 대상인 '설화'의 예를 들면 "합리화가 인간의 진보와 같다"라든지 "경제의 발전이 역사 발전의 원동력이다"라는 식의 명제들이다.

행정이론과 실제는 일정한 설화에 의해 지지되고 있다고 볼 수 있다. 예를 들면, "행정은 객관적으로 연구될 수 있다"라는 말도 하나의 설화이고 "행정의 실무는 능률적이어야 한다"라는 것도 하나의 설화라는 것인데, 이러한 설화들을 당연한 것으로 받아들이지 않고 해체해 보면 그러한 설화의 근거가 불확실해지면서도 동시에 설화를 더 잘 이해할 수 있게 된다고 할 수 있다(강신택, 2002).

파머는 우리가 세상의 모습이라고 믿는 것은 사실은 온통 이미지의 표상에 불과한데, 이렇게 보이는 것이 진실이 아닌 상황에서 객관성이나 실증주의를 추구하는 것이 무슨 의미가 있는지 반문한다. 그보다는 포스트모더니스트처럼 우리가 어디에 서 있는지 깨닫는 상황의 맥락(context)을 파악하는 것이 중요하다는 것이다(Farmer, 1995: 203-208). 그는 또한 효율성이라는 것도 다양한 의미를 가지는 사회적 구조물(social construction)에 불과한 바, 민간부문에서의 비효율성이 공공부문에서도 반드시 그런 것인가 하고 반문한다(Farmer, 1995: 199－201).

3) 탈영역화

탈영역화(deterritorializaton)는 지식과 학문의 영역 간에 경계가 없어지는 것을 의미한다. 포스트모더니티에서의 모든 지식은 성격과 조직에서 그 '고유' 영역이 해체된다. 학문 분과들과 전문 영역 간의 장벽이 무너짐에 따라 행정학의 구조도 붕괴되고 있다. 모더니티에서 지식의 구조는 뿌리를 중심으로 통합되어 있으면서 나뭇가지 모양으로 갈라져 학문 영역이 위계질서를 이루었으나 포스트모더니티에서는 뿌리줄기(根莖) 모형으로 뿌리는 없고 지식은 분산화되어 있으며 다원적 차별성을 인정하게 된다(Farmer, 1995: 218－225).

탈영역화가 시사하는 것은 지금까지 행정학의 고유 영역이라고 생각되던 지식의 성격이 변화하고 행정조직도 비계층적이고 탈관료제화된 모습을 나타내게 되리라는 것이다(강신택, 2002).

4) 타자성

타자성(alterity)이란 나 아닌 사람을 인식적 객체로서가 아니라 도덕적 타자로 인정하는 것을 말한다. 즉, 타자성이란 모더니티에서 사물을 객관적으로 관찰하듯이 객관적인 관찰 대상으로서의 '인식적 타인(epistemic other)'으로 보는 것이 아니라 인격체로서 존중받아야 할 '도덕적 타인(moral other)'으로 인식해야 한다는 것을 의미한다. 구체적으로 타자성에 대한 포스트모더니즘의 입장은 '반행정(antiadministration)'을 의미하는 네 가지의 특성으로 정리될 수 있다. 타인에 대한 개방성, 다양성에 대한 선호, 상위 설화(metanarratives)에 대한 반대, 기존 질서에 대한 반대다.

타인에 대한 개방성이란 단순한 반권위주의나 서비스 지향 이상으로, 행정이 의사결정 모두를 공동체에 공개하여 그들이 원하는 대로 사업이 이루어지도록 지원하는 것까지 말한다. 다양성에 대한 선호란 다양한 관점의 스펙트럼을 받아들인다는 것 외에도 관료제라는 박스를 짜놓은 후 거기에 맞는 인간형을 배치하는 정형화의 과정에도 반대하는 것을 의미한다. 상위 설화에 대한 반대란 행정이 본래적으로 권위를 가졌다는 신화적 믿음을 해체하면서 근거 없는 모든 신화의 해체 가능성을 열어놓는 것이다. 마지막으로 기존 질서에 대한 반대란 행정이 선호해 온 통제 위주의 기존 제도에 대해 반대하고 행정의 반제도적인 방법을 모색할 수 있다는 것이다(Farmer, 1995: 227–245).

이러한 타자성의 개념은 행정조직에서 일하는 공무원에게 공동체 권력에 기초한 시민 참여 이론을 수용하게 하는 것을 의미한다.

3 폭스와 밀러의 담론이론

폭스와 밀러(Fox & Miller, 1995)는 현상학과 구조화이론에 기초를 둔 구성주의(constructivism)를 통해 관료제도를 인식론적으로 비판하고 있으며, 이에 기초하여 관료제의 대안으로 담론이론을 제시하고 있다. 이들은 관료제도의 기초가 되는 환류 모형에 입각한 민주주의 개념, 즉 대의민주주의의 한계와 문제점을 비판한 다음에 그 대안으로 참여적 공동체주의(participatory communitarianism), 입헌주의(constitutionalism), 담론이론(discourse theory) 등을 제시하고 있다. 이 세 가지 대안 중에서도 특히 담론이론이 관료제도의 대안으로 가장 적합한 것으로 평가하고 있다.

폭스와 밀러(Fox & Miller, 1998: 688)는 행정기구를 담론의 장소로 본다. 따라서 정책결정을 위한 토론 과정을 민주화하는 담론이 무엇보다도 중요하다는 것이다. 이들에 따르면 행정학에 적용된 담론이란 억압적 지배로부터 자유로운 사회적 교류의 형성물(social formation)로서, 그 안에서 벌어지는 공적인 대화(public conversation)의 목표는 공익의 증진이다.

폭스와 밀러(Fox & Miller, 1995)는 진정한 담론(authentic discourse)이 중요하며 이는 두 가지 의의를 지닌다고 한다. 담론은 현재 성행하고 있는 관행(practices)을 긍정적인 것으로 바라볼 수 있게 하는 '대안적 시각'이다. 또한 담론은 그러한 관행이 실현될 수 있도록 지향해야 하는, 그러면서도 원칙적으로 실현 가능한 '이상'이다.

긍정적으로 조명되어야 할 관행에는 조직 간 태스크포스(task force), 애드호크라시

(adhocracy), 정부 간 협동 체제, 정책 네트워크 등 소위 '협상을 통한 규제' 혹은 'reg-neg(regulation by negotiation)'이 포함된다.

폭스와 밀러는 자신들이 가치 있게 여기는 위와 같은 관행들은 철의 삼각동맹(iron triangle)이나 하위정부(subgovernment) 등 기관 간 협동 관계에 관한 정치학의 주류이론과는 배치된다고 한다. 왜냐하면 그 이론들에서 전제하는 바는 공식적인 대의민주주의만이 정당하고 존립 가능한 것이기 때문이다. 여기서 비공식적인 참여자들이 참여하는 담론은 통치권의 잠재적인 약탈자로 전제된다. 그러나 담론은 비공식적 참여자들까지 광범위한 참여를 도모하여 조직 간 하의상달적 민주주의를 가능하게 해줄 수 있는 '대안적 시각'이라고 주장한다(김동원, 2005).

폭스와 밀러는 정책문제 해결을 위한 진정한 담론이 이루어지려면 (1) 성실성(sincerity), (2) 상황을 고려하는 의도성(situation-regarding intentionality), (3) 능동적 주의(willing attention), (4) 실질적 공헌(substantive contribution) 등의 조건이 충족되어야 한다고 한다. 불성실하거나, 상황과 무관하거나, 능동적으로 주의를 기울이지 않거나, 또는 정책문제를 해결하는 데 기여할 만한 전문성이나 지식이 없다면, 도움이 되지 않을 것이다(Fox & Miller, 1995: 120-125; 강신택, 2002: 39-40).

또한 폭스와 밀러는 진정한 담론이 성공적으로 작동하기 위해 필요한 참여자의 수에 대해서도 논의한다(Fox & Miller, 1995: 130-150). 담론을 소수담론(few-talk), 다수담론(many-talk), 상당수담론(some-talk)으로 구분한다면, '상당수담론'이 진정한 담론을 가능케 하리라고 보고 있다. 소수담론은 엘리트가 지배하는 독백인 반면, 다수담론은 '중구난방'의 무정부 상태에 가깝기 때문에 문제 해결을 위한 진정한 담론이 이루어지기 어렵다. 대신 상당수담론이 진정한 담론을 형성할 수 있다는 것이다. 상당수담론이 가능할 수 있는 잠재력을 가장 많이 가진 구조의 예가 정책 네트워크라고 한다.

폭스와 밀러는 진정한 담론이 제대로 작동하게 되면서 행정과 정책의 영역에 어떠한 결과가 나타나기를 기대하는지에 관해 기술한다. 행정학의 중심적 관심사는 전문성 혹은 기술보다는 담론으로 옮겨가야 한다고 한다. 담론은 현상 유지를 비판하고 거버넌스의 과정에서 개인의 연계를 형성하고 결집시키며 역동적인 대화를 도모하는 특수한 수단으로 승화될 수 있다.

공공의 영역은 에너지의 장(energy field)으로 변화하고, 그 안에서 정책결정은 합리적 분석이 아닌 국민이 나누고 있는 의미(meaning)가 무엇인지를 포착하는 과정을 통해 이루어진다. 따라서 공직자는 위계구조의 명령 계통을 잇는 대체 가능한 연결고리에 불과한 것이 아니라, 담론을 통해 공공의 의지를 실현하는 데 역동적인 참여자로서 활약하게 되는 것이다(김동원, 2005).

담론이론의 핵심은 논증적 행위(discursive behavior)에 있다. 그것은 관료제도 안에서의 반복적 · 습관적 행위나 공공 선택에 기초한 혁신이론에서 볼 수 있는, 경쟁을 통한 합리적 행위와도 다르다. 논증적 행위를 강조하는 행정담론은 그것이 의사결정 과정에서 평등한 의사소통을 강조하기 때문에 엘리트들 사이의 경쟁을 강조하는 다원주의적 시장이론이나 계층제적 이론보다 더 좋은 이론이라는 것이다(Fox & Miller, 1995; 김종술, 1999).

4 포스트모더니티 행정이론에 대한 종합적 논의

모더니티 행정이론이 정립된 체계를 가지고 있는데 비해, 포스트모더니티는 모더니티의 한계와 모순을 지적하는 일에 중점이 주어졌기 때문에, 모더니티 행정이론만큼 정립된 텍스트를 제시하기는 어렵다. 그리고 포스트모더니티 행정이론을 제시하는 각 학자들의 주장 내용 및 논리의 전개 방식이 일치하지도 않는다. 이와 같은 논리의 다양성 자체가 포스트모더니즘학파의 특수한 성격이기도 하다(Kilduff & Mehra, 1997: 455).

그러나 포스트모더니티 행정학자들의 주장에서 일정한 공통점을 추려낼 수는 있을 것이다. 강신택(2002: 41－42)은 포스트모더니티 행정학자들의 주장을 다음과 같이 요약한다.

첫째, 모더니티에서 '합리성'의 개념이 수행하던 중요한 역할을 포스트모더니티 행정이론에서는 '상상'의 개념이 수행하고 있다.

둘째, 모더니티 행정이론에서는 '주체'가 세계의 중심에 있다고 확신하는데, 포스트모더니티 행정이론에서는 주체의 정체성에 대한 확신이 없다.

셋째, 모더니티 행정이론에서는 주체로서 인간의 지식에 관한 확고한 신념이 있었으므로, 행정이론의 보편성, 과학주의, 기술주의, 기업주의 그리고 합리적 해석 등에 관해 우월적 지위를 부여했으나, 포스트모더니티 행정이론에서는 주체가 중심에 있다는 확신이 없으므로, 과학적 지식에 대해 우월적 지위를 인정하지 않고 과학적 지식도 여러 가지 담론 중의 하나라고 생각한다.

넷째, 포스트모더니티 행정이론에서는 과학적 지식에 대해 우월적인 지위를 인정하지 않기 때문에, 행정의 이론과 실무에서 주장되거나 신봉되는 설화(narratives)나 텍스트(text)를 해체해 봄으로써 그러한 주장의 근거가 불확실하다는 것을 밝히면서도 동시에 설화와 텍스트에 대한 이해를 깊게 하려고 한다.

다섯째, 모더니티 행정이론에서는 전문화가 심화될수록 더 합리적이라고 생각하기 때문에 이론이 보편적이기를 바라면서도 동시에 그 대상 영역이 점점 더 한정되는 경향이 있는데 반해, 포스트모더니티 행정이론에서는 학문 영역 간의 경계가 해체되어야만 풍부한 지식의 자원을 활용할 수 있다고 생각한다.

여섯째, 포스트모더니티에서는 타자성을 중요한 덕목으로 생각한다. 타자성이란 타인의 존재와 견해에 대한 개방성, 다양성의 인정, 거대한 설화의 부정, 그리고 기존 제도에 대한 반대 등이다. 이러한 입장은 일종의 '반행정'을 지향한다.

일곱째, 포스트모더니티 행정이론은 '대의민주적 책임성의 환류 고리(representative democratic accountability feedback loop)'가 제대로 작동하지 않는다고 보기에, 민주정치의 구현을 위해 국민의 '진정한 담론(authentic discourse)'이 활성화되어야 한다고 주장한다.

이러한 포스트모더니티 행정이론은 기존의 모더니티 행정이론에 대한 비판적 성찰을 통해 전통적 관료제의 한계를 극복하고 행정을 쇄신하는 데 촉매적인 역할을 할 수 있게 해주며, 진정한 담론을 통해 약화된 정치의 책임 환류 고리를 보완할 수 있게 해 준다는 장점을 지니나, 다른 한편에서는 포스트모더니티 행정이론이라고 하는 것이 일정한 정설이 있는 것도 아니며, '바로 사용할 수 있는' 실질적·구체적 방안을 제시해 주지 않는다는 한계를 지닌다고 하겠다(강신택, 2002: 44 참조).

제 5 부

외국의 행정개혁

제12장

영국의 행정개혁

제 1 절 영국 행정개혁의 변천과정

영국에서는 절대군주제가 확립된 16세기 이후까지도 체계화된 관료제가 발달되지 않았으며, 19세기 중엽까지 국왕이나 귀족들이 관직을 미끼로 자신의 정치 세력을 확대하는 이른바 정실주의에 의해 관료가 임명되었다. 따라서 영국에서의 행정개혁은 실적주의 제도가 확립되기 시작한 19세기 중엽 이후에 시도되었다고 할 수 있다.

1 노스코트-트레벨리언 개혁

1) 개혁안의 내용과 진행과정

19세기 영국의 행정개혁은 1848년 재무부에 설치된 노스코트-트레벨리언위원회(Northcote and Trevelyan Commission)가 획기적인 계기가 되었다. 글래드스턴(W. E. Gladstone) 수상의 적극적 후원 하에 활동한 이 위원회는 1853년 「공무원제도 개편에 관한 보고서(Report and Papers Relating to the Reorganization of the Civil Service)」를 의회에 제출했다.

이 보고서는 (1) 정실주의를 폐지하고 공개경쟁 채용시험에 의거하여 공무원을 채용할 것, (2) 행정사무를 지적 사무(intellectual work)와 일상사무(routine work)로 나누어 이에 대응하는 두 종류의 시험을 실시할 것, (3) 지적 사무를 담당할 상급 공무원의 시험은 일반 능력에 관한 시험으로 역사·어학·자연과학 등 일반 교양과목에 치중할 것, (4) 공무원 임용 절차를 능률화·간소화하기 위해 시험을 관장할 독립적인 중앙인사위원회를 설치할 것, (5) 시험을 정기적으로 실시하며 성적주의에 의한 임용과 승진제도를 실시할 것, (6) 공무원의 지위를 상급·하급의 2등급으로 구분하고 상급 공무원의 임명은 19~25세, 하급 공무원의 임명은 17~21세로 제한할 것, (7) 시보기간을 설정할 것, (8) 부처 간 순환보직제를 실시할 것, (9) 연차 증봉(增俸)과 연금제도를 둘 것 등을 건의했다.

이 노스코트-트레벨리언 보고서는 당시 정실주의의 혜택을 누리던 정치인들의 큰 저항을 불러일으켰으나, 1855년 및 1870년의 추밀원령을 통해 영국의 실적주의 인사제도 확립의 획기적 계기를 마련했다. 1855년에 제정된 추밀원령(樞密院令)에서는 독립적인 인사위원회를 설치할 것과 인사위원회에서 발급한 자격증을 임용의 전제 조건으로 할 것 등을 규정했다.

그러나 여전히 정실주의적 요소를 강하게 담고 있는 1855년 추밀원령에서는 공개경쟁시험에 의한 임용제도가 채택되지 않았으며, 인사위원회의 자격 증명에도 강제력이 부여되지 않았다. 또한 지원자의 추천권을 각 부처 장관이 행사했으며, 임용을 위한 자격 기준도 인사위원회와 각 부처와의 협의에 의해 결정되도록 되어 있었다.

2) 1차 추밀원령 이후의 개혁 노력

영국에서의 행정개혁, 특히 실적주의제도 확립의 획기적인 계기를 마련한 것은 1870년의 추밀원령이다. 1870년 추밀원령에 담겨 있는 주요 내용은 다음과 같다. 즉, (1) 공무원의 임용은 원칙적으로 공개경쟁시험에 의하고 시험은 일반 교양과목에 한한다. 그리고 (2) 서기적 업무를 행정적·지도적 업무와 기계적·반복적 업무로 구분하고, 이에 의거하여 계급을 구분하며, 채용시험을 계급별로 구분해 실시한다. (3) 재무부는 지원자의 자격과 시험을 행할 관직의 결정에 관해 동의권을 가진다.

그 후 영국의 관료제는 1874년의 플레이페어 보고서(The Playfair Report), 1888~1890년의 리들리위원회(The Ridley Committee), 1912~1914년의 맥도넬위원회(The MacDonnell Committee), 그리고 제1차 세계대전 후의 브래드퍼리위원회 보고서(Bradfury Committee Report) 및 1929~1931년의 톰린위원회(The Tomlin Committee) 등의 조사연구회가 설치되어 공무원의 분류, 채용, 승진, 보수 등에 관한 부분적 수정과 개선을 촉구하면서 오늘에 이르고 있다(김수영, 1996: 263).

2 홀데인위원회의 행정개혁

1) 개혁안의 내용과 진행과정

영국에서 중앙정부 행정기구에 대한 개혁이 본격적으로 추진되기 시작된 것은 20세기 들어와서다. 1914년의 공무원제도에 관한 왕립위원회 보고서, 1917년의 재무부위원회 보고서(The Report of the Committee on the Treasury), 1918년의 홀데인위원회 보고서(Haldane Committee Report), 1929년의 장관권한위원회 보고서(The Committee on Ministers' Powers or Donoughmore Committee), 1965~68년의 풀턴위원회(Fulton Committee) 활동 등을 들 수 있다(김수영, 1996: 263).

홀데인위원회는 제1차 세계대전을 수행하면서 급격하게 확대된 정부기구의 난맥상과 비능률을 제거하기 위한 목적으로 육군 장관 홀데인(Richard Burdon Haldane)을 위원장으로 하여 1917년 설치된 '정부기구위원회(Machinery of Government Committee)'를 말한다. 정당대표 3명, 공무원 2명, 학자 1명 등 6명으로 구성된 이 위원회는 1918년 로이드 조지(David Lloyd George, 1st Earl Lloyd-George of Dwyfor) 내각에 보고서를 제출했다.

홀데인위원회의 주요 보고 내용은 다음과 같다.

(1) 각 부(部)의 기능에는 많은 중복이 있어 책임의 한계가 명확하지 않다.

(2) 내각은 의회에 제출할 정책을 최종적으로 결정하고 각 부의 활동에 대해 조정

역할을 하는데 이 기능을 효율적으로 수행하기 위해 내각을 10인에서 12인의 소수로 구성하고 각의(閣議)는 빈번히 개최하며 신속한 정책 결정을 위해서는 적시에 필요한 정보를 제공받고, 내각은 그 결정이 각 부에서 효과적으로 수행되도록 통제력을 확보할 것 등이 요구된다.

(3) 행정 책임을 확보하기 위해 의회 내부에 행정기구에 대응하는 기구를 발전시켜 행정부와 의회의 관계를 균형화시킬 것이 요구된다.

(4) 정부의 기능은 재정, 국방, 외교, 조사 및 정보, 생산 · 수송 및 상업, 고용, 공급, 교육, 보건, 사법의 10개 부문으로 분류될 수 있다.

(5) 지방분권을 위해 중앙정부는 지방자치단체에 대해 권력적 감독을 하기보다는 (간접통제를 위해) 관련 정보와 자료를 체계적으로 수집할 것이 요구된다.

(6) 각 부처의 기능 배분은 담당 업무의 종류에 따른 기능주의 원칙에 따를 것이 요구된다. 종래의 영국 제도는 고객 중심으로 책임을 지는 제도였는데 이는 작은 국가에나 적합한 제도라는 것이다.

이같이 내각의 문제에 초점을 둔 홀데인위원회의 보고서는 향후 영국의 정부조직 개편의 기본적인 지침으로 활용되어 왔다. 홀데인위원회의 이 보고서는 행정개혁의 지침으로 많은 지지와 찬동을 받았으나 크게 실현되지는 못했다.

2) 개혁안의 의의와 핵심 가치

20세기 초에 추진된 영국의 정부혁신은 그 이념적 절박성에서 보면 1850년 및 1980년대의 개혁보다 뚜렷하지 않다. 그러나 이 시기의 영국 정부는 혼동과 유동의 상태에 있었으며, 영국 정부의 본질에 대한 활발한 토론이 있었다. 그 배경은 에드워드 7세 시대의 '국가적 능률성(national efficiency)' 사상에 기초한 자유주의 의회제도에 대한 이념적 도전이었다. '국가적 능률성'의 사상은 정부 및 행정의 기술관료적 · 군사적 조직을 필요로 한다. 핵심적 아이디어는 전전(戰前)의 독일 참모부와 같이, 정책 형성 및 장기적 기획을 일상적 행정으로부터 분리할 수 있다는 것이다.

'국가적 능률성'은 폭넓은 호소력을 지닌 '시종일관된 이념(cohering ideology)'이었다

(Greenaway, 1996: 50). 개혁을 위한 캠페인은 중앙정부의 간소화를 위한 밀너 경(Alfred Milner, 1st Viscount Milner, 1854－1925)의 아이디어에서 기존의 엘리트 공무원을 기업인으로 교체하자는 주장에 이르기까지 다양한 형태로 전개되었다.

개혁 아이디어는 또한 페이비언(Fabian)과 같은 좌파에게도 호소력을 지녔다. '국가적 능률성'의 이념은 부분적으로는 그 광범한 호소력 때문에 글래드스턴 수상 시절의 자유주의 또는 1980년대의 신자유주의와 대비하여 무언가 논리적 일관성이 부족했다. 그러나 '국가적 능률성'의 이념은 전통적인 의회정치 및 학력시험을 거쳐 채용된 자유주의적 엘리트 공무원의 지위에 대한 도전의 의미를 지녔다.

영국의 행정 시스템에 대한 이 같은 이념적 공격과 더불어 급격한 변혁을 지향하는 정치적 압력이 있었다. 1906년 출범한 자유당정부(노동당정부)의 사회개혁과 더불어 시작된 정부의 급격한 팽창은 창의적 사고와 새로운 주도권을 요구했다. 제1차 세계대전 중의 로이드 조지 정권 아래서 사회·경제 분야에 대한 정부의 광범위한 개입과 통제가 늘어남에 따라 독립위원회와 기관들이 우후죽순처럼 무질서하게 늘어나게 되었다. 이러한 모든 압력은 그 문제와 관련된 특별한 해결책과 정부기관 바깥의 전문가들의 채용을 요구했다. 전시라는 특수 상황은 또한 중앙정부 내에서 새로운 조정 양식을 요구하게 되었다.

이 시기의 또 다른 세력은 점차 늘어나는 잘 조직화된 노동조합이었다. 각종 공무원조합들은 재무부가 아닌 다른 독립위원회 또는 의회가 관료제를 감독할 것을 요구했다. 이러한 요구는 전시(戰時) 기간 중 점진적으로 증대되었다.

유동성이 증대되었던 제1차 세계대전 기간 동안 및 그 직후에는 중앙정부 특히 내각의 급격한 변화가 초래되었다. 그러나 중앙정부가 그 시기에 부처별로 단편화되기보다 통일성을 증대하게 되었는지 등은 불분명하다. 비록 전시의 절정기에 변화를 위한 압력이 확대되었으나 1918년 이후 반발이 초래되었으며, 정부 지위의 '낭비(squan－dermania)'에 반대하는 언론 캠페인이 전개되었다.

정부 내에서는 '게데스 삭감 정책(Geddes Axe)'(1922년 당시 영국의 '정부지출위원회[Committee on National Expenditure]' 위원장인 게데스(Sir Eric Geddes)의 지출 삭감 정책을 일컬음)이 휘몰아쳤으며, 정부조직 밖에서는 다양한 전시 임시직 공무원들이 영국 관료제 내의 경영전문성 결핍에 대해 공격했다.

1918년부터 1930년 사이에는 '국가적 능률성'의 급진적 아이디어들이 적용되는 등 영국의 중앙정부에 아주 중요한 발전이 이루어졌다. 1918년을 전후하여 일련의 위원회는 공무원제도의 통일성 증대와 재무부 통제의 강화 필요성을 지적했다.

제 2 절 풀턴위원회의 행정개혁과 넥스트 스텝 개혁

1 풀턴위원회의 행정개혁

1) 제안의 배경

1966년 설치된 풀턴위원회(Fulton Committee)는 20세기 후반 영국의 인사제도 개혁에 큰 영향을 미쳤다. 12명의 위원으로 구성된 풀턴위원회, 즉 '공무원제도위원회(Committee on the Civil Service)'는 당시 영국의 인사제도가 노스코트-트레벨리언 보고서의 잔영(殘影)이라고 비판하면서, 영국의 정부 업무가 아마추어나 일반행정가 내지 팔방미인격인 비전문가들에 의해 수행되고 있어 시대에 뒤떨어져 있다고 비판했다. 즉, 노스코트-트레벨리언 보고서 이후 영국의 인사제도는 능력보다 학벌 중심으로 충원되고 승진의 기회도 계급 간에 극히 제한되어 있는 폐쇄적 제도라고 비판했다.

풀턴보고서는 또한 당시의 집권자인 윌슨(James Harold Wilson, Baron Wilson of Rievaulx, 1916-1995) 수상의 지적처럼 전문과학 기술 계급은 정부의 정책결정에 참여하지 못하고, 행정 계급보다 낮은 단계의 계급으로 취급되고 있다고 비판했다. 그리고 영국의 계급제는 공무원제의 폐쇄성을 가져와 공무원들이 외부 사회의 변화에 대응하지 못하고 자신이 최고의 능력 소유자라는 편견에 사로잡히게 한다고 비판하면서, 계급 내에서의 이동은 빈번히 이루어지나 내부 승진이 너무 제한되어 있어 비민주적이라고 주장했다.

풀턴보고서는 영국 인사제도의 문제점을 다음과 같이 구체적으로 지적했다(Garrett, 1972: 44–45).

(1) 공무원제도가 본질적으로 일반행정인(generalist) 원리에 기초를 두고 있으며, 특히 고급공무원의 경우에 그러한 경향이 강하다.

(2) 공무원의 계급제도는 행정 측면에 대해 중요한 저해 요인이 되어 왔다.

(3) 과학자와 기술자, 기타 전문가들이 마땅히 향유해야 할 권위·책임·기회 등이 충분히 부여되지 않았다.

(4) 관리 계층에 있는 행정직급(administrative class) 공무원들도 책임 있는 관리자로서보다는 정책조언자로 인식되고 있다.

(5) 공무원들이 외부와 충분한 접촉을 하지 못하도록 되어 있어 사회 변동과 정부 정책의 영향, 대학이나 산업계의 발전 동향에 관한 공무원들의 인식이 부족하다.

(6) 공무원들의 능력과 창의력의 개발을 위한 노력이 부족하다.

2) 개혁안의 내용과 평가

풀턴위원회는 이와 같이 영국 공무원제도의 여러 가지 문제점을 지적하면서 다음과 같은 다양한 대안을 제시했다(Garrett, 1972: 41–46).

(1) 계급의 구별 없이 단일한 공직구조를 확립해야 한다. 즉, 모든 직업계급(occupational class)을 폐지하고 하나의 통합된 공무원 구조를 확립하며 보수도 직무의 상대적 가치에 따라 20등급으로 분류할 것

(2) 공무원을 특정 분야별로 전문화시킬 것. 즉, 대학에서의 전공이 행정 업무와 서로 연관이 되도록 공무원을 인사 배치하며, 임명된 공무원이라 할지라도 업무의 변화에 따라 적절한 자격을 갖출 수 있도록 특별한 훈련 과정을 거치도록 할 것

(3) 공무원대학(Civil Service College)을 설치하여 임용 후 연구를 철저히 시킬 것. 공무원대학이 전문가들에 대한 행정 연수, 신규 채용된 대학 졸업자에 대한 연수, 관리기법에 관한 현직 연수 등을 담당하도록 할 것

(4) 공직과 다른 직종 간의 인사 교류를 촉진시킴으로써 개방형을 지향하도록 할 것

(5) 각 부처는 업무에 관한 성과를 측정하고 업무 수행의 능률성을 감사할 수 있도록 제도화하고 관리자의 책임성을 높이도록 할 것
(6) 각 부처는 장기적 정책기획(policy planning)을 담당하는 기획·조사기구를 둘 것
(7) 인사부(Civil Service Department)를 신설하여 재무부의 보수·관리 기능과 인사위원회의 기능을 흡수하도록 할 것
(8) 정부는 불필요한 행정 비밀을 제거하기 위해 조사위원회를 설치할 것

풀턴위원회의 권고안은 당시에는 많이 채택되지 못했지만(Drewry & Butcher, 1988: 52-53), 직업공무원제가 어떻게 구조화되어야 하는지를 명확히 해주었다. 이 권고안은 대처 수상 이후의 개혁에 중요한 지향점을 제시하였으며, 이후 정부의 개혁에서 단계적으로 주요한 내용들이 채택되었다.

영국 정부는 풀턴보고서의 주요 건의 사항을 받아들여 공무원을 직종에 따라 일반직(general category), 과학직(science category), 전문·기술직(professional & technology category), 교육훈련직(training category) 공무원 등으로 분류하고, 일반직 공무원을 다시 행정직군(administrative group), 경제직군(economic group), 정보직군(informational group), 통계직군(statistician group)으로 구분했다. 이때 종래의 행정·집행·서기·서기보의 4대 계급을 단일의 행정직군(administrative group)으로 통합하는 개혁을 단행했다.

이로 인해, 과거 행정계급에 의해 지배되어 오던 공직이 다양한 전문 직군들에 분산됨으로써 공무원의 전문성이 획기적으로 향상되기 시작했다. 그리고 인사부와 공무원대학을 신설하는 등의 개혁 조치를 취했다. 풀턴 보고서는 노스코트-트레벨리언 보고서 이래 영국의 공무원제도를 근본적으로 뒤바꾼 획기적 개혁안으로 평가받고 있다.

2 대처 수상의 넥스트 스텝 개혁

1) 개혁의 배경과 방향

영국은 1979년 이후 대처(Margaret Thatcher) 수상의 주도 아래 재무관리개혁(Financial

Management Initiatives: FMI)과 아울러 광범한 행정개혁을 추진했다. 1973년 및 1978년의 석유 위기를 겪으면서 심각한 경제 및 재정 타격을 받은 영국 정부는 1979년부터 정부기구의 축소 및 기능 재편, 인력 감축, 공기업 민영화 등 강력한 구조조정 작업을 추진했다.

그리고 넥스트 스텝 프로그램(The Next Steps Programs)을 통해 책임운영기관 제도를 도입하고, 공공 서비스의 질 향상을 위한 경쟁제도 도입, 시민헌장제(Citizen's Charter Program), 의무경쟁입찰제(Compulsory Competitive Tendering System: CCT),[1] 시장성 테스트(Market Testing),[2] 경비 효용성(value for money) 진단 등 다양한 개혁 조치들을 추진했다.

2) 개혁의 주요 내용

1980년대 이후 추진된 영국의 행정개혁은 기본적으로 행정의 능률성 제고를 통해 납세자의 세금에 부응하는 가치를 창출하고자 하는 데서 시작되었으며, 그 기본 방향은 정부 기능의 재정립, 관리 권한의 위임, 시장 원리 및 성과관리제의 도입, 행정 서비스의 질 향상 등으로 요약할 수 있다.

(1) 정부 기능의 재정립

영국에서 중앙부처 단위의 조직개편에 대해서는 관심이 미약한 편이나, 부처 간의 기능 조정은 수시로 있었다.

1981년에는 1968년 창설되었던 공무원부(Civil Service Department: CSD)가 폐지되었으며, 1992년에는 에너지부(Department of Energy)가 폐지된 한편 기존의 환경부, 고용

1) 의무경쟁입찰제도는 지방정부의 직영사업으로 특정 서비스를 공급하고자 할 때는 반드시 먼저 해당 서비스의 공급에 대해 경쟁 입찰을 실시하도록 하는 제도다. 의무경쟁입찰제도는 기존에 서비스 공급에 참여하고 있던 공무원 팀(지방정부 관련 부서)을 민간부문과 경쟁 입찰에 참여할 수 있게 허용했다는 점에서 민간위탁과 구분된다. 영국에서는 2000년부터 이 제도를 '최고가치 정책(Best Value)'으로 전환했다. '최고가치 정책'은 서비스를 단순히 저렴한 비용으로 제공하는 것만이 능사가 아니라는 점을 강조하고 있다.

2) 시장성 테스트는 정부부문에 경쟁성 도입 여부 및 그 정도를 결정하기 위한 사전 검증 절차다. 즉, 입찰 등 공정한 경쟁 절차를 통해 정부기관과 민간 또는 정부기관 간에 경쟁을 시험적으로 도입해 봄으로써 그 효과에 따라 내부시장화 또는 민간위탁 등의 방안을 결정하게 된다.

부, 통산부, 내무부, 교육과학부 및 예술도서관실에 흩어져 있던 문화 관련 기능을 통합한 국가유산부(Department of National Heritage)가 신설되었다. 또한 교육과학부는 과학 기능을 내각사무처의 공공관리과학실(Office of Public Service and Science)로 이관하고 교육부(Department of Education)로 개칭되었으나, 1995년에는 교육부와 고용부 및 고용사무소를 통합하여 교육고용부(Department of Education and Employment)로 재편했다. 그리고 내각사무처의 공공관리과학실은 공공관리실(Office of Public Service)로 명칭이 변경되어 공무원제도 및 관리 기능 전담기관으로 남게 되었다.

정부 기능의 재정립에 관해서는 그동안 정부가 민간부문에 지나치게 관여해 왔다는 점을 반성, 공공부문과 민간부문 간의 경계를 재획정하고 민영화 · 공사화 등을 통해 정부 기능을 가능하면 민간부문에 이관하는 정책을 지향했다.

이 과정에서 특정한 정부 기능을 기존 조직에서 계속 수행할 것인지, 사업단 조직으로 전환하여 수행할 것인지, 시장성 테스트를 거쳐 내부시장(internal market)화[3]할 것인지 아니면 외부계약제(contracting out)로 할 것인지, 민영화할 것인지, 아니면 아예 폐지할 것인지 등을 체계적으로 검토하는 절차가 사전대안분석(prior options analysis)이다. 이는 정부조직이나 기능의 조정을 위한 심사에 유용하게 쓰이는 분석적 접근방법으로 넥스트 스텝(Next Steps) 프로그램에 의해 사업단을 설립하기 전이나 설립한 후 매 5년마다 정기적으로 대안심사를 하기로 되어 있다(총무처 직무분석기획단, 1998: 288).

(2) 관리 권한의 위임과 시장 원리 및 성과관리제의 도입

중앙정부에 집중되어 있던 여러 관리 권한을 실무부처에 위임하고, 각 부처에서도 일선 관리자에게 권한을 부여하는 대신 그에 따른 책임성을 확보하는 데 관심을 갖게 되었다. 특히 방대한 분량의 인사규정을 폐기하고 지침적 성격의 소책자로 대체하여 각 부처의 직원편람 제정 시 참고하도록 관리방식을 변경하였다.

그리고 공무원 인력관리와 관련하여 재무부는 1985년까지 각 부처에 정원 상한

3) 내부시장화는 공공 서비스의 주체를 결정할 때 특정 서비스의 담당기관과 유사 업무를 수행하는 정부기관 또는 민간기관과 대등한 입장에서 경쟁을 통해 서비스 공급권을 부여하는 것을 말한다.

(staffing ceilings)을 두어 정부의 행정비용을 통제했었다. 그러나 이러한 정원 상한제는 예산을 더 사용하면서 업무를 외부에 용역을 주는 폐단이 발생하여 1991년부터는 부처의 운영경비를 통제함으로써 인력을 통제하는 방식(running costs cellings)으로 바뀌었다.

보수와 관련된 개혁은 보수결정권한을 각 기관에 부여하고, 보수수준을 성과와 연계시킨다는 두 가지 방향으로 추진되었다. 1992년 국가공무원법 개정으로 공무원에 대한 계약 및 근무조건에 대한 책임권한을 재무부에서 각 부처 및 사업소에 이양하는 것을 법률로 명문화하여 법률상의 보수협상 및 보수 관련 결정권한이 각 부처 장관 또는 사업단장에 위임되었다.

물론 재무부와 해당부처 또는 사업단 간의 협의로 총 보수수준과 협상권한위임의 한계는 존재하였다. 그러나 이러한 변화는 통일적인 보수체계가 방대한 업무와 광범위한 서비스를 제공하고 있는 공무원 집단에는 더 이상 적합하지 않다는 인식에 기초한 것으로서, 각 부처가 기관 수요에 보다 탄력적으로 대응하고 개인의 보수와 기관의 목적달성에의 기여도 간의 연계를 강화하기 위한 조치였다.

1982년 도입된 재무관리개혁(FMI)은 기존 예산제도의 비탄력성(단년도 예산 편성, 항단위까지의 세부적 편성, 전용의 극단적 억제 등)을 타파하고 예산의 자율성을 확대하기 위한 제도다. FMI에 의해 관리자들은 자신에게 주어진 할당예산에 대해 상급자에게 책임을 지게 되며, 고위공무원들은 세밀한 통제보다는 전략적인 사항에 더 관심을 갖게 되었다.

궁극적으로 재무관리개혁에 의해 각 부처의 예산 자율권은 대폭 확대되었으며, 조직관리 권한도 각 기관에 위임되었다. 인사권 또한 지속적으로 하부위임이 추진되었다. 그리고 정부 분야에 시장 원리를 도입하여 경쟁을 유도하고 성과관리 행정 체제로 전환하고자 했다.

넥스트 스텝(Next Steps)이라는 용어는 1988년 발표된 입스 경(Sir Robin Ibbs)과 능률팀(Efficiency Unit)의 「정부의 관리 개선(Improving Management in Government: The Next Steps)」이라는 보고서에서 최초로 사용되었다. 이 보고서에 기반하여 영국 정부는 1988년부터 1997년까지 넥스트 스텝 프로그램을 시행했다.

넥스트 스텝 프로그램은 중앙정부가 수행하고 있는 집행적 성격의 기능을 정책 수립 기능으로부터 분리하여 독립적인 책임운영기관(Executive Agency)으로 하여금 수행하게 하는 것이 주된 내용이었다. 민간의 경영 방식이 적용된 책임운영기관은 기관장이 장관과 성과계약을 맺고 실적에 따라 책임을 지는 형태로 운영되었다.

(3) 행정 서비스의 질 향상

대처 정부의 능률성과 효과성에 입각한 1980년대의 행정개혁은 1990년대에 들어서면서 한 차원 높게 발전이 이루어졌다. 능률성이나 효과성이 누구를 위한 것인가에 대한 문제 인식 하에 메이저 수상은 집권 후 대처정부의 행정개혁 조치와 차별적인 추가적인 개혁방안을 모색하였다.

1991년 메이저(John Major) 수상은 10년간의 한시적인 계획으로 시민헌장제를 도입하였다. 시민헌장제는 주어진 예산의 범위 내에서 행정 서비스의 질을 최대한 향상시키고자 하는 목적에서 도입되었으며, 노동당 집권 후에도 1998년부터 신헌장 프로그램(The New Charter Programme)으로 지속되었다.

시민헌장제는 각 행정기관이 국민들에게 공공 서비스의 내용과 수준, 그리고 제공방법에 대해 계약 방식으로 제시하고, 이를 이행하지 못할 경우 시정 조치와 보상을 쌍방향적으로 약속하는 제도다. 시민헌장제도의 핵심은 업무수행 실적을 측정할 수 있는 성과지표를 개발하고, 그것을 시민헌장이 담고 있는 서비스 기준과 연계시키는 방안을 구체화하는 작업이다. 이후 시민헌장제의 추진실적 평가 제도가 도입되면서 시민헌장제는 여러 영역에서 업무 처리기간 단축과 고객만족도의 상승을 이룬 것으로 평가 받고 있다.

3) 개혁의 성과와 평가

대처 수상은 집권 이후 1979년부터 5년간 공무원 수를 14% 감축하겠다는 계획을 발표하였고, 1988년까지 추가로 6%를 더 감축하겠다는 계획을 발표하였다. 이러한 계획을 달성하기 위하여 전술한 바와 같이 각 부처의 정원 상한 목표 설정과 이의 문제점을 보완한 운영비 상한제가 시행된 바 있다. 아울러 민・관이 혼합된 능률팀을 구성하여 부처별로 주요업무에 대한 능률성 진단을 실시하였으며, 실제로 목표를 상회하는 감축 효과를 거둔 바 있다.

대처 수상 이후의 개혁과정에서 계급제의 전통이 뿌리 깊은 영국의 공무원제도도 많은 변화를 겪었다. 전술한 바와 같이 기존의 행정·집행·서기·서기보 계급의 4단계 구조가 1986년 이후 단일의 행정직군으로 통합되었다. 이 과정에서 1－3급은 고위직 개방구조(Senior Open Structure)로 변경되었으며, 약 650명 중 법률가, 과학자, 경제학자, 의사, 통계학자 등 전문가가 1/3을 차지하였다. 나아가 1－7급은 개방구조(Open Structure)로서 자격을 갖춘 전문가나 일반행정가가 모두 지원할 수 있는 직위로 변경되었다.

특히 1996년 이후 계급제의 골간을 허무는 더욱 큰 변화가 이루어졌다. 1급－5급까지의 공무원을 고위공무원단(Senior Civil Service: SCS)으로 개편하고, 단체교섭이 아닌 개인별로 결정되는 보수를 지급하였으며, 문서화된 근무계약서를 작성하게 하였다. 그리고 종국적으로 1－5급의 계급을 폐지하고 직위 개념만 존치하는 제도를 탄생시켰다.

이에 부가하여 전 부처에 걸쳐 통일적으로 적용되는 계급(service－wide grades)은 존재하지 않게 되었으며, 모든 공무원은 고위공무원(Senior Civil Service: SCS)과 비(非)SCS로 단순하게 구분되기에 이르렀다. 비SCS 공무원에 대해서는 각 개별 부처 및 책임운영기관별로 별도의 분류 체계를 수립할 수 있도록 권한이 부여됨에 따라, 기존의 계급구조를 유지하는 부처가 있는가 하면 계급구조를 아예 폐지하고 직무 내용에 상응한 직명(job title)만 사용하는 부처도 있게 되었다.

노동당 정부에서 추진한 이러한 일련의 개혁 조치는 1990년대 이후 메이저 수상 정부와 블레어(T. Blair) 노동당 정부에서도 크게 변화되지 않고 이어져 서비스제일주의, 공공 서비스 협약제도(Public Service Agreement) 등이 도입되었다.

1980년대 이후 영국에서 추진된 행정개혁에 대한 평가는 논자에 따라, 보는 관점에 따라 다르다.

대처 행정부는 영국의 기존 관료제의 구조, 가치 그리고 공무원들의 행태에 대한 근본적 개혁을 시도했다. 전통 행정이 기반하고 있는 가치와 양식(mandarin values and style)에 대한 신공공관리의 도전은 가히 패러다임 혁명이라고 할 수 있을 것이다. 프리스틀리(Clive Priestley)는 1984년 '변화에 무딘' 관료제(civil service)의 특성을, 정치적 파고가 아무리 거세게 덮쳐 와도 끄떡없는 큰 바위에 비유하면서, 대처 수상은 그 큰 바위에 다이너마이트 폭약을 사용했다고 술회했다(Hennessy, 1989: 623).

거의 모든 사람은 영국의 관료제와 중앙관청가(Civil Service and Whitehall)가 20세기 초 이후, 더 거슬러 간다면 1853년의 노스코트-트레벨리언 보고서 이래의 대변혁을 겪었다는 데 동의한다.

그러나 이 같은 개혁 작업의 중요성 또는 유의성에 대해서는 견해가 갈린다. 혹자는 대처 행정부의 행정개혁 작업이 영국의 (뿌리 깊은) 관료제 전통에 종지부를 찍었다고 주장하는가 하면(Chapman, 1992; Chapman & O'Toole, 1995), 신우파측은 관료제의 핵심에 큰 영향을 미치지 못한 미흡한 개혁으로 치부하고 있다. 또한 일부 사람들은 '할 수 있다(Can Do)'는 기업가 정신과 공공서비스 정신이 양립할 수 없다는 점을 지적하는가 하면, 신공공관리(new public management: NPM)의 덕택으로 전통적 관료제의 가치가 더욱 강화되었다고 주장하는 사람들도 있다(Greenaway, 1998).

제13장

미국의 행정개혁

제1절 미국 행정개혁의 변천과정

1 엽관주의 개혁과 실적주의 개혁

1) 엽관주의 개혁

건국의 역사가 길지 않은 미국은 유럽 대륙과 같은 관료제적 전통을 경험하지 않았다. 건국 당시의 미국은 북부 상공업자를 중심으로 한 연방주의자와 남부 지주(地主) 세력을 중심으로 한 분리주의자 사이에 이해관계의 대립으로 심각한 갈등이 존재해 왔다.

이러한 상황에서 미국의 인사정책은 건국 초부터 당파적 색채를 띠게 되었다(안희수, 1976: 373). 이러한 당파적 경향은 제3대 대통령으로 취임한 제퍼슨(Thomas Jefferson)에 의해 더욱 강화되었으며, 1820년 대통령이 임명하는 공직자의 임기를 대통령의 임기와 일치시키는 4년 임기법(Four Years' Law)이 제정되면서 엽관주의의 법적인 기초가 마련되었다.

그러나 엽관주의의 실시에도 불구하고, 당시의 미국 연방정부는 동부 출신의 상류

계층에 의해 지배되었다. 1829년에 취임한 잭슨(Andrew Jackson) 대통령은 동부 상류층의 공직 독점에 대한 불만을 해소하고 자신의 지지 계층인 서부 개척민을 포함한 일반대중에게 공직을 개방하기 위해 엽관주의를 "민주주의의 실천적인 정치 원리"로 선언, 미국 인사행정의 공식적인 기본 원칙으로 채택했다.

이러한 엽관주의는 잭슨 대통령 이후 본격적으로 확대되어 1845년부터 남북전쟁이 끝나는 1865년 사이에 절정을 이루었으나, 남북전쟁 이후 엽관주의는 서서히 쇠퇴의 길을 걷게 된다.

2) 실적주의 개혁

미국의 본격적인 행정개혁은 19세기 후반부터 시작된 실적주의 수립운동에서 찾을 수 있다. 1850년대 이후 수차에 걸쳐 시도된 공무원의 임용과 계급 분류에 대한 개혁은 대부분 실패로 끝나고 말았으나, 그럼에도 불구하고 엽관주의를 포함한 공무원제도 전반에 대한 개혁운동은 꾸준히 지속되었으며, 1883년에 제정된 펜들턴 법을 계기로 실적주의가 확립되었다.

펜들턴 법의 주요 내용은 다음과 같다(안희수, 1976: 388－389).

(1) 독립적이며 초당적(超黨的)인 인사위원회를 설치한다.

(2) 공무원의 임용은 공개경쟁 채용시험에 의한다.

(3) 시험에 합격한 공무원에 대해서는 시보 임용 기간(probation term)을 둔다.

(4) 공무원의 정치활동은 금지된다.

2 펜들턴 법 이후의 개혁 과정

펜들턴 법 제정 이후 미국 연방정부 수준에서 대규모적인 행정개혁이 일어났다. 즉, 1887년의 '연방정부 사무처리 방법에 관한 특별위원회(Cockrell Committee)', 1893년의 '행정조직 기타에 관한 합동위원회(Dockery－Cockrell Commission)', 1905년의 '부성조직 방법에 관한 위원회(Committee on Department Methods: The Keep Commission)',

1910년의 '절약과 능률에 관한 대통령위원회(President's Commission on Economy and Efficiency: Cleveland Commission)', 1920년의 '행정부 기구개혁에 관한 공동위원회(Joint Committee on the Reorganization of the Administrative Branch of the Government)' 등 다양한 위원회가 행정개혁을 위한 연구·조사 작업을 수행했다.

또한 1930년대의 뉴딜정책 수행과 제2차 세계대전을 겪는 과정에서 대통령을 중심으로 한 연방정부의 기능 및 권한 강화와 관련된 행정개혁이 추구되었다. 1936년의 '행정관리에 관한 대통령위원회(President's Committee on Administrative Management: Brownlow Committee)', 1947년 및 1953년의 소위 1, 2차 후버위원회라 불리는 '행정조직위원회(Commission on Organization of Executive Branch of the Government)' 등이 미 연방정부 행정개혁을 위한 많은 업적을 남겼다.

1) 클리블랜드위원회의 개혁

1910년에 설치되어 2년간 활동한 '절약과 능률에 관한 대통령위원회(President's Commission on Economy and Efficiency)'는 미국 연방정부의 예산, 연방정부의 조직과 활동, 연방정부의 인사, 재정보고 및 계정, 과학적 행정사무의 절차 등에 관한 조사활동을 벌였다.

위원장의 이름을 따 클리블랜드위원회(Cleveland Commission)로도 불린 이 위원회의 가장 큰 공헌은 예산제도의 필요성을 강조했다는 점이다. 예산 과정에서 부정한 지출, 낭비 및 목적 외 지출을 방지하기 위한 예산제도의 채택을 주장하여 1921년의 예산회계법을 제정하는 데 특히 큰 영향을 미쳤다.

2) 브라운로위원회의 개혁

1936년의 '행정관리에 관한 대통령위원회(President's Committee on Administrative Management)'는, 대공황 극복을 위해서는 종래의 행정관리 방식으로는 불가능하며 따라서 대통령이 갖는 행정 권한이 대폭 강화되어야 한다는 루스벨트(F. D. Roosevelt) 대통령의 판단에 따라 설치되었다.

저명한 행정학자인 브라운로(Louis Brownlow), 귤릭(Luther Gulick), 메리암(Charles

Merriam) 등이 위원으로 참여한 일명 브라운로위원회(Brownlow Committee)는 대통령의 행정관리에 관한 권한을 강화하기 위해 필요한 기구와 제도를 설치 · 강화해야 한다는 개혁안을 제시했다(Emmerich, 1950: 60－75).

브라운로위원회에서 제시한 구체적인 개혁안의 주요 내용은 다음과 같다(김수영, 1996: 295－298).

(1) 대통령의 정책결정을 돕기 위해 백악관에 정책 건의 · 자문 · 정보 제공 등의 기능을 수행할 6인의 행정보좌관(Executive Assistant)을 둘 것
(2) 예산국(Bureau of Budget) · 국가자원위원회(National Resources Board) · 인사국(Civil Service Administration) 등의 행정관리기관을 대통령 직속 하에 결집할 것
(3) 인사국의 설치 · 고급공무원의 급여 증대 · 실적주의(merit system)의 확대 등 인사행정을 개선할 것
(4) 종래의 10개 부에 사회복지부(Department of Social Welfare) 및 공공사업부(Department of Public Works)를 추가하고 모든 행정기관 · 독립규제위원회를 12개 부처에 흡수하며, 각 부처 조직 내에 관리 기능을 설정하고 공사(government corporation)에 대해 공무원법을 적용하도록 할 것
(5) 회계검사원장에게 주어져 있던 지출 거부 권한을 재무장관에게 이관할 것과 회계검사 사무의 분권화 등 회계제도를 개혁할 것

대통령의 행정관리 권한 확대에 초점을 둔 브라운로위원회의 개혁안은 미국의 행정개혁 및 행정이론의 발전에 지대한 영향을 미쳤다. 대통령부(Executive Office of the President)의 설치 등 대통령의 관리 권한 강화는 1939년의 '정부기구 개혁법(Reorganization Act)'에 의해 실현되었다.

대통령의 참모 · 보좌관리 기구를 총칭하는 대통령부는 단일 기관이 아니라 복수 기구의 집합체로 1977년 당시 13개 기관으로 구성되었다(Sharkansky, 1978: 132). 대표적인 기관으로는 행정통제기관으로서 백악관사무국(The White House Office), 관리예산처(Office of Management and Budget), 경제자문위원회(Council of Economic Advisors) 등이 있으며, 정보 수집 및 자문 · 조정기관으로 내정위원회(Domestic Council), 국가안보회

의(National Security Council), 국가자원위원회(National Resources Board) 등이 있다.

브라운로위원회의 개혁안 가운데 당시에는 채택되지 않았으나 뒤에 실현된 것도 적지 않다. 예를 들어 연방인사위원회(Civil Service Commission)의 폐지안은 당시에는 받아들여지지 않았으나 1978년의 인사제도개혁법(Civil Service Reform Act)에 의해 연방인사위원회가 폐지되고 그 후신으로 인사관리처(Office of Personnel Management)와 실적제보호위원회(Merit System Protection Board)가 설치되었다.

3) 후버위원회의 개혁

뉴딜정책과 제2차 세계대전을 거치면서 미국의 행정기구는 그때그때의 긴급한 필요에 따라 크게 팽창되었다. 제2차 세계대전이 끝난 뒤, 미국은 전후의 항구적인 국내 정책과 세계 정책에 효과적으로 대응하기 위해 새로운 개혁을 필요로 했다. 이러한 배경 아래 미국 정부는 1947년 롯지-브라운(Lodge-Brown) 법에 의해 '행정조직위원회, 후버위원회'를 설치했다(박용치 · 송재석, 2006: 642).

후버(Herbert Hoover) 전 대통령을 위원장으로 하여 1947년 설치된 제1차 후버 위원회는 가장 중요한 정부 업무 활동의 능률적 수행을 위해 경비를 최소한으로 절약하고, 업무 · 활동 및 기능을 통합하고 중복을 제거하며, 불필요한 기능 및 업무를 폐지하고, 업무 · 활동 및 기능의 범위에 관한 명확한 규정을 통해 업무 처리의 절약과 능률 봉사를 목적으로 설치되었다.

(1) 1차 후버위원회의 개혁안

제1차 후버위원회는 다음과 같은 개혁안을 제시했다(Whole, 1949; 김수영, 1996: 304).

① 대통령 직속 하의 주요 부처에 정부기구를 한층 질서정연하게 통합시킨다.

② 대통령부터 각부 장관, 또한 장관부터 말단 직원에 이르기까지의 명확한 명령 계통과, 동시에 말단부터 대통령에 이르는 대응 의무의 계통을 확립하고, 또한 부 · 국을 대통령으로부터 독립 · 분리시킨 장벽을 없앤다.

③ 대통령 및 각부 장관에게 강력한 막료기관을 부여하고 대통령과 각부 장관은 임의로 이를 편성할 수 있도록 한다.

④ 좀 더 유능한 행정공무원을 양성하여 그들의 업무 능력이 가장 유효하게 활용될 수 있도록 정부의 어떤 부처 및 국에도 승진・임용될 수 있도록 한다.
⑤ 행정관의 책임과 재량을 넓히도록 하며, 행정 실행에 관한 법령 및 규칙에 따라 행정관의 창의 및 기획력이 위축되지 않도록 한다.
⑥ 엄격한 감독과 기준에 따라 각 부처에 대해 상례적 관리 업무를 좀 더 대폭적으로 위임하도록 한다.
⑦ 인사위원회의 개혁과 인사행정에 대해 위원회의 지도를 받도록 한다.

이 밖에도 제1차 후버위원회는 예산회계제도, 외교 관계, 국가안전보장, 각 부처 및 독립규제위원회, 정부기업 등에서의 여러 개혁 등 19권에 달하는 보고서를 제출했다. 이 위원회는 브라운로위원회와 유사하게 대통령의 권한 강화에 중점을 두었다.

(2) 2차 후버위원회의 개혁안

1953년 설치된 제2차 후버위원회는 제1차 후버위원회와 그 성격이 다르다. 1차 후버위원회가 조직관리적 측면에 주안점을 둔 데 반해, 2차 후버위원회는 정부가 해야 할 일이 무엇인가의 철학적인 문제, 능률에 관계없이 연방정부 활동의 존폐에 관한 실질적인 문제에 주안점을 두었다. 즉, 민간기업이 할 수 있는 일은 민영화시켜야 한다는 것이었다.

2차 후버위원회에서는 정부 활동 및 기능과 관련하여 진보주의 철학에서 보수주의 철학으로 전환하려는 시도가 있었다고 할 수 있다. 제2차 후버위원회를 설치하게 된 직접적인 이유로는 (1) 정치적 환경의 변동, (2) 1950년 발발한 한국전쟁 이후의 세출 예산의 급증을 지적할 수 있다(박용치・송재석, 2006: 642−643).

제2차 후버위원회가 건의한 구체적 개혁안은 다음과 같다.
① 64개에 달하는 대통령 직속기관 중 31개 기관을 제외한 나머지를 대통령이 지정하는 부처의 관리 하에 둘 것
② 엽관제와 실적제를 조화시키는 등의 공무원제도 개혁, 동력・우편・저금 등 약 500개의 정부기업을 민간부문에 이양하는 정부기업의 혁신, 문서관리의 간소화

등의 개혁 조치를 취할 것

후버위원회의 건의에 따라 500여 개의 국영기업체가 민영화되고, 성과주의 예산제도가 확대 실시되는 한편 행정의 능률화가 이루어지는 등 관리혁신에 크게 기여했다.

제 2 절 NPR 개혁

1 개혁의 배경과 방향

1993년 2월 클린턴(B. Clinton) 대통령은 취임직후 향후 3년간 각 연방기관별로 인원을 4% 이상씩 감축하는 등 연방공무원 10만 명을 감축하도록 지시했다.[1] 또한 각 부처 공무원을 중심으로 국정성과평가팀(National Performance Review: NPR)을 구성하여 광범한 정부혁신을 추구했다.

고어(A. Gore) 부통령 주도 하에 운영된 NPR은 '정부재창조'의 기치 아래 새로운 관리 시스템을 도입해 관료적 형식주의를 제거하고 집행부서의 재량권 확대와 절차의 간소화를 추진했다. NPR은 국민을 최우선으로 하는 정부 창조를 지향하면서 불필요한 지출을 줄이고, 고객에 대해 봉사하며, 직원의 권한을 강화하고, 지역사회가 자신들의 문제를 해결하도록 지원하며, 탁월한 실력을 함양한다는 작업 원칙을 내세웠다.

1) 당시의 공무원 수 감축 계획은 향후 3년 내 기관별 4% 이상, GS14 이상에서 10% 이상 삭감하는 것으로, 연도별 감축목표 이행률까지 설정하고, 연방인력재편법(Federal Workforce Restructuring Act)을 통하여 조기퇴직자에 대한 금전적 보상유인을 제공하였으나 목표를 달성하지 못하였다.

2 개혁의 기본원칙

1) 1기 NPR 개혁의 기본원칙

NPR은 24개 연방기관별 개혁 과제, 범정부적인 시스템(조달, 예산, 인사 등)에 대한 검토, 재정분석, 행정기관 내부의 역동성과 의사소통 등 4개 분야를 검토하여 연방정부의 각종 문제점을 진단한 뒤 정부혁신을 위한 보고서를 제출했다. NPR이 내세운 정부재창조의 기본 원칙은 (1) 관료적 번문욕례 제거, (2) 고객우선주의, (3) 성과 산출을 위한 공무원에의 권한부여, (4) 기본 원칙으로의 복귀 등 네 가지였다(총무처 직무분석기획단, 1997: 489-500).

(1) 관료적 번문욕례 제거(cutting red tape)

관료적 번문욕례를 제거하기 위해 NPR이 강조한 것은 예산 과정의 간소화, 인사 권한의 분권화, 조달 업무의 간소화, 감사담당관의 역할 재설정, 행정 내부의 과잉규제 완화, 지방정부에 대한 권한의 위임 등이다.

(2) 고객우선주의(putting customers first)

고객우선주의의 실천 방안으로 NPR은 고객에게 의사 표시 및 선택의 기회를 부여할 것, 서비스를 개선하기 위해 행정조직에 경쟁 원리와 역동적인 시장 원리를 도입할 것, 행정부의 개입보다는 시장 기구를 통해 문제를 해결할 것 등을 건의했다.

(3) 공무원에의 권한부여(empowering employees to get results)

공무원에의 권한 부여의 실현 방안으로 NPR은 의사결정권을 일선공무원에게 위임하고, 관리자 대 직원의 비율을 1 대 7에서 향후 5년간 1 대 15로 확대함으로써 관리계층을 줄이는 방안을 제시했다.

그리고 권한이 강화된 만큼 교육훈련을 통해 필요한 지식과 기술을 제공하되 특히 정보기술 교육을 강화해야 한다고 강조했다. 또한 성과 향상을 위한 근무 여건 개선책으로 자율근무시간제, 파트타임 근무제, 가족 질병 시의 간호병가제 등의 도입을 건의했으며, 규칙 준수보다는 업무 성과 그 자체를 중시하도록 건의했다.

(4) 기본 원칙으로의 복귀(cutting back to basics)

기본 원칙으로의 복귀를 위해 불필요하고 중복된 조직과 절차를 폐지하고 장기적인 투자와 첨단기술을 통해 비용을 절감하는 등 업무 처리 방식과 절차를 끊임없이 개선하고 재검토할 것을 강조했다.

2) 2기 NPR 개혁의 기본원칙

1996년 재선에 성공한 클린턴 대통령은 1997년 클린턴 행정부 제2기의 행정개혁 지침(Blair House Paper)을 발표했다. 집권 2기의 행정개혁 지침이 집권 1기의 원칙과 의미 있는 차이가 있는 것은 아니며, 그 내용은 (1) 훌륭한 서비스를 제공할 것, (2) 파트너십과 공동체 해결을 촉진할 것, (3) 더 적은 비용으로 업무 목표를 완수하도록 재창조할 것 등의 세 가지로 구성되어 있다.

(1) 훌륭한 서비스를 제공할 것

훌륭한 서비스를 제공하기 위해서는 고객을 확인하여 그들을 사로잡을 것, 워싱턴 밖으로 나와 현장 업무를 직접 확인할 것, 정보기술을 현명하게 활용할 것 등을 처방하고 있다.

(2) 파트너십과 공동체 해결을 촉진할 것

파트너십과 공동체 해결을 촉진하기 위해서는 규제의 초점을 이행 강제에 두지 말고 자발적 준수에 둘 것, 지방공동체의 결과 산출을 가로막는 장애물을 제거하고 파트너십 체제로 전환할 것, 정부 내 노사 파트너십과 '대체적 분쟁조정 기법'을 활용할 것 등을 강조하고 있다.

(3) 더 적은 비용으로 업무 목표를 완수하도록 재창조할 것

적은 비용으로 업무 목표를 완수하기 위한 처방으로는 직원들의 노력을 최대한 활용할 것, 경비를 절감하여 새로운 아이디어에 사용할 것, 부처 간 자원을 공동 활용할

것, 의회의 구속을 풀어 주도록 요청할 것, 본부 인력과 간접비용을 줄일 것, 돈과 인력을 일선으로 돌릴 것, 상식에 입각하여 정부 조달정책을 혁신할 것, 경쟁을 통해 경비 절감을 도모할 것, (영국의 책임운영기관과 같은) 성과 중심 조직체(performance based organizations: PBOs)를 신설할 것 등을 제시했다.

3 개혁의 성과

NPR은 단순한 비용 절감을 추구하는 것이 아니라 비용을 덜 사용하면서도 정부가 제 기능을 발휘할 수 있도록 모든 시스템을 재구축하는 것을 기치로 내걸었다. 당시 NPR의 효과는 연방정부의 규모 축소를 통한 비용 절감액 404억 달러를 포함하여 향후 5년간 1,080억 달러의 예산을 절감할 수 있으며, 또한 25만 2천 명의 인력을 감축할 수 있을 것으로 기대되었다.

이 시기에 미국은 부처 수준의 조직개편이 활발히 이루어지지는 않았으나, 조직 자체의 감축개편과 기능 조정이 적극적으로 이루어졌다. 관리예산처(OMB)가 행정부의 개혁프로그램을 총괄하였으며, 대통령 직속의 관리위원회(President's Management Council: PMC)를 설치하여 운영하였다.

특히 중앙인사기능을 담당하는 인사관리처(OPM)와 조달구매 · 건물 및 자동차관리 · 정보 및 통신서비스 등 공통적 행정서비스 제공을 담당하는 조달청(General Service Administration: GSA)의 대폭 감축 개편이 추진되었다.

인사관리처는 전체 직원의 43%를 감축하였으며, 인사관리처의 연방인사편람을 폐지하고, 세부적인 인사제도와 관리권한을 각 부처에 위임하였다. 그리고 신규채용후보자에 대한 경력조사업무를 민영화하였으며, 교육훈련기능도 민간부문에 이양하였다. 조달청은 전체 직원의 28%를 감축하였으며, 조달 구매 및 건물임대 관리에 있어서 각 기관의 자율성을 대폭 허용하였다.

클린턴 대통령 이후의 개혁과정에서 직위분류제의 전통에 입각한 미국의 공무원제도도 많은 변화를 겪었다. 가장 핵심이 되는 요소는 고위관리자들에 대한 성과관리와 책임체계를 확립하는 것이었다.

당시 미국의 공무원 제도는 고위직 보수표(ES)의 적용을 받는 5등급과 일반직 보수표(GS)의 적용을 받는 18등급으로 구성되어 있었으며, 전문성 제고를 위하여 신규채용제도가 없이 언제든지 외부채용이 가능한 체제로 운영되고 있었다. 그러나 이러한 인력운영체제는 지나친 전문성 요구와 공무원들의 빈번한 교체가 문제점으로 지적되었다. 이러한 문제 인식 하에 폭넓은 시야를 가진 관리행정가 양성을 목적으로 GS16－18과 ES4－5의 공무원을 대상으로 고위공무원단(Senior Executive Service: SES)이 만들어졌다. 이 제도를 통하여 구성원은 직위 변동 없이 기관 내, 기관 간 자유로운 이동이 허용됨으로써 신축성 있는 인사배치가 가능하게 되었다.

서비스의 질 향상을 위하여 고객서비스기준(Customer Service Standards) 제도가 도입된 것도 이 시기이다. 1993년 NPR 보고서의 건의에 따라 클린턴 대통령이 고객서비스기준을 마련하도록 지시하였고, 유사한 서비스를 제공하는 민간기업의 최고수준과 대등한 수준의 서비스를 제공할 것을 요구하였다. 이러한 제도의 도입은 영국의 시민헌장제 도입과 유사한 맥락에서 이해할 수 있다.

제14장

뉴질랜드와 일본의 행정개혁

제 1 절 뉴질랜드의 행정개혁

1 개혁의 배경과 방향

1980년대 이후 뉴질랜드는 서구 자본주의 사회에서 풍미하고 있는 시장주의와 관리주의의 사조를 기조로 과감한 행정개혁을 추구했다. 세계 여러 나라 행정개혁의 표본이 되고 있는 '뉴질랜드 모형(New Zealand Model)'은 정부혁신에서 시장 지향성을 최고의 가치로 간주하고 있다.

1984년 랑게(David Lange) 노동당 정부에 의해 영국의 개혁 경험을 참고하여 추진된 급진적인 행정개혁의 청사진은 당시 재무장관인 더글러스(Roger Douglas)에 의해 입안되었다. 이와 같이 뉴질랜드의 행정개혁은 장기적인 연구에 근거한 체계적 개혁 프로그램에 의해 추진된 것이 아니라는 특징을 지닌다.

정부조직, 인사, 예산 및 회계관리의 총체적 개혁을 시도한 뉴질랜드 행정개혁의 핵심 원리는 다음과 같이 요약할 수 있다(총무처 직무분석기획단, 1997: 361). (1) 효과와 산출의 분리(distinction between outcomes and outputs), (2) 정책기능과 집행기능의 분리

(separation of policy and operational responsibilities), (3) 관리 권한의 이양 및 위임(de-legation and evolution of authority), (4) 이를 책임성 확보 장치로 연계하는 것(linking to mechanism of securing accountability)이 그것이다.

2 개혁의 주요 내용

1980년대 이후 추진된 뉴질랜드의 행정개혁은 1984~87년에 추진된 분권화 · 상업화 · 정부조직 개편의 1단계 개혁, 1988~90년에 추진된 2단계의 성과관리 개혁, 1991년 이후 추진된 3단계의 전략적 관리화로 나누어 볼 수 있다.

1) 1단계 개혁

(1) 분권화와 책임화

1984년부터 추진된 1단계 개혁에서는 특히 분권화와 책임화를 강조했다. 정부 지출의 효율성 증진을 위해서는 정부 각 부문에 경쟁을 도입해야 하며, 경쟁의 성과를 극대화하기 위해서는 정부의 중앙통제기관에 의한 불필요한 통제가 먼저 철폐되어야 한다는 것이다.

뉴질랜드의 정부개혁에서 분권화의 대상이 된 것은 투입물(inputs)의 운용에 관한 권한들이다. 1988년의 국가부문법(State Sector Act of 1988)과 1989년의 재정법(Public Finance Act of 1989)은 정부의 인적 및 물적 자원의 비효율적 사용을 막기 위해 중앙인사기관 및 중앙예산기관이 가지고 있던 각종 인사, 예산 및 구매에 관한 권한들을 각 부처에 이양했다.

국가부문법은 정부 부처의 사무차관들(Chief Executives)에게 직원의 신규 임용, 배치, 승진, 보수 및 보너스 수준의 결정 등을 포함한, 민간부문의 기업 경영자가 갖는 수준의 인사권을 부여했고, 재정법은 부처가 스스로 은행 계좌를 가지고 스스로의 회계제도를 운영할 수 있도록 허용했다(McCulloch & Ball, 1992).

사무차관에 대한 투입물 관리 권한의 부여로 각 부처는 주어진 인력과 예산을 필요한 부문에 적절히 배분함으로써 가장 효율적이고 효과적인 방법으로 산출물을 생산할 수 있게 되었다. 이는 투입물에 대한 사전적인 통제가 불법적인 혹은 탈법적인 자원의 사용을 방지할 수는 있어도, 각 부처로 하여금 창의적인 사고를 발휘해 주어진 행정 서비스를 가장 효율적으로 제공할 수 있는 수단을 적극적으로 탐색하게 하고 이를 효과적으로 수행하도록 유도하는 데에는 실패했다는 자각에 따른 것이다. 부처에 주어진 투입 자원의 사용에 관한 충분한 권한을 부여받은 사무차관은 부처의 산출물에 대해 전적인 책임을 지게 된 것이다.

(2) 상업화와 기업화

상업화란 재정 운용 시에 비용효과성과 경쟁을 바탕으로 한 기업 원리를 도입, 공공 서비스의 사용자에게 비용을 부담시키는 등의 개혁 조치를 말하며, 기업화는 정부기능 중 상업기능과 비상업기능을 분리하여 상업기능은 공기업(State-owned Enterprises: SOEs)이 담당하도록 하려는 시도를 말한다.

뉴질랜드는 1986년 종래의 사업부처를 공기업으로 전환하였으며, 이러한 정책에 따라 에너지부, 관광부, 산림청, 우정청 등 대규모 사업부처 조직이 폐지되었다. 그리고 20여개 공기업은 민간에 매각되었다. 기업은 민간기업과 같은 자본구조를 가지고 세금을 내야 하며, 주식 이윤을 배당해야 한다. 이러한 기업화정책은 성공적이었다는 평가를 받은바, 7대 공기업을 대상으로 한 조사에 의하면 1988~1992년간 수입이 15% 증가하고 이윤은 약 4배 증가한 것으로 나타났다. 이러한 이윤 증가 속에는 53%의 인력 감축이 내재되어 있다.

1단계 개혁 기간 동안 추진된 정부조직 개편에서는 주로 독립기관(Crown Entities)이 널리 활용되었다. 독립기관은 규제, 구매, 서비스 전달, 집행기능을 담당하는 기관으로, 관계 부처와 계약한 의향서(Statements of Intent)에 근거하여 운영되고 의회에 보고된다. 이 계약서에는 목표, 성과목표 및 측정, 회계제도, 기타 성과 및 책임성 조항 등이 구체적으로 들어 있다.

2) 2단계 개혁

1988년부터 시작된 2단계의 성과관리 개혁에서는 성과관리 체제를 확고히 하기 위하여 인사 및 재무관리의 개혁을 추구했다.

(1) 계약직 사무차관제

1988년의 공무원법(State Sector Act 1988) 제정으로 계약직 사무차관제가 도입되고 공무원 노사관계도 민간부문과 같은 법령상의 적용을 받는 큰 변화가 초래되었다.

이 법의 제정으로 기존에 정년직이었던 각 부처 차관(permanent head)은 5년 이내의 제한적 임기(3년마다 재임용)를 갖고 매년 연간 성과계약(annual performance agreements)을 맺는 사무차관(chief executives)으로 대체되었다. 그러나 사무차관은 고용주로서 부처 내의 고용자에 대해 모든 권한, 의무, 권력을 부여받아, 자신의 결정에 따라 언제든지 임용, 면직할 수 있는 권한을 갖는다.

이 법은 또한 고위공무원단을 설립하여 부처 간에 유동적인 핵심 고위관료집단을 형성하도록 했다. 이러한 공무원법의 도입으로 결국 공무원의 신분 보장이 약화되고 각 부처의 인사관리 권한이 사무차관에게 위임되는 결과가 초래되었다.

(2) 재무관리 개혁

2단계 개혁의 또 다른 하나의 축은 재무관리의 개혁이다. 1989년의 재정법(Public Finance Act 1989)에 의해 기존의 현금주의 회계(cash accounting)가 사기업체의 발생주의 회계(accrual accounting)로 대체되었으며, 철저한 재정보고 절차가 마련되었다.

3) 3단계 개혁

1991년 이후 추진된 전략적 관리화 단계는 기존의 재무 및 성과관리 체제(financial management and performance management framework)가 총체적 전략관리 체제(overall strategic management framework)로 전환되는 것을 의미한다. 이러한 전략적 관리는 1993년부터 수상이 중장기 국정의 청사진을 제시하는 일련의 정부전략백서(Path to 2010)를 통해 가시화되었다.

3 개혁의 특징 및 평가

뉴질랜드의 행정개혁은 가장 급진적인 개혁의 성공사례로 알려져 있다. 뉴질랜드가 이러한 개혁성과를 창출한 배경에는 기본적으로 우수한 공무원집단의 존재와 소규모의 단일국가라는 점이 자리매김하고 있는 것으로 평가 받고 있다.

공공관리위원회(State Services Commission: SSC)가 행정개혁 프로그램을 주도하였으며, 공공관리위원회는 인사관리사항에 관한 규정집을 단순화하여 2,000여개의 조항 가운데 95%를 폐기하는 등 적극적인 분권화 노력을 기울였다. 중앙정부 공무원 수는 1984년 8만 8천명에서 1996년 3만 3천명으로 대폭 감축되었으며, 국정운영의 효율성을 제고하기 위하여 지방정부조직의 개편도 대대적으로 추진되어, 지방자치단체 수가 800개에서 94개로 대폭 감소하였다.

뉴질랜드의 정부조직 개편의 특징은 상업적 기능을 비상업적 기능과 분리하여 상업적 기능의 대부분을 공기업으로 전환하고 나머지 소수의 상업기능은 부처조직과 분리하여 독립기관으로 전환한 점이다. 그리고 또 하나의 특징은 단일 목적 조직화 원리에 따라 농수산부를 농산부와 수산부로 분리하는 등 중앙부처를 소규모 정예의 정책부서로 변화시켜 기존의 36개 중앙정부 부처를 39개로 늘렸다는 점이다.

이와 같이 뉴질랜드 행정개혁의 가장 성공적인 분야는 정부부처의 상업화 및 공기업화 그리고 정부부처의 정책기관화에서 찾을 수 있다. 그리고 인사관리의 혁신 및 재무·회계 관리의 혁신도 성공적인 분야로 평가받고 있다. 이 과정에서 (1) 중앙정부가 주도적으로 행정개혁을 이끌어왔다는 점, (2) 상업화와 기업화 과정에서 완전히 민간인에게 정부의 권한을 이양한 것이 아니라, 독립기관을 적극적으로 활용했다는 점, (3) 행정개혁 관련사항을 법제화를 통하여 성공적으로 이루었다는 점, (4) 랑게 정부가 시작한 행정개혁이 개혁의 큰 틀을 깨지 않고, 20년 이상 부분적으로 수정해 가면서 지속할 수 있었다는 점, (5) 행정개혁을 추진하는데 있어서, 인사개혁, 재정개혁 등이 포괄적으로 같이 추진되었다는 점 등은 우리나라 정부에 시사하는 바가 크다 (김광주, 2004: 67－70).

그러나 이러한 뉴질랜드 모형에 대해서는 능률성 위주의 정부혁신으로 인해 행정의 형평성과 정치적 책임성이 위협받을 수 있다는 근본적 문제점이 제기될 수 있다. 그리고 정책결정과 집행의 분리는 환류 시스템의 단절로 인한 정책 과정상의 여러 문제점을 야기할 수 있으며, 정책기관의 전문적 세분화는 수평적 정책조정을 어렵게 하고, 또한 미시적 차원에서, 행정 서비스 산출(outputs)에 대한 평가를 통해 정책성과(outcomes)를 측정하고자 하는 것이 타당한지 등의 비판적 관점이 대두되었다.

제 2 절 일본의 행정개혁

1 전전의 행정개혁

일본의 근대적 정부 체제는 1868년 메이지유신(明治維新)을 계기로 확립되었다. 메이지유신을 계기로 바쿠후(幕府)정치 시대가 종말을 고하고 태정관(太政官)을 권력의 중추기구로 하는 근대적 정부 체제가 구축되었다. 당초 태정관은 의정관 · 행정관 · 사회관 · 군무관 · 외국관 · 형법관 · 신지관 등 7관으로 나뉘어 있었으나, 1868년의 직원령에 의해 태정관에는 좌 · 우대신, 대납언, 참의를 두고 그 아래 민부 · 대장 · 병부 · 형부 · 관내 · 외무의 6성(省)이 설치됨으로써 태정관이 국정의 중추기구가 되었다.

이러한 태정관제도는 1885년 폐지되고 제1차 이토 히로부미(伊藤博文) 내각이 성립됨으로써 정부 체제는 내각제도로 바뀌었다. 내각은 총리대신을 비롯하여 외무 · 내무 · 대장 · 육군 · 해군 · 사법 · 문부 · 농상무 · 체신의 각 대신으로 조직되었다. 그해 발표된 '관기오장(官紀五章)'은 중앙행정기구의 운영과 관련하여 (1) 직책의 명확화, (2) 채용시험의 채택, (3) 번문(繁文)의 제거, (4) 불필요한 경비의 절약, (5) 관기(官紀) 확립 등의 원칙을 담고 있다.

1887년에는 이토 내각이 메이지유신 이후 지속되어 온 정실주의 인사를 타파하기 위해 '문관시험보급견습규칙'을 제정, 관리의 임용을 시험성적에 의하도록 하는 인사제도의 개혁을 단행했다. 이 규칙에 의해 고등시험에서는 주임관(奏任官), 보통시험에서는 판임관(判任官)이 각각 선발되었으나, 최고위 공무원인 칙임관(勅任官)은 여전히 정실에 의해 임용되었다. 1899년 야마가타 아리토모(山縣有朋) 내각은 문관임용령을 개정해 칙임관으로의 임용을 주임관으로부터의 승임에 한정함으로써 정치적 임용의 길을 막았다(강재호, 1997: 103).

2 전후의 행정개혁

일본의 행정 체제는 제2차 세계대전이 끝난 뒤 근본적으로 개혁되었다. 신헌법의 채택, 행정조직관계법 및 국가공무원법의 제정으로 국민 주권의 원리, 삼권분립의 원칙, 국회의 최고성과 의원내각제도의 원칙이 천명되고 천황의 관제대권(官制大權)이 부인되었으며, 공무원은 국민 전체의 봉사자로 규정되었다. 그리고 종래의 중앙집권적 지배 체제가 타파되고 지방자치제가 도입되었다. 이러한 개혁에 의해 국왕은 영국에서와 같이 상징적 존재로 전환되었으며, 내각이 최고의 행정기관으로 국정의 중추가 되었다.

1962년 이케다 하야토(池田勇人) 총리는 미국 후버위원회의 영향을 받아,[1] 행정의 능률성 확보를 위한 개혁을 추진하기 위해 민간인으로 구성된 '제1차 임시행정조사회'를 설치했다. 1964년까지 지속된 이 조사회의 건의에 따라 1967년에는 '인허가정리법'이 제정되고 1969년에는 '총정원법'이 제정되어 효율적 행정관리 체제의 구축에 크게 기여했다.

일본은 1980년대 이후 강력한 행정개혁을 추진했다. 국제수지 흑자가 확대되는 시대적 배경 속에서 일본 경제를 국제사회와 조화시키기 위한 경제 구조조정의 필요성과, 다른 한편에서는 악화되는 국가재정을 재건하기 위한 행정개혁의 필요성이 대두되었다.

재정재건의 실현은 1981년 설치된 '제2차 임시행정조사회'(제2차 임조)를 중심으로 검토되었다. 제2차 임조가 구성된 배경이 1980년대의 심각한 재정위기였기 때문이다.

---

1) 제1차 임시행정조사회는 '일본의 후버위원회'라는 평가를 받고 있다.

2차에 걸친 오일쇼크의 여파를 극복하고자 책정했던 적자재정의 편성은 심각한 재정위기를 초래했다. 1970년대 말부터 일반회계에서 차지하는 공채의 발행 비율이 재정위기의 단면을 보여준다. 1978년에 32%, 1979년 39.6%, 1980년 33.5%에 달했다. 1981년에 공채의 누적액이 82조 엔에 달했으며 공채의 원리금 상환에 소요되는 국채가 일반회계의 14.2%에 달하게 되었다. "증세 없는 재정재건"을 표방했던 제2차 임조는 일반 행정경비의 삭감 방안, 각종 보조금의 삭감, 이자 지원금의 삭감 등 일반적 방안 외에 의료, 연금, 사회복지, 문교, 공공사업, 대규모 국책사업, 농업, 에너지, 중소기업, 지방재정의 감축, 방위, 공법인의 정리 등 모든 분야에 걸쳐 재정의 절약 방안을 제안했다(김순은, 2004).

공적 규제 완화를 통한 경제 구조조정에 관한 논의는 1983년의 '제1차 임시행정개혁추진심의회'(제1차 행혁심)와 1987년의 '제2차 임시행정개혁추진심의회'(제2차 행혁심)를 중심으로 이루어졌다. 1985년 7월에 발표된 제1차 행혁심 보고서는 시장개방에 따라 제기된 경제활동의 자유화와 국가의 위기관리 능력을 강화하는 방안을 담고 있으며, 그 밖에 사회보장, 교육, 농정, 사회자본 정비, 과학기술, 경제 협력, 방위 등의 여러 분야에 걸친 개혁 방향을 제시했다. '신행혁심'이라고도 불리는 제2차 행혁심은 토지문제, 공적 규제 완화, 중앙정부와 지방정부와의 관계에 관한 연구·검토에 집중했다.

이러한 여러 행정개혁위원회의 건의에 따라 일본 정부는 1980년대에 신규 공채 발행의 억제, 재정 지출의 삭감, 정부 규모의 간소화, 정부기업의 민영화, 현업관서의 특수법인화 등의 개혁을 추진했다. 1984년에는 총리부의 일부 업무와 행정관리청이 총무청으로 통합되었으며, 1985년 및 1987년에는 일본의 행정개혁 중 최대 성과의 하나로 내세우는 3공사, 즉 전매공사·전신전화공사·일본국유철도의 민영화가 이루어졌다(총무처 직무분석기획단, 1997: 657).

1990년 10월 구성된 '제3차 임시행정개혁추진심의회'(제3차 행혁심)는 일본이 국제적으로 공헌할 수 있도록 국제화에 대응하는 행정의 구현 및 풍요로움을 체감할 수 있는 소비자 위주·국민생활 중시형 행정의 구현을 목표로 하여 설치되었다. 제3차 행혁심은 이러한 기본 목표 아래 국민 부담의 증대 억제와 재정 기반의 확립, 규제 완화의 추진, 공적 금융 · 특수법인의 개혁, 그리고 지방분권 등을 처방했다. 제3차 행혁심은 1990년대의 지방분권 개혁과 하시모토(橋本) 개혁에 상당한 영향을 미쳤다. 지방분권을 위한 입법화의 필요성에 대한 주장은 1995년 지방분권추진법의 제정으로 이어졌다.

1994년 1월 호소카와 모리히로(細川護熙) 총리는 총리를 본부장으로 하는 '행정개혁추진본부'를 설치하는 한편 동년 12월에는 '행정개혁위원회'를, 그리고 1995년 7월에는 '지방분권추진위원회'를 총리부 직속으로 설치했다. '행정개혁위원회'에서는 행정의 간여 범위 정립, 규제의 완화 및 행정의 투명성 확보를 위한 정보공개법 제정 문제를 연구 · 검토하게 하고, '지방분권추진위원회'에서는 국가사무의 지방 이양 등 지방분권화 방안을 연구 · 검토하여 총리에게 그 결과를 제출토록 했다. 1990년대 중반에 추진된 이러한 행정개혁 작업은 1996년의 총선을 앞두고 발생한 주택금융회사의 부실채권 문제 등으로 자연스럽게 하시모토 총리 내각으로 이어지게 되었다.

3 하시모토 개혁

1) 개혁의 주요 내용

1996년 중앙성청(中央省廳)의 1/2 축소, 대장성 해체 등 중앙정부의 전면 개편, 특수법인의 민영화와 통 · 폐합, 행정정보공개법 제정 등을 총선공약으로 내세운 하시모토 류타로(橋本龍太郎)는 집권 후 '행정개혁회의'를 발족했다. 하시모토 내각은 21세기를 맞아 정치 · 경제 · 사회의 변혁과 창조에 효과적으로 대응하기 위해 행정, 재정, 사회 보장, 경제, 금융, 교육 등에 걸친 6대 개혁을 추진했다. 하시모토 총리는 중앙정부의 역할 재검토와 슬림화, 활력과 창조력을 창출시키는 행정으로 거듭나기 위한 규제 완화의 추진, 고령화 · 소자화(小子化)에의 대비, 과학기술의 진흥과 인재의 육성을 정부혁신의 기본 방향으로 설정했다.

이와 같은 하시모토 행정개혁은 1980년대부터 지속적으로 추진되어 온 일본 정부의 일련의 행정개혁의 연장선상에서 추진된 것으로 이해될 수 있다.

하시모토 총리 자신이 회장을 맡은 '행정개혁회의'에서는 중앙성청의 개편과 지방분권 등 행정개혁의 전반적인 문제를 관장했다. '행정개혁회의'에서는 '행정개혁위원회'로부터 보고받은 '행정관여의 원칙에 관한 기준', '행정규제 완화 추진 방안'과 '정보공개법제 확립에 관한 의견' 그리고 '지방분권추진위원회'로부터 보고받은 '지방분권에 관한 제1차 권고' 등 행정개혁에 관한 건의 사항을 모아 1996년 12월 중기적인 '행정개혁 프로그램'을 확정 · 발표했다.

'행정개혁 프로그램'은 신시대에 대응할 수 있는 간소하고 효율적인 행정의 실현, 국민의 주체성을 존중하는 행정의 실현, 국민에게 신뢰받는 열린 행정의 실현, 국민에 대한 질 높은 행정 서비스의 실현 등 4대 목표를 설정했다.

첫째, 간소하고 효율적인 행정의 실현을 위한 개혁 조치로는 (1) 중앙성청 개혁, (2) 행정조직 등의 합리화, (3) 투자기관 등 특수법인의 정리 및 합리화를 처방했다. 둘째, 국민의 주체성을 존중하는 행정의 실현 내용으로는 (1) 규제 완화, (2) 지방분권의 추진을 제시했으며, 셋째, 국민에게 신뢰받는 열린 행정의 실현을 위해서는 (1) 행정정보 공개의 추진, (2) 행정 및 공무원에 대한 신뢰 회복을 처방했다. 넷째, 국민에 대한 질 높은 행정 서비스의 실현을 위해서는 (1) 신청 등에 따른 국민 부담의 경감, (2) 행정정보화의 적극 추진 등을 제시했다(총무처 직무분석기획단, 1998: 663 – 664).

하시모토 총리를 회장으로 하는 '행정개혁회의'가 1997년 12월 3일 공표한 최종 보고 속에는 행정의 목적 · 기능을 축으로 중앙성청(中央省廳)을 재편성하여 그 수(數)를 현행보다 절반으로 축소하여 행정의 폐해 및 중복을 배제하며 더 높은 시점(視點)과 넓은 시야에 서서 정책 입안을 가능하게 한다는 내용을 담고 있다. 당시 1부(府) 22성(省) 청(廳)으로 구성된 일본 중앙성청의 수를 그 절반인 1부(府) 12성(省) 청(廳)으로 정리하겠다는 하시모토의 개혁안은 일본 국민의 열렬한 지지 속에 오부치 게이조(小淵惠三) 내각에 의해 구체화되었다.

2) 개혁의 특징

1990년대와 2000년대에 걸쳐 추진된 이와 같은 일본의 행정개혁의 특징은 다음과 같이 요약할 수 있다.

첫 번째로 행정 운영에서는 '정치 주도의 확립'이며, 두 번째로는 '행정조직의 슬림화'를 들 수 있다. 전자는 '내각 기능의 강화', '부대신(副大臣)제의 도입', '심의회 등의 정리 · 합리화'를 구체적인 대안으로 하고 있고, 후자는 '성청(省廳)의 재편' 및 '관방(官房) · 국(局)수(數)의 삭감', '독립행정법인 제도의 창설' 등으로 구체화되었다.

성청의 재편성, 내각의 리더십, 행정의 슬림화, 독립행정 법인제도의 도입 등으로 나타난 이러한 일련의 개혁은 결국 관료 주도형 정치라 일컬어지는 일본 특유의 상황을 정치 주도로 반전시키고자 하는 강한 의도가 포함되어 있다. 따라서 결국 개혁의 주된 목적은 정치 주도의 확립, 특히 총리 권한의 강화를 목적으로 하는 행정개혁이라고 할 수 있다(홍진이, 2002).

제 6 부

한국 역대 정부의 행정개혁

제15장

한국 행정개혁의 변천과정

우리나라는 1948년 정부 수립 이후 정치적·경제적·사회적 변동을 겪으면서 수많은 행정개혁을 단행해 왔다. 대부분의 경우 행정개혁은 정부기구의 개편을 중심으로 진행되었다. 중앙행정기구의 개편은 경제 발전 등 정책 목적의 달성, 행정기관의 조정, 행정기구의 축소·조정 등이 주요 내용을 이룬다.

우리나라의 행정개혁은 각 시기별로 당시 상황을 고려한 행정개혁이 이루어졌다고 할 수 있으나, 1990년대 이후 전술한 신공공관리론이 국내에 유입되고, 민주화의 환경 변화 속에서 이전과는 상이한 내용의 큰 폭의 제도 변화가 일어났다.

이러한 인식에 기초하여 이 장에서는 1990년대 이전의 개혁 내용을 고찰하고, 다음 장에서 1990년대 이후 추진된 행정개혁의 주요 내용을 살펴보고자 한다.

제1절 이승만 행정부(1948~1959)의 행정개혁

1 제1공화국의 정부 형태

제1공화국은 헌법 제정 등 국가의 기본 제도를 수립하고 행정 체제의 기반을 구축한 정부 형성의 시기였다. 제1공화국 정부의 권력구조는 3권 분립주의에 기반하는 미국식 대통령제에 의원내각제의 요소가 부분적으로 가미된 혼합형의 특징을 지니고 있다.

대통령제의 요소로는 대통령이 국가원수인 동시에 행정수반으로 국무총리 이하 국무위원을 임명하고 거부권을 행사할 수 있게 한 점 등을 들 수 있다. 또한 의원내각제 요소로는 대통령이 국회에서 선출되고 국무총리는 대통령이 임명하되 국회의 인준을 받도록 했으며, 국무위원제를 채택, 국무원에서 주요 국책을 심의·결정하게 하고 대통령의 국무에 관한 행위는 국무총리와 국무위원의 부서(副署)를 요하게 한 점 등을 들 수 있다.

그러나 이승만 행정부는 1954년 사사오입 개헌을 통해 국무총리제 및 국무원 불신임제의 폐지 등 의원내각제 요소의 삭제를 통해 강력한 대통령 중심제의 권력구조로 바꾸었다(강인재 외, 1998: 30−31).

2 행정체계

해방 후 우리 사회를 뒤흔든 좌우 대립의 갈등 해소, 친일 세력 청산, 6·25전쟁 이후의 복구사업 등 국가적 과제를 안고 출범한 제1공화국은 무엇보다 국가 제도의 기본 틀을 갖추는 데 급급했다. 즉, 건국 초의 긴박한 정치·사회적 과제에 대처하는 데 골몰한 제1공화국은 독립국가의 새로운 행정 체제를 설계·구축하는 데 필요한 시간적 여유를 갖지 못하고 일정(日政) 시 총독행정 체제에 기반한 임시적 틀을 유지했다.[1] 물론 해방 후 3년간의 미군정기를 거치면서 직위분류제 등 일부 미국식 행정제도 이식의 시도가 있었으나 제대로 뿌리내리지 못했으며,[2] 기본적으로는 일제강점기 시절 총독행정 체제의 골격이 그대로 유지되었다고 할 수 있다.

1948년 7월 공포된 정부조직법에 의해 중앙행정기구는 내무부, 외무부, 국방부, 재무부 등 11부 4처 3위원회로 출범했다. 그리고 동년 12월에는 대통령 직속기관으로 심계원이 설치되고, 1949년에는 보건부, 관재청, 외자구매처가 신설되는 등 몇 차례의 정부조직법 개정 및 특별법 제정에 의해 행정기구가 늘어났다. 1954년의 제2차 헌법 개정에 따라 1955년에는 정부조직법이 전면적으로 개정됨으로써 12부 3청 2원 2실의, 대통령 중심제에 좀 더 충실한 행정 체제가 구축되었다.

제1공화국의 인사행정제도는 1949년 제정된 국가공무원법에 의해 제도적 기반이 마련되었다. 제1공화국의 인사행정은 실적주의를 지향했으며, 비록 미미한 수준이지만 행정사무 간소화, 국민 편의 증진, 분권화를 위한 제도 개혁 노력도 있었다. 예컨대 1949년 10월의 행정사무처리간행령(行政事務處理簡行令)과 1951년 2월의 전시행정사무간소화령(戰時行政事務簡素化令)에 의해 민원사무의 신속·원활한 처리를 추진했으며, 1951년에는 공청회 제도를 도입하고 정부기관의 각종 백서를 간행함으로써 공개행정 추구의 노력을 보였다. 1957년에는 중앙행정사무 26종을 지방자치단체에 이관했다(오석홍, 1995b: 229).

지방자치제와 관련해서는 1949년 지방자치법이 제정되었으나, 지방의회 선거는 전시중인 1952년 치안 불안 지역과 미수복 지구를 제외한 지역에서 실시되었으며, 시·읍·면장은 당시 지방의회에서 선출되었으나 도지사와 서울시장은 대통령이 임명했다. 그러나 1958년에는 시·읍·면장의 직선제를 임명제로 바꾸는 제4차 지방자치법

1) 5·16 쿠데타 후 총무처 장관을 지낸 이석제 씨는 후일, 그때까지 한국의 법령 체계 속에 들어오지 않은 일제 강점기의 법령이 번역되지도 않은 상태로 행정 업무의 기준으로 작용하고 있음을 보고 놀랐다고 술회한 적이 있다.

2) 미군정은 미국식 직위분류제를 한국에 처음 도입했으나 오랫동안 계급제에 익숙해 온 한국의 관료 풍토에 적합하지 않아 군정 직후 한국 정부에 의해 폐지되고 말았으며, 공개경쟁시험에 의한 임용 원칙 또한 천명되었으나 실제로는 일부 서기적 업무의 경우에만 불규칙적으로 몇 차례 시행되었을 뿐 시험제도가 제대로 정비되지 못했고, 근무성적 평정 및 교육훈련제도도 시행되었으나 형식에 그치고 말았다(이종수 외, 2011).

개정이 있었다.

제1공화국 시절 몇 차례의 정부조직 개편과 경비 절감을 위한 감원 등 개혁 노력이 없지 않았으나, 그러한 행정개혁 활동은 비체계적·임기응변식으로 추진되었다. 그리고 감원 및 인력 조정 등 당시 추진된 일부 행정개혁의 가치 기준은 능률성이었다고 할 수 있다.

제 2 절 장면 행정부(1960~1961)의 행정개혁

1 제2공화국의 정부 형태

4·19혁명을 계기로 출범한 제2공화국은 정부 형태는 전형적인 의원내각제였다. 의회에 양원제가 도입되고, 정부조직법을 개정하여 내각책임제 정부의 국무총리제와 국무원제를 신설하였으며 내각책임제 정부형태를 공고히 했다.

공화국의 정부정책을 전반적으로 이끈 기본적 노선은 반독재주의·자유민주주의의 실질적 구현이었으며, 아울러 행정구조를 보다 근본적으로 개혁할 필요가 있음을 인식하여 (1) 내각책임제인 정부형태에 부응하도록 할 것, (2) 경제부흥과 국토건설을 위하여 경제제일주의의 기구개편을 실행할 것, (3) 행정관리의 능률화를 도모할 것 등의 원칙하에 행정기구개편안을 만들었으나, 본격적인 기구개편 구상이 실천에 옮겨질 시간이 부족했다(오석홍, 2020: 258).

2 행정체계의 변화

제2공화국 정부는 당시의 폭발적인 국민적 기대에 부응하기 위한 개혁 준비와 노력을 기울였다. 시·읍·면장까지 주민 직선에 의해 선출되는 지방자치제가 전면적으로 도입되었다. 또한 감찰위원회가 부활되고 경찰중립화를 위해 공안위원회 설치를 규정한 정부조직법의 개정이 이루어지는 등 획기적인 제도개혁이 시도되었으나, 국무총리 소속하의 합의제 경찰행정기구로 규정된 공안위원회는 관련 법 규정이 시행되지 않음으로써 실제로 구성되지 못했다.

그리고 자유당 정권의 비리와 관련된 고위공직자 등에 대한 인적 청산과 함께 인력의 세대교체가 이루어졌으나, 인력 교체 과정에서 자유당 시절부터 이어져온 정실인사의 폐단이 그치지 않았으며, 집권 세력의 일부 인사들은 공공연히 엽관 임용을 주창하기까지 했다. 그리고 소급입법에 의해 3・15 부정선거 관련자들을 처벌하고 부정축재를 환수하는 일련의 개혁 조치가 취해졌다.

4・19혁명에 의해 갑작스럽게 출범한 제2공화국의 이러한 국가 체제 혁신 노력은 비록 치밀한 준비 기간을 거쳐 설계된 것이 아니었으나, 민주화를 위한 제도개혁 시도였다는 점에서 의미를 부여할 수 있다. 그러나 약 1년간의 정권 기간 동안 이러한 시도들이 효과적인 성과를 내기에는 한계가 있었다. 결국 제2공화국의 이러한 혁신 노력은 새로운 체제가 제대로 실험되고 뿌리내리기 이전에 5・16 군사쿠데타에 의해 좌절되고 말았다.

제2공화국의 정치・행정 및 정부혁신 노력을 인도한 지배적 가치 기준은 민주성이었다고 할 수 있다.[3)]

제3절 박정희 행정부(1961~1979)의 행정개혁

1 군사정부의 행정개혁

5・16 쿠데타에 의해 탄생한 군사정부는 1963년 12월 민정 이양이 있을 때까지 2

3) 제2공화국의 개혁정책 입안 과정에는 외부의 전문가와 민간단체의 대표 등이 참여함으로써 행정체제 내의 폐쇄적이고 권위주의적인 의사결정 과정에 상당한 수정이 이루어졌다(오석홍, 1995: 70).

년 7개월간 행정 체제의 급격한 개편을 시도했다. 이 기간 동안 군사정부는 정부조직을 11차례나 개정하고, 인사행정·기획·심사분석 등 여러 분야에 걸쳐 새로운 절차와 기법을 도입했다.

가장 대폭적인 정부조직 개편은 1961년 10월 2일 단행된 '10·2 개편'으로, 이 조치에 의해 중앙정부 조직은 내각수반에 소속된 2원 12부 1처 5청 2위원회가 되었다. 군정 기간 동안 이루어진 정부조직 개편에서 가장 특기할 만한 것은 경제기획원의 신설이었다. 그 밖에 경제 성장 관리를 위한 기구로 노동청·농촌진흥청·철도청이 신설되었으며, 국토건설청으로 격하되었던 건설부도 복원되었다.

군사정부는 또한 1963년 4월 국가공무원법을 전면 개정하고 동년 5월에는 공무원훈련법을 제정하고, 동년 11월에는 직위분류법을 제정하여 인사행정제도의 획기적인 개혁을 추진했다. 이러한 제도개혁을 통해 자격시험제였던 공무원 선발시험이 채용시험제로 바뀌게 되었으며, 조건부 임용 및 시보임용제가 도입되고 공개경쟁 채용시험이 확대되었다. 군사정부는 또한 공무원연금제도를 마련하고 소청심사제도를 수립하는 등 인사제도의 발전에 크게 기여했다. 군사정부 기간 동안 '부정부패 공무원의 숙정'과 감원 등에 의해 많은 공무원이 퇴직했음에도 불구하고 이 기간 동안 공무원 총수는 매년 약 1만 7,000명 정도 늘어났다.

재무행정 관련 개혁 조치로는 경제기획원에 예산기능이 흡수되어 예산과 기획기능의 연계가 강화되었으며, 예산회계법이 제정되어 예산의 배정과 자금 공급 체제가 일원화되고, 계속비와 예산의 이체(移替) 규정이 신설되었다. 그리고 기업예산회계법과 정부투자기관예산회계법이 제정되는 등 예산회계제도가 총체적으로 정비되었다.

그러나 지방자치제도는 군사정부에 의해 전면적으로 정지되었다. 군사정부는 1961년 5월 16일을 기해 모든 지방의회를 해산하고 지방자치단체장을 모두 임명제로 바꿈으로써, 지방자치단체의 성격은 국가의 일선행정기관으로 전환되었다.

군사정부에서 전 정부적인 행정개혁 업무는 총무처(나중에 내각사무처로 개편됨)에 설치된 행정관리국에서 담당했으며, 그 뒤 행정관리위원회가 설치되어 행정관리 개선의 임무를 수행했다.

2 제3공화국의 행정개혁

1963년 12월의 민정 이양에 의해 제3공화국이 출범했다. 제3공화국 정부는 일종의 이원집정부제 형태를 취했으나, 실제적인 권력구조는 대통령제였다. 제3공화국 헌법 속에 포함된 의원내각제 요소로는 부통령제 대신 국무총리제를 채택, 국무총리에게 국무위원 임명제청권과 행정 각부에 대해 미약하나마 통할권을 부여한 점 등을 들 수 있다. 제3공화국의 대통령은 국가긴급행정권을 가지고, 법률안에 대한 거부권과 경비계엄을 포함한 계엄선포권도 부여받았으며, 국회의 동의 없이 국무총리, 국무위원, 각 군 참모총장 등 고위공무원을 임명할 수 있게 됨으로써 강력한 권한을 차지하게 되었다.

제3공화국은 출범 초기부터 국가 체제와 행정기구를 근본적으로 뜯어고치는 광범한 개혁을 추진했다. 군사정부는 자유당 정부와 민주당 정부의 혼란기를 거치면서 체계적으로 정비되지 못한 각종 법제도를 마련하는 한편 국세청, 수산청, 산림청, 과학기술처, 국토통일원, 관세청, 병무청, 무임소장관 등의 기구를 신설하고, 원자력원은 원자력청으로 그리고 공보부는 문화공보부로 개편했다. 제3공화국은 또한 참모제도의 도입과 같은 정부기구의 개편, 행정절차의 개선, 체계적 교육훈련 제도의 도입 등 미국식 제도와 관리기법을 도입하는 데 치중했다. 미국식 교육을 받은 민간 학자들이 대거 참여한 가운데 추진된 행정개혁 작업은 기본적으로 발전행정의 이념과 기법을 구현하는 데 목표를 두었다.

발전행정의 이념을 추구한 제3공화국의 행정 체제는 규모면에서 크게 팽창했다. 일부 학자는 이 시기의 국가 체제를 행정국가(administrative state)로 규정하고 있으나, 복지국가를 지향하면서 불가피하게 재정 규모와 인력이 늘어난 행정국가의 의미라기보다는, 경제 성장 정책을 뒷받침하고 반대 세력의 저항을 극복하기 위해 정부의 경제 관련 기구 및 억압 기구가 팽창하고 민간부문에 대한 정부의 간섭이 크게 늘어났다는 의미에서 행정국가라 할 수 있다. 제3공화국 정부는 정치적 참여를 제한한 가운데 성장정책을 추구했다는 의미에서 민주성보다는 능률성과 효과성의 이념에 기반하여 국가 체제를 운영했다고 할 수 있다.

제3공화국의 행정개혁은 1964년 6월 설치된 '행정개혁조사위원회'에 의해 추진되었다. 행정개혁조사위원회는 국가행정기관, 지방자치단체, 정부관리기업체 등 여러 공공조직의 기구 개편 및 업무 개선에 관해 조사·연구하고 개선 방안을 대통령에게 건의하는 역할을 담당했다. 위원장과 13명의 차관급 위원으로 구성된 이 위원회에는 민간위원의 참여가 없었다. 그러나 포괄적이고 강력한 행정개혁을 추진하기 위한 의도로 설치되었던 이 위원회는 실제적으로 행정개혁을 주도하지 못했다는 평가를 받고 있다. 대통령 직속기관으로 설치된 이 위원회는 초기에는 활발한 개혁 작업을 추진했으나 시간이 흐름에 따라 그 추진력이 현저히 감소되어 갔으며, 나중에는 국무총리 소속으로 옮겨져 행정개혁위원회로 명칭이 변경되었으며 1981년까지 존속했다.

3 제4공화국의 행정개혁

제4공화국의 정부 형태에 대해서는 '영도적 대통령제', '절대적 대통령제' 등 다양한 주장이 제기되고 있으나, 권력구조는 국회에 대한 대통령의 절대적 우위를 규정한 '강화된 대통령제'라 할 수 있다. '유신 시대'로 상징되는 제4공화국에서는 정치적 반대 세력을 탄압하고 정권의 유지를 위한 억압기구가 더욱 팽창했다. 그러나 다른 한편에서는 정치적 억압에 대한 반발을 무마하기 위한 민심 수습의 필요성, 발전행정의 추진 과정에 쌓여온 행정적 폐해의 해소 및 행정선진화의 요청 등으로 행정개혁이 필요한 상황적 조건들이 조성되어 있었다.

1972년 출범한 유신 체제는 1973년의 정부조직법 개정에 의해 국무총리실에 행정조정실을 설치하고, 상공부에 공업진흥청과 공업단지관리청을 신설했다. 그리고 원·부·처·청의 처장·차관·청장·차장·차관보·실장 및 국장을 정부위원으로 규정했다. 그 뒤 1975년에는 항만청이 신설되고, 뒤이어 특허청(1976년), 동력자원부(1978년), 그리고 환경청(1979년)이 신설되는 등 제4공화국 기간에는 고도 성장에 따른 행정수요의 증가 등으로 정부기구가 크게 팽창했다.

제4공화국에서는 행정장비의 운용 개선, 사무자동화 및 전산화 계획이 추진되었으며, 문서관리·보고관리의 개선, 사무 표준화, 새로운 행정 수요에 적합한 기구 및 정원의 관리, 권한의 하부 위임 등 행정관리의 개선에도 관심을 쏟았다. 제4공화국에서는 또한 유신 체제의 정당화를 위한 정치적 노력의 일환으로 서정쇄신운동 등 공무원의 부정부패 척결 작업이 수시로 추진되었다.

급속한 발전을 이루기 위하여 전술한 바와 같이 군사정부와 제3공화국에서는 민주성보다는 능률성과 효과성의 이념에 기반하여 국가 체제를 운영했다고 할 수 있다. 이후 제4공화국의 행정 이념은 제3공화국의 그것과 같이 민주성의 희생 위에 능률성의 극대화[4]를 추구했다. 제4공화국의 행정 체제의 특징은 군부 엘리트와 전문 직업 관료들이 결합한 전형적인 관료엘리트 체제(bureaucratic elite system)라고 할 수 있다.

제 4 절 전두환 행정부(1980~1987)의 행정개혁

1 제5공화국의 정부 형태

1979년 10 · 26사태 이후 일련의 격동기를 거쳐 1981년 3월 출범한 전두환 대통령의 제5공화국 정부 형태 역시 제헌헌법 이래의 전통인 대통령 중심제에 의원내각제를 가미시킨 절충형이라 할 수 있다. 그러나 실질적으로는 국가 권력이 대통령에게 집중된 강력한 대통령제였다. 즉, 1980년 5 · 18 광주 민중항쟁의 유혈 진압을 통해 출범한 제5공화국은 대통령에게 비상조치권, 국회해산권, 주요 정책의 국민투표 부의권을 부여하는 등 강력한 대통령제를 채택했다.

4) 제4공화국은 국회의원의 1/3을 대통령이 지명하는 유신 체제를 통해 의사결정비용(decision cost)의 최소화를 꾀했을 뿐만 아니라, 집권적 행정 체제와 지속적 행정개혁을 통해 집행비용의 최소화도 동시에 추구했다.

2 행정체계의 변화

1980년을 전후한 경제 · 사회적 여건의 변화는 새로운 정책 기조와 행정 체제의 변화를 요구하게 된바, 20여년에 걸친 압축성장 기간 동안 누적되어 온 행정 체제의 부작용을 제거하고 정부 주도 성장정책의 패러다임을 바꾸기 위한 행정개혁 요구가 대두되었다. 이러한 시대적 요청에 부응하여 전두환 행정부는 1981년 행정개혁을 단행하여 중앙행정기구를 개편하고 행정기능을 조정하여 관리적 측면의 행정 개선을 도모했다. 사회정화위원회, 국정자문회의, 평화통일정책자문회의 등이 이때 신설되고, 노동청이 노동부로 확대 · 개편되었다. 또한 아시안게임과 올림픽에 대비하여 체육부가 신설되었다.

급진적 · 대증적 처방이라고 할 수 있는 소위 '10 · 15 행정개혁'에서는 정부 간여 범위를 축소하여 자율적이고 민주적인 행정을 구현하고, 행정 절차를 간소화함으로써 행정의 능률화를 도모하며, 불요불급한 상위 기구를 축소 · 조정함으로써 예산의 낭비적 요소를 제거하여 국민 부담을 경감시키고, 대국대과제(大局大課制)의 구현으로 조직 규모를 적정화함으로써 결제 단계를 축소하며, 인력의 소수 정예화로 행정의 전문화를 기한다는 기본 방향을 설정하고 기구 통 · 폐합, 공무원의 정원 감축 등의 개혁 조치를 취했다.

이 조치로 행정개혁위원회, 국무총리실의 기획조정실, 국가안전보장회의 사무국, 경제과학심의회의 사무국 등이 폐지되는 등 34개 중앙 행정기관과 그 소속기관 및 기타 7개의 조직이 정비되었다. 이로써 20차관보, 13실, 201국, 193담당관, 1,100과였던 기존의 중앙행정기관(2원 · 15부 · 4처 · 14청 · 1위원회)의 하부조직은 12차관보, 10실, 160국, 159담당관, 974과(4급담당관 포함)로 크게 축소되었다. 이러한 구조조정의 결과 장관급 2명, 차관급 5명, 차관보 및 1급 37명, 2~3급 164명, 4급 391명 등 모두 599개의 고급공무원 직위(11.8%)가 감축되었다.

제5공화국에서는 또한 국가공무원법을 개정하여 공무원을 경력직과 특수경력직으로 분류하고, 공직자윤리법을 제정하여 공무원 재산등록제를 도입하는 등 인사제도의 개혁을 추진했다.

성립 과정에서의 정통성 결여라는 태생적 한계 때문에 전두환 행정부는 또한 유신 체제의 정책 기조와 마찬가지로 강력한 권위주의적 억압기구를 통해 폭발하는 민주화·자율화 요구를 억누르는 한편 경제안정화 정책과 아울러 '사회정화운동' 등 공직사회의 비리 척결을 위한 개혁 작업[5]을 통해 취약한 정통성을 보완하고자 했다. 그러나 이러한 공직사회 개혁 작업은 시간이 흐르면서 흐지부지되었을 뿐만 아니라 집권 후반기 들어서는 정권 핵심을 중심으로 이전 정부보다 더 심한 부패 양상을 보이게 되었다.

한편 대국대과주의 원칙에 따른 기구 축소는 정부 수립 이후 최초의 대대적인 조직 감축으로 볼 수 있고, 1970년대의 석유위기가 가져온 경제위기에 대응한 측면이 강하나, 이와 함께 정통성이 결여된 정권이 관료를 효과적으로 통제하는 수단으로 사용된 것으로 보는 시각이 있다. 아울러 근본원인에 대한 철저한 분석이 이루어지지 않은 상태에서 획일적, 형식적인 기구개편에 치우쳐 개혁의 지속성과 장기적 효과까지 염두에 두지 못한 한계가 있었다(김재훈, 2007: 109−110).

제 5 절 노태우 행정부(1988~1992)의 행정개혁

1 제6공화국의 정부 형태

이른바 6월 민주항쟁 등 민주화 열기 속에서 1988년 2월 태동한 노태우 행정부는 광범한 정치·경제·사회적 변혁의 소용돌이 속에 휘말린 민주화 도정의 과도정부라 할 수 있다. 그러나 제5공화국과 같은 인맥으로 구성되었다는 한계 때문에 별다른 정치·행정적 변화를 가져오지 못했다.

---

5) 전두환 행정부는 1981년 공직자윤리법을 제정, 1급 이상 공직자는 재산을 공개하고 4급 이상의 공직자는 재산을 등록토록 했으며, 퇴직공무원은 퇴직 후 2년간 유관기업 등에 취업하지 못하도록 하는 제도를 마련했다.

제6공화국의 정치 체제는 입법부의 권능과 자율성이 상대적으로 강화됨으로써 입법부와 행정부 간의 권력이 어느 정도 균형화된 통치구조를 지녔다고 할 수 있다. 즉, 제6공화국에서는 입법부의 국정감사권이 부활되고 대통령의 국회해산권과 비상조치권이 헌법에서 삭제되었으며, 국회가 내각불신임권과 탄핵소추권을 행사하게 된 반면 행정부는 의회를 해산할 수 없게 되었다.

2 행정체계의 변화

관료제의 특성에 초점을 둘 경우 3~5공화국을 거치면서 행정적 자율성을 신장, 제도적 관료제로 성장한 관료집단은 민주화된 정치 권력에 대한 잠재적 저항 세력으로 대두하기 시작했다. 또한 정치 체제의 민주화는 한국의 관료제가 정치 권력의 도구로서의 역할을 벗어나게 하는 계기를 마련해 주었으나, 다른 한편에서는 기강 해이와 무사안일의 심화 등 부정적 현상도 두드러지게 드러나기 시작했다. 이러한 전반적 여건 속에서 노태우 행정부는 정치·행정 체제의 민주화와 행정관리 기능의 개선을 위한 행정개혁을 추진했다.

노태우 행정부는 취임 이듬해인 1989년 국제화·산업화·도시화 등에 대응하기 위해 환경청을 환경처로 승격시키고, 문화공보부를 문화부와 공보처로 분리·개편했으며, 사회정화위원회와 국가원로자문회의는 폐지하고, 행정 각 부처에 설치된 398개의 위원회 가운데 101개는 폐지하고 17개는 축소·조정하는 등의 개혁 조치를 취했다. 1990년에는 국토통일원이 통일원으로 개칭되면서 부총리 부서로 격상되었으며, 문교부는 교육부로, 체육부는 체육청소년부로 개칭되고, 통계조사국은 통계청으로, 중앙기상대는 기상청으로 개편되었다. 또한 1991년에는 내무부 치안본부가 경찰청으로 확대·개편되고, 경찰위원회가 설치되었다.

노태우 행정부의 행정개혁안은 '행정개혁위원회'에 의해 입안되었다. 1988년 5월 발족하여 1989년 7월까지 활동한 '행정개혁위원회'는 중앙정부의 기구 개편, 공무원제도의 개선, 중앙정부와 지방정부의 관계 개편, 지방정부 제도의 개편, 민원행정 제도의 개편 등 네 가지 범주에 걸쳐 다양한 개혁 처방을 제시했다.

그러나 행정개혁위원회의 다양한 건의는 본격적인 제도개혁으로 완성되지는 못했는바, 위원회가 대통령의 자문기구로 건의 권한만을 지니고 있었을 뿐 위원회 활동을 지원하고 개혁을 집행하는 행정 체제가 구축되지 않아 행정개혁 추진력을 발휘하지 못했기 때문이다.

행정개혁위원회는 정부기구 축소를 권고하고 정부는 '작은 정부' 지향을 천명했으나, 노태우 행정부 집권 5년간 1급 공무원 직위가 60여개 늘어나고 공무원이 16만 여 명이나 증원되는 등 정부기구와 인력이 현저하게 팽창되었다. 노태우 행정부가 끝날 당시의 중앙정부조직은 2원 · 16부 · 6처 · 15청 · 2외국으로 구성되어 있었다.

그러나 노태우 행정부에서는 근 30년 만에 지방자치제도가 불완전하게나마 부활되었다. 1988년 지방자치법이 개정되고 1989년 12월에는 지방의원선거와 단체장선거의 시한을 각각 1990년 6월 30일 이전과 1991년 6월 30일 이전으로 한정하는 법 개정이 이루어졌으나, 이 시한은 노태우 행정부에 의해 지켜지지 않았다. 여러 우여곡절을 거친 끝에 1991년 3월과 6월 기초자치단체와 광역자치단체 의원을 뽑는 지방의회 선거가 각각 실시되었으나, 지방자치단체장 선거는 노태우 행정부에서는 끝내 이루어지지 않았다.

전반적으로 노태우 행정부의 행정개혁은 종합적이고 체계적인 개혁이념을 가지고 추진되지 못한 것으로 평가된다. 특히 행정개혁위원회의 감축지향적인 조직개편 권고안에 대하여 관련 부처와 이익집단들이 조직적으로 반발하였고, 특별한 조정기제도 존재하지 않아 대부분의 개혁안이 유명무실화되고 말았다(김재훈, 2007: 111－112). 이러한 와중에 조직이 확대 개편된 경우도 나타났으며, 결국 채택된 권고안도 조직의 확대에 관한 것으로서, 현실적으로는 당시 강조되기 시작하였던 작은 정부의 추진과는 상이한 개혁 결과가 나타나고 있다.

제16장

1990년대 이후의 한국 행정개혁

제1절 김영삼 행정부(1993~1997)의 행정개혁

1 개혁의 기본 방향

30여년간의 군인 출신 대통령 시대를 종식하고 출범한 김영삼 행정부는 민주화의 열기 속에서 탄생하였으며, '문민정부'로 명명되었다. 김영삼 행정부는 1990년의 3당 합당을 토대로 하여 1993년 출범하였으며, 과거 군부 권위주의 지배의 잔재를 청산하기 위한 정치·사회·경제적 개혁을 광범하게 추진했다. 취임과 동시에 '한국병 치유'와 '신한국 창조'를 기치로 내건 김영삼 행정부는 부정부패 척결, 경제 활성화, 그리고 국가 기강 확립을 3대 국정 과제로 규정하고 광범한 개혁을 추진했다.

정치적 측면에서 김영삼 행정부는 권위주의 체제를 해체하여 민주주의를 제도화하고 시민사회를 활성화하는 데 정책의 역점을 두었다. 김영삼 대통령은 또한 취임 직후 자신의 재산 공개를 출발점으로 하여 대대적인 공직자 숙정 작업을 추진하고 뒤이어 군부 숙정 작업과 아울러 금융실명제 및 부동산실명제 도입 등의 경제개혁 조치를 취했다.

김영삼 행정부는 또한 관권선거와 금권선거를 막고 깨끗한 정치를 구현하기 위해 '공직자선거 및 선거부정방지법'을 제정하는 등 제도적 장치를 마련했으며, 아울러 정치 공작과 인권 탄압의 상징이었던 국가안전기획부와 국군기무사 등 억압기구의 축소와 정치 간여 금지 등 탈정치화를 도모하는 개혁을 추진했다.

2 행정체계의 변화

김영삼 행정부는 '행정쇄신위원회'를 중심으로 개발연대에 정부 주도 개발 정책의 추진을 위해 구축되어 온 정부조직을 민주화 · 세계화 · 지방화 시대에 적합한 구조로 개편하기 위한 대대적인 정부조직 개편 작업을 추진했다. 아울러 불합리한 행정 행태와 관행의 개선, 인 · 허가 등 민원행정 개선, 행정 수행 체제의 개선 등 행정 운영 체제의 개선에 많은 관심을 기울였으며, 또한 기업의 경제활동을 억제하는 각종 규제를 철폐하기 위한 경제행정 규제 완화 작업을 추진했다.

'작은 정부'의 구현을 기치로 내건 김영삼 행정부는 4차에 걸친 정부조직 개편을 통해 중앙정부의 과 단위 이상의 조직은 152단위 감축, 8.6%의 조직 감축 효과를 거두었으며, 1995년에는 1962년 이래 두 번째로 공무원 총정원의 절대 숫자가 전년도에 비해 줄어드는 현상을 나타내기도 했다.

김영삼 행정부는 출범 직후인 1993년 3월 상공부와 동력자원부를 상공자원부로 통합하고 문화부와 체육부를 문화체육부로 각각 통합, 2개 중앙부처를 폐지하는 제1차 정부조직 개편을 단행했다. 이러한 1차 조직개편 결과 2개 부가 폐지되고 3실 · 7담당관 · 12과의 하부조직이 감축되었다. 김영삼 행정부는 1994년 1월부터 11월까지 추진된 제2차 조직개편을 통해 28개 부처에서 1실 · 3국 · 11심의관 · 35개과의 하부조직을 감축했다.

이어 1994년 12월에는 세계화에 역점을 둔 대대적인 제3차 정부조직 개편을 단행했다. '12 · 3 기구개편'에서는 경제기획원과 재무부가 재정경제원으로 통 · 폐합되고, 건설부와 교통부가 건설교통부로 통합되었으며, 상공자원부가 통상산업부로, 체신부가 정보통신부로, 환경처가 환경부로 개편되고 중앙부처 산하 실 · 국이 대대적으로 통폐합 · 조정되었다. 그 결과 중앙행정기관이 1부 1처가 줄어들어 2원 · 13부 · 5처 · 15청 · 2외국으로 감축되었다. 하부조직은 장 · 차관급 5, 차관보 5, 국장 26, 과장 115개 직위(8.1%)가 감축되었으며, 공무원 정원은 1,002명(0.11%)이 감축되었다.

그러나 1996년 4차 정부조직 개편에서는 공업진흥청이 폐지되고 중소기업청이 신설되었으며, 해양수산부가 신설되고 재정경제원, 내무부, 통상산업부, 환경부, 건설교통부, 법무부, 경찰청, 국세청, 기상청 등의 하부조직이 대폭적으로 확대 · 개편되는 등 1년 6개월 만에 정부조직이 다시 확대되는 경향을 나타냈다.

김영삼 행정부는 또한 1993년 발족한 행정쇄신위원회를 통해 1997년 12월 말까지 국민제안 15,870건을 포함하여 모두 22,917건의 과제를 접수받아 그 가운데 19,942건(87%)을 심의 · 처리했으며(박동서, 1999: 71), 재정경제원 산하의 경제행정규제개혁위원회에서도 2,000여건의 대상 과제 가운데 1996년 9월 기준으로 1,880건을 규제 완화 조치했다(이종수, 1996: vii).

김영삼 행정부는 경제행정 규제 완화 외에 기업 활동의 투명성을 제고하고 부정부패를 척결하기 위한 조치의 하나로 금융실명제를 도입하는 획기적 조치를 취했다. 그리고 세계화 시대에 날로 치열해지는 국가 경쟁력 제고를 위해 금융자율화, 투자 · 수출 활성화 지원, 중소기업 구조 개선 지원, 노사 간 자율임금 교섭 촉진 등의 개혁 조치를 취했다. 김영삼 행정부에서는 인사행정 부문에서도 광범한 개혁을 추진했다. 하급 공무원에 대해 근속승진제를 확대하고, 복수직급제를 도입하는 등의 인사개혁을 추진했다.

김영삼 행정부의 개혁은 기구감축 등을 통한 경비절감으로 능률성을 제고하고, 아울러 규제 완화 등을 통한 민주성 제고를 동시에 추구했으며, 기본적으로는 신공공관리론에 입각한 개혁으로 평가할 수 있다. 전술한 바와 같이 출범 초기의 정부조직개편은 조직감축과 시장경쟁원리 도입을 통하여 능률성을 제고하기 위한 노력을 기울였음을 보여주는 예이다.

개혁과정에서 대통령자문기구로서의 행정쇄신위원회, 재정경제원 산하의 경제행정규제완화위원회, 감사원의 부정방지위원회, 상공자원부의 기업활동규제심의위원회,

교육개혁위원회 등이 설치되었으며, 이를 통하여 개혁의 일관성과 지속성을 확보하고자 하는 노력도 이루어졌다.

그러나 한편으로는 행정쇄신위원회 등의 활동이 안정적인 법적 기반을 갖추지 못한 채 행정개혁 과제 선정의 제약, 근원적인 행정개혁 추진의 한계 등으로 의도한 성과를 충분히 거두지는 못한 것으로 평가받고 있다. 그리고 쇄신과제의 선정이 기본적으로 상향식으로 이루어졌다고 할 수 있으나, 조직개편 등 주요 개혁이 하향식으로, 그리고 비밀리에 추진됨으로써 일련의 개혁과정에서 공무원들의 참여를 이끌어내지 못한 채, 복지부동의 문제를 야기하였다. 그 결과 1994년의 축소지향 조직개편이 1995년 이후의 조직팽창으로 그 효과를 반감시키는 등 개혁의 지속성이 유지되지 못한 한계를 드러내고 있다.

제 2 절 김대중 행정부(1998~2002)의 행정개혁

1 개혁의 기본 방향

1997년 말 불어닥친 외환위기의 와중에서 출범한 김대중 행정부는 외환위기 극복을 위해 시장 메커니즘을 회복하고 경제 규제를 혁파하기 위한 행정개혁을 추진하지 않을 수 없는 국내·외적 압력에 직면하게 되었다. 김대중 행정부는 '국민의 정부'로 명명되었으며, 'IMF사태'라는 경제위기 상황에서 탄생했다는 점 이외에도 헌정사상 초유의 집권세력 교체가 있었다는 점, 선거과정에서 두 정당의 지지를 받아 공동정부 또는 연합정부라는 요소를 가지고 출범하였다는 점 등에서 이전 정부들과 차별적인 모습을 지니고 있었다(오석홍, 2020: 301－302).

김대중 행정부 개혁의 기본 방향은 1980년대 이후 전 세계에서 본격화되었던 외국의 개혁 사례들을 기초로 설정되었으며, 그 중심에는 '작은 정부', '효율적인 정부'가 자리매김하고 있었다.

2 행정체계의 변화

김대중 행정부는 정부개혁을 추진하기 위해 정부혁신추진위원회, 지방이양추진위원회, 규제개혁위원회, 기획예산처의 정부개혁실, 정책평가위원회, 반부패특별위원회 등 다양한 기구를 설치 · 운영했다. 포괄적 · 체계적으로 개혁을 추진한 국민의 정부는 정부혁신의 영역을 공공부문 구조조정, 운영 시스템 개선, 대민 서비스 개선의 세 부문으로 나누어 광범한 개혁을 추진했다.

'공공부문 구조조정'에서는 정부조직 및 기능의 개편과 인력 감축, 정부기능의 외부위탁, 중앙기능의 지방 이양 등을 추구했다. 그리고 공기업과 정부산하기관의 구조조정 및 경영혁신을 동시에 추진했다.

'운영 시스템 개선'에서는 조직 · 인사 운영 시스템 개선과 재정 운영 체제 개편을 추구했다. '조직 · 인사 운영 시스템 개선'에서는 책임운영기관제도, 개방형 인사제도, 성과와 능력 중심의 인사제도 도입 등을 시도했으며, '재정 운영 체제 개편'에서는 예산편성과 집행과의 연계 강화, 성과주의 예산제도 도입 추진, 복식부기 회계제도 도입 추진, 기금제도 개선, 예산절약 인센티브제도 도입, 예비타당성 제도 도입, 총사업비 관리 강화 등의 개혁 조치를 추진했다.

그리고 대민 서비스 개선 분야는 전자정부 구현과 고객 지향적 행정 구현으로 크게 나누어, 고객 지향적 행정 구현 영역에서는 규제개혁, 민원처리 인터넷 공개 시스템 도입, 증명민원서류 대폭 감축, 준조세 정비, 고객헌장제 도입 등의 개혁 조치를 추진했다.

김대중 행정부의 행정개혁은 전술한 바와 같이 광범위하게 추진되었으며, 국정 운영에 있어서 실제로 많은 변화가 이루어졌다.

김대중 행정부는 출범과 동시에 1998년의 1차 조직개편에서 재정경제부와 예산청의 분리, 기획예산위원회의 신설, 내무부와 총무처의 통 · 폐합(행정자치부 신설), 부총리제 폐지 등을 내용으로 하는 정부조직 개편을 추진했다. 그리고 예산청과 기획위원회의 분리에 따른 문제점이 지적됨에 따라 1999년의 2차 조직개편에서 양 조직을 통합하여 기획예산처를 신설하였다. 1차 및 2차 조직개편에서는 지속적인 인원감축이 이루어졌다. 그러나 2001년 3차 조직개편에서 부총리제와 국정홍보처가 부활하고, 여성부가 신설되는 등 기존의 조직개편과는 다른 양상도 나타났다.

김대중 행정부에서는 특히 분권화 노력이 적극적으로 이루어졌다. 인사행정 측면에서 1999년 중앙인사위원회를 신설하여 공무원 인사의 독립성을 추구하였고, 불필요한 인사규제를 완화함으로써 각 부처 장관의 인사권 확대를 꾀하였다. 재무행정 분야에서도 예산의 이월범위를 확대하고, 계속비대상사업과 총액편성예산사업을 확대하는 등 부처의 재량권을 강화하는 제도 개선이 이루어졌다.

특히 1998년 시행된 정부조직 경영진단 결과를 토대로 1999년의 2차 조직개편안에 민간위탁 대상사업 21건이 반영되는 등, 정부조직 효율화 노력이 강화되었다. 그리고 1999년 '책임운영기관의 설치·운영에 관한 법률' 제정으로 정부조직의 책임운영기관화가 시작되었고, 김대중 행정부에서 책임운영기관으로 전환된 기관은 23개에 이른다.

이외에 성과에 대한 다양한 논의는 있으나, 전술한 개방형 임용제도, 성과주의 예산제도, 복식부기·발생주의 회계의 도입 추진 등도 김대중 행정부의 정부 운영을 효율화하기 위한 행정관리적 측면의 대표적인 개혁 사례로 제시할 수 있다.

김대중 행정부의 개혁 노력은 IMF 경제위기라는 절박한 상황 하에서 추진되었다는 점, 그리고 이미 외국에서 시행되고 있는 개선 사례들을 도입하여 시행하였다는 점, 그리고 과거 정부의 산발적인 개혁 노력들과는 달리 비교적 체계적으로 준비가 되었다는 점 등에서 과거 정부에 비하여 상대적으로 큰 저항 없이 여러 제도들이 도입된 것으로 평가할 수 있다.

그러나 한편으로는 적극적인 개혁 노력이 이루어졌음에도 불구하고, 경쟁을 통해 효율성을 높이고자 한 노력들이 경쟁적 시장이 효과적으로 창출되지 못하여 기대한 효과가 발생하기 어려웠다는 점, 분권화와 성과평가가 실질적으로 이루어지지 못한 점, 대대적인 감축개혁이 부처별 인원을 할당하는 형식으로 이루어진 점 등은 문제점으로 지적될 수 있다(김재훈, 2007: 120－121).

그리고 김대중 행정부는 지나치게 다양한 추진 주체에 기인된 추진력의 분산·약화와 전면적·포괄적 접근에 따른 개혁 피로감의 노정 등으로 당초 기대와는 달리

개혁성과의 한계를 나타냈다고 할 수 있다. 특히 전술한 바와 같이 다른 역대 정부와 마찬가지로 김대중 행정부도 시간이 흐르면서 개혁 의지가 후퇴함으로써 집권 후반기 들어서는 공공부문에서 축소된 인력이 구조조정 이전 상태로 다시 팽창하는 양상을 나타내기도 했다.

한편 김영상 행정부를 거쳐 신공공관리적 입장에서 광범한 개혁을 추진한 김대중 행정부의 개혁에 대해서는 개혁의 한국적 적실성이라는 측면에서 근본적인 문제 제기가 이루어지기도 했다.[1)]

제 3 절 노무현 행정부(2003~2007)의 행정개혁

1 개혁의 기본 방향

2003년 출범한 노무현 행정부는 '참여정부'라는 명칭에 걸맞게 국민 참여와 지방분권 그리고 국가균형 발전이라는 정부혁신 목표를 제시했다.

참여정부의 정부혁신 로드맵은 김대중 행정부가 추구했던 행정개혁의 기본 가치 및 방향과 크게 다르지 않다. 즉, 노무현 행정부는 정부 주도적 통제 위주의 행정 운영과 폐쇄적이고 분절화된 정책관리 시스템을 탈피하여 국민이 참여하는 가운데 탄력적이고 공개적인 행정 시스템을 통해 고품질 행정 서비스를 제공함으로써 국민 신

1) 우선 정부규모 축소를 주요 수단으로 하는 '작은 정부론'은 한국적 상황과 발전단계를 고려하지 않은 서구중심적 처방이라는 것이다. 서구 제국에서 1970~80년대 경제 위기의 원인을 과도한 공공복지 프로그램에서 찾고 정부부문 감축을 대안으로 선택하였으나, 1990년대 이후 우리나라의 상황은 이와 다르다는 것이며 '잘못된 문제 정의'의 예로 지적되기도 했다. 아울러 성과문화 측면의 문제점도 제기되었다. 효율적 정부의 목적은 정부운영에 경쟁계약에 입각한 성과주의를 도입함으로써 운영체계의 합리화를 모색하는 것이고, 김대중 행정부에서는 대표적 성과관리기법으로서 책임운영기관제도, 성과급제도, 개방형직위제도 등을 도입한 바 있다. 그러나 계층제적 질서, 연공서열, 집단주의 등을 중심으로 하는 우리나라 관료문화의 특성상 신관리주의적 성과관리제도들이 효과적으로 시행되기는 어려웠다는 것이다(한종희, 2005: 162-166).

뢰를 회복하여, 효율적인 행정, 봉사하는 행정, 투명한 행정, 함께하는 행정, 깨끗한 행정의 구축을 지향하는 정부혁신 목표를 내세웠다.

그러나 과거 정부에 비하여 '작은 정부'를 덜 강조하였으며, '신뢰받는 정부', '일 잘하는 정부'를 보다 강조했다는 점에서 차별성을 갖는다. 그리고 과거의 정부들이 조직구조와 인력에 초점을 맞춘 구조적 접근방법 중심의 개혁을 추진한 데 비하여, 노무현 행정부에서는 시스템과 문화에 더욱 초점을 맞추었다는 점에서 과정적 접근방법과 행태적 접근방법이 보다 강조되었다고 할 수 있다.

노무현 행정부는 2003년 정부혁신지방분권위원회를 설치하고,[2] 단계별 전략과 일정 등을 담은 개혁 로드맵을 발표하였으며, 이를 중심으로 개혁을 추진했다. 이 로드맵에서는 정부혁신 영역을 행정 개혁, 분권 개혁, 재정세제 개혁, 인사제도 개혁 및 전자정부 구축으로 나누어 설정하였다.

2 행정체계의 변화

당시의 분야별 로드맵에서 제시되어 추진된 주요 개혁 어젠다는 다음과 같다.

'행정 개혁' 분야에서는 성과 중심의 행정 시스템 구축, 정부기능과 조직의 재설계, 행정 서비스 전달 체계 개선, 고객 지향적 민원제도 개선, 행정의 개방성 강화, 행정행위의 투명성 제고, 시민사회와 협치 강화, 공익활동 적극 지원, 공직부패에 대한 체계적 대응, 공직윤리의식 함양 등 10개의 어젠다를 내세우고 각기 구체적 개혁을 추진했다.

'재정세제 개혁' 분야에서는 재정분권 추진, 세제・세정 합리화, 지출효율성 제고, 재정투명성 제고, 재정건전성 견지 등 5대 목표를 설정하고 15개 개혁 과제를 선정했다. '분권 개혁' 분야에서는 재정분권 추진, 주민과 함께 하는 가까운 정부, 아래로부터 지속적인 자기혁신이 가능한 정부, 지방의 책임성과 다양성이 존중되는 사회, 자

2) 그러나 개혁 추진기관이 정부혁신지방분권위원회에 한정된 것은 아니었으며, 청와대 혁신비서관실, 행정자치부 정부혁신본부, 각 부처 혁신기획관, 각 지자체의 혁신분권담당관 등 다양한 추진기관이 존재한다는 점이 노무현 행정부 개혁의 특징이기도 하다.

율과 책임·공동체정신을 바탕으로 한 사회 등 4대 목표를 설정하고 7대 분야 20개 과제를 선정하여 추진했다.

'인사제도 개혁' 분야에서는 국가 인사기능 통합과 자율·분권화, 탄력적 인사관리 체제 구축, 투명 공정한 선발 시스템 구축, 차별 없는 균형적 인재 등용, 공직경쟁력 강화를 위한 임용제도 다양화, 전문성을 강화하는 경력개발 체제 구축 등 6개의 개혁 어젠다를 선정하여 추진했다. '전자정부 구축' 분야에서는 대민 서비스 수준의 획기적 제고, 행정효율성 극대화, 행정의 민주성 제고 등 3대 목표를 설정하고, 10개 어젠다, 31개 과제를 선정하여 추진했다.

노무현 행정부에서도 다양한 조직개편과 제도 변화가 이루어졌다(신윤창, 2011: 247－248). 행정조직 측면에서는 법제처와 국가보훈처가 장관급으로 격상되었으며, 소방방재청과 방위사업청이 신설되었다. 과학기술부 장관이 부총리로 격상되었으며, 재정경제부, 외교통상부, 행정자치부, 산업자원부 등 4개 부처에 복수차관제가 도입되었다. 여성부가 여성가족부로 확대개편된 것도 이 시기이다.

그리고 자유와 분권, 책임과 성과를 지향하는 개혁방향에 따라 재정 측면에서는 사업별 예산제도를 도입하였다. 사업 예산은 기획예산처가 부처와 협의하여 조정하되, 단위 사업 예산은 부처가 자율적으로 편성하도록 함으로써 집행과정에서의 자율성도 제고하였다.

공무원 인사 제도에도 많은 변화가 이루어졌으며, 특히 고위공무원단제도의 신설은 큰 변화를 가져왔다. 이 제도는 외국의 행정개혁에서도 논의된 바와 같이, 이미 여러 나라에서 사용되고 있는 제도로서 경쟁과 충원의 다변화를 통하여 범정부적 차원에서 인재를 활용하고, 직무와 성과를 중심으로 한 인사관리를 통하여 정부의 역량을 강화하기 위한 방안으로 2005년 12월 국가공무원법 개정을 통하여 도입되었다.

아울러 '차별 없는 균형적 인재 등용'을 특히 강조하였으며, 여성 공무원 5급 이상 진출 확대, 과학기술직 공무원 우대, 장애인 고용 확대, 정무직 지역 균형, 지방 출신의 임용 활성화 등의 혁신 과제가 적극적으로 추진됐다.

노무현 행정부에서 추진한 행정개혁 중 가장 중점을 둔 분야 가운데 하나는 지방분권이었다. 중앙정부의 정책결정 및 집행 권한과 재정 권한을 가능한 한 지방정부로 이양한다는 기본 틀에서 참여정부는 '선 분권 후 보완'의 원칙을 지향했다. 노무현 행정부는 이전의 지방분권 작업과는 달리 지역 차이와 여건을 고려한 차등 이양, 자치제도의 다양화, 권한과 재원의 연계 및 기능 중심의 일괄 이양, 자치단체의 역량 제고와 책임성 확보, 지역주민의 적극적 참여 등을 강조했다.

노무현 행정부 행정개혁의 특징을 살펴보면, 먼저 행정조직에 대한 일괄적이고 종합적인 방식이 아닌 부분적이고 점증적인 방식의 개편을 시도한 점을 들 수 있다. 역대 정부가 정부조직 전체에 대한 종합적인 구조개편을 통해 부처 간 통합 및 신설 등 부처 개편을 추진한 데 비해 참여정부는 기능별, 분야별로 기능 조정을 통한 부처 간 기능 조정을 시도했다는 점에서 특징을 찾을 수 있다.

그리고 노무현 행정부는 정부혁신지방분권위원회의 분과별 전문위원회를 중심으로 행정개혁을 추진했다는 점과, 분야별 개혁의 로드맵(road map)을 설정해 이를 단계별로 실천했다는 점, 그리고 전문위원회별로 개혁 이슈가 형성되고 집행되는 지시적 관리 방식을 채택했다는 점 등을 행정개혁의 특징으로 지적할 수 있다(권해수, 2005).

이러한 특징들로 인하여 노무현 행정부는 '장기적·상시적 개혁', '실천과 사례', '학습과 교육'을 강조하는 소프트웨어적인 개혁 전략을 추진한 것으로 평가할 수 있다. 이러한 개혁 전략은 과거의 행정개혁이 조직의 신설 또는 폐지 중심으로 이루어졌다는 반성에서 나온 것으로 볼 수 있으며, '일 잘하고 봉사하는 정부'를 위하여 '규모 감축'보다는 '적정 규모'를 강조한 것으로 보는 견해도 있다. 그러나 그 결과 조직의 규모는 더욱 커졌고 이 부분에 대한 비판적 논의가 이루어지기도 했다(신윤창, 2011: 248-249).

노무현 행정부의 정부혁신 정책에 대해 일부 비판적 논자들은 '올바른 목표-그릇된 수단(right goal, wrong method)'이라는 경구를 통해, 개혁 목표 달성을 위한 구체적 전략의 결여에 대한 아쉬움을 나타냈다.[3]

---

3) 권해수는 참여정부 행정개혁에 대해 다음과 같은 비판적 관점을 밝히고 있다(권해수, 2005). (1) 명확한 비전의 결여, (2) 객관적이고 과학적인 분석이 뒷받침되지 않은 행정부처 개편 과정의 자의성, (3) 과다하게 설치된 대통령위원회 및 국무총리 소속 위원회의 기능 중복 및 위원 구성의 편향성 문제, (4) 위원회의 과다 설립에 따른 옥상옥(屋上屋) 행정구조, (5) 혁신만능주의와 혁신 관

제 4 절 이명박 행정부(2008~2012)의 행정개혁

1 개혁의 기본 방향

경기 침체가 지속되는 가운데 이명박 행정부는 2008년 경제 활성화의 기대를 받으며 출범했다. 이명박 행정부는 장기적인 비전을 '선진일류국가'로 설정했고, 구체적인 내용으로 '잘사는 국민', '따뜻한 사회', '강한 나라'를 제시했다. 그리고 선진일류국가 구현을 위한 국정목표로 '섬기는 정부', '활기찬 시장경제', '능동적 복지', '인재대국', '성숙한 세계국가'의 5대 국정지표와 21대 전략목표를 설정했다.

이명박 행정부의 국정기조는 출범 초기 '창조적 실용주의'를 천명하였고, 이후 국정운영 과정에서 '저탄소 녹색성장', '공정한 사회', '공생발전'이 추가적으로 제시됐다(황혜신, 2013: 347－348).

이명박 행정부에서는 행정개혁이나 조직개혁을 전면적으로 추진하지는 않았으며, 개혁전담기구를 구성하여 개혁을 추진하였던 과거 정부와 달리, 개혁 주체보다는 녹색성장, 미래기획, 국가경쟁력 등 행정보다 더 큰 범위에서의 변화를 추구하였다. 정부조직개혁이나 행정제도의 개혁에 관한 논의들은 행정안전부가 추진하는 다양한 업무의 일부로 추진했다.

2 행정체계의 변화

작지만 유능한 정부, 유능하고 창의적인 정부를 국정과제로 제시한 이명박 행정부는 공무원, 조직, 예산 모두를 축소하는 개혁을 지향했다. 당초 인수위원회의 안이 다소 완화되기는 하였으나, 출범 전 18부 4처 18청 4실의 중앙정부 조직을 15부 2처 18

련 기구의 급속한 팽창, (6) 인력 풀의 한계 등으로 인한 인사개혁의 한계, (7) 유명무실한 공직자윤리법 개정 등 부패 및 규제개혁의 한계, (8) 확산되지 못한 개혁 프로그램, (9) 과잉 참여집단과 과소 참여집단의 이원화 등 참여 부족.

청으로 축소하는 정부조직개편을 추진했고, 이전 정부의 위원회도 대폭 축소했다. 이 조직개편은 부처 통·폐합과 부처 기능조정 등을 통한 조직개편이었으며, 이로 인하여 대부처 현상이 나타났고, 행정안전부와 지식경제부의 기능이 대폭 확장됐다(황혜신, 2013: 349－350).

이명박 행정부 조직개편에서는 부처 통합이 다수 이루어졌다는 점이 특징적이다. 이전 정부의 과학기술부 부총리제를 폐지했고, 교육부와 과학기술부를 통합하여 교육과학기술부를 신설했다. 문화관광부와 국정홍보처 및 정보통신부의 일부 기능을 합쳐 문화체육관광부를 신설했고, 재정경제부와 기획예산처를 통합하여 기획재정부를 신설했다. 또 출범 당시 가족 기능을 여성가족부에서 복지부로 이관하여 보건복지가족부를 신설하였다. 건설교통부와 해양수산부를 통합하여 국토해양부를, 농림부와 해양수산부 일부 기능을 통합하여 농림수산식품부를, 정보통신부를 폐지하고 그 기능과 산업자원부의 기능을 통합하여 지식경제부를 신설하였다. 대폭적인 조직개편 이후 조직의 기본틀을 유지하였다는 점도 이전 정부와 차별화되는 점이다.[4)]

행정관리체계와 관련하여서는 새로운 제도를 도입하기보다는 기존 제도를 수정 및 강화하는 조치들을 취했다. 우선 인사자율권 확대와 성과관리를 강화했다. 그리고 지역인재추천임용제의 선발인원을 늘렸으며, 고등학교 졸업자를 대상으로 하는 공무원 채용을 늘리고, 9급 공채시험의 과목을 고등학교 교과목 중심으로 개편하는 등 대표관료제를 추구하는 인사조치들을 보강하였다. 개방형 직위를 과장급까지 확대하고, 민간경력자 5급 채용 인원을 늘리는 등 공무원임용구조의 개방화·교류형화를 확대했으며, 유동정원제와 유연근무제를 도입하여 인력운영의 탄력성을 제고하였다(오석홍, 2020: 340－345).

전술한 바와 같이 이명박 행정부의 개혁은 노무현 행정부에서 강조했던 상시적인 시스템과 조직문화 중심의 개혁보다는 김영삼 행정부나 김대중 행정부와 유사하게 일회적인 성격의 조직개편 및 인력감축에 초점을 둔 개혁으로 평가할 수 있다.

4) 이후 청소년과 가족 업무가 다시 여성부로 이관되어, 여성가족부가 되고, 노동부가 고용노동부로 개편되었으며, 원자력안전위원회가 신설되는 정도의 조직개편이 있었다.

그리고 이명박 행정부 조직개편에서 과거 정부와 달리 강조되었던 것은 대부처주의와 부처융합관리의 적용이었다. 전술한 바와 같이 작은 정부를 목표로 여러 부처를 하나의 대부처로 통합하고 기능을 재편했다. 이후 통합된 부처 내의 융합을 강조했으며, 융합관리 매뉴얼 등을 발간하여 대부처로 통합된 부처들의 화학적 통합을 강조했다.

이러한 개혁의 결과 과거 정부보다 조직의 수는 줄었고, 공무원의 수는 집권 하반기에 소폭 증가하였으나 과거 정부보다는 상대적으로 적은 증가를 보였다. 그러나 정권 기간 동안 국정기조가 여러 번 변하는 등 일관된 개혁이 추진되었다고 보기 어려운 측면이 있다. 그리고 다양한 행정제도들이 변화하였으나, 대부처 지향의 조직개편을 제외하면 제도의 신설보다는 전반적인 보완 측면이 강했던 것으로 볼 수 있다.

제 5 절 박근혜 행정부(2013~2017)의 행정개혁

1 개혁의 기본 방향

2013년 출범한 박근혜 행정부는 경제부흥, 국민행복, 문화융성, 평화통일 기반구축을 4대 국정기조로 설정하였고, 이를 14대 추진전략과 개별 국정과제로 구체화하였다. 특히 박근혜 행정부는 행정개혁을 위한 새로운 국정 어젠다로 '정부 3.0'을 지향하였다. 당시 정부 3.0은 '공공정보를 적극 개방·공유하고, 부처 간 칸막이를 없애고 소통·협력함으로써 국정과제에 대한 추진동력을 확보하고 국민 맞춤형 서비스를 제공함과 동시에 일자리 창출과 창조경제를 지원하는 새로운 정부운영 패러다임'으로 규정됐다.5)

5) 이러한 개념이 대두된 주요 변인으로서는 웹의 진화와 빅데이터의 등장과 같은 정보통신 환경의 변화, 세계화 3.0과 자본주의 4.0의 대두, 신공공관리론의 수직적 효율성 강조로 인한 수평적 효율성 하락을 보완하려는 후기 신공공관리 모형(post–NPM initiative)의 등장 등이 논의된 바 있다(우

정부 3.0은 3대 전략 및 10대 중점 추진과제로 구성됐다(이영, 2013: 369−372; 방민석, 2013: 141−142). 정부 3.0의 첫 번째 추진 전략은 '소통하는 투명한 정부'로서, 국민의 공공정보 접근성이 제약받고, 공공데이터의 민간 활용이 미흡하며, 궁극적으로 국민의 국정참여가 미흡한 상황을 개선한다는 것이었다. 두 번째 추진전략은 '일 잘하는 유능한 정부'로서, 부처 중심의 칸막이 행정, 정부지식의 개별적·단편적 축적·활용, 그리고 다양한 정책정보의 통합 활용 미흡 등의 문제점을 개선한다는 것이었다. 세 번째 추진전략은 '국민 중심의 서비스 정부'로서, 행정서비스별로 개별적으로 신청 및 제공되고 있고, 취약계층에 대한 행정서비스가 미흡하여 정보기술과 행정서비스 간의 괴리 현상이 나타나고 있는 점을 개선한다는 것이었다.

2 행정체계의 변화

박근혜 행정부는 출범 이후 정부조직법 개정으로 기존의 15부 2처 8청 조직을 17부 3처 7청 조직으로 개편했다. 미래창조과학부와 해양수산부가 신설되고, 식품의약품안전청은 처로 승격되었다. 그리고 기획재정부는 부총리급으로 격상됐다. 이외에 기능조정을 통하여 기존 부처들이 산업통상자원부, 외교부, 농림축산식품부, 국토교통부, 안전행정부 등으로 명칭이 바뀌었다. 특임장관과 과학기술위원회는 폐지됐다(오석홍, 2020: 362−363).

한편 2014년 세월호 참사 이후 단행된 조직개편에서는 국무총리 소속으로 국민안전처를 신설하고 각 부처에 분산되어 있던 재난관리기능을 통합하여 관장하게 하였으며, 이 과정에서 해양경찰청은 폐지되었다.[6] 아울러 국무총리 소속으로 인사혁신처를 설치하여 공무원의 인사, 윤리, 복무에 관한 기능을 수행하도록 하였다. 이 과정에서 안전행정부는 행정자치부로 개편됐다.

행정제도의 변화는 전술한 정부 3.0의 구체적인 추진전략에서 찾아볼 수 있는데, 첫

윤석, 2013: 22−28).

6) 그러나 후술하는 바와 같이 이후 문재인 행정부에서 국민안전처를 다시 행정안전부로 통합시키면서, 해양경찰청은 해양수산부 산하 외청으로 환원됐다.

번째 추진 전략인 '소통하는 투명한 정부'와 관련하여, 정보공개 확대를 위하여 '원문정보공개시스템', '공공데이터포털 구축', '온·오프 라인의 민관 협업 공간 구축' 등이 추진됐다. 두 번째 추진전략인 '일 잘하는 유능한 정부'와 관련하여 정부 내 소통·협업 활성화, 정보시스템을 통한 지식기반 행정을 도입 등을 위하여 '부처간 협업과제 지원'과 '정부통합의사소통시스템과 클라우딩 컴퓨팅 환경 구축' 등이 추진됐다. 세 번째 추진전략인 '국민 중심의 서비스 정부'와 관련하여, 생애주기별 맞춤형 서비스로의 전환과 접근성 제고를 위하여 '통합생활민원정보 제공', '행정서비스 맵의 제작·활용', '생활밀착형 신규서비스 창출' 등이 추진됐다.[7]

이외에 박근혜 행정부에서는 규제개혁을 우선순위가 높은 행정개혁과제로 채택하였으며, '규제정비종합계획'을 수립하고, 규제개혁위원회와 민관합동규제개선추진단을 중심으로 강도 높게 추진했다.

박근혜 행정부 개혁의 중심 전략인 정부 3.0은 다음과 같은 특징을 가지고 있다. 우선 단일 부서/기관의 업무 수행보다는 복수 부서/기관의 협력적 업무 수행 유도를 통하여 국정운영의 효과성을 제고하겠다는 점을 강조했다. 이 부분은 이명박 행정부에서 추진했던 부처융합관리와 유사한 측면을 지닌다.

그리고 전반적인 국정운영에 있어서 국민의 참여를 활성화하고, 국민의 정부에 대한 접근성 제고를 특히 강조하였다. 이 부분도 참여를 강조했던 과거 정부들에서 이미 많은 논의가 이루어진 바 있다. 다만, 정부 3.0의 추진에 있어서 정보통신기술의 활용을 특히 강조하였다는 점에서 다소 차이를 보인다.

대통령 탄핵으로 단축된 박근혜 행정부의 정권 기간은 4년 정도였으나, '촛불 민심'으로 촉발된 탄핵정국이 시작된 시점을 고려하면 실질적으로 개혁을 추진할 수 있는 기간은 그보다 훨씬 짧았다. 개혁을 정상적으로 추진하고, 효과적인 개혁성과를 이루어 내기에는 힘든 상황이었다.

---

7) 정부 3.0의 성격에 대해서는 전자정부의 연장이라고 보는 견해가 많으나, 당시 정부에서는 전자정부 모형을 한 단계 업그레이드한 모형으로서, 정부가 추진해왔던 전자정부사업에 새로운 역점을 추가하고 역점 간의 비중을 변동시킨 개혁모형으로 해석한 것으로 보인다(오석홍, 2020: 367).

제 6 절 문재인 행정부(2017~2022)의 행정개혁

1 개혁의 기본 방향

문재인 행정부는 대통령 탄핵으로 인한 보궐선거를 통하여 2017년 5월 출범하였다. 정상적인 경우 전임 대통령의 임기 만료를 앞둔 상황에서 선거가 실시되고, 차기 대통령은 대통령직인수위원회를 구성하여 차기 정부의 계획을 준비하는 과정을 거치게 되나, 대통령이 궐위된 상태였기 때문에 선거와 대통령 취임이 급하게 진행되었다. 따라서 충분한 준비는 어려웠으나, '촛불민심'에 이은 탄핵을 거쳐 탄생한 정부라는 점에서 개혁을 희망하는 강도는 오히려 강했다고 할 수 있다.

문재인 행정부에서는 대통령 취임 직후인 2017년 5월 국정기획자문위원회가 설치됐다. 이 위원회는 대통령직인수위원회와 유사한 역할을 수행하였으며, 2017년 7월 '문재인정부 국정운영 5개년 계획'을 발표하였다. 국정운영 5개년 계획의 체계는 국가비전, 5대 국정목표, 20대 국정전략, 100대 국정과제, 487개 실천과제의 순서로 구성되었다. 이 계획의 국가비전은 '국민의 나라 정의로운 대한민국'이었으며, (1) 국민이 주인인 정부, (2) 더불어 잘사는 경제, (3) 내 삶을 책임지는 국가, (4) 고르게 발전하는 지역, (5) 평화와 번영의 한반도 등이 5대 국정목표로 제시되었다(오석홍, 2020: 381－384).

이어서 2018년 3월에는 '정부혁신 종합추진계획'을 발표하였다. 이 계획은 전술한 첫 번째 국정목표인 '국민이 주인인 정부'를 비전으로 제시하고 있으며, 이를 구현하기 위한 목표로 '참여와 신뢰를 통한 공공성 회복'을 제시했다. 이를 실천하기 위하여 사회적 가치 구현, 참여와 협력, 신뢰받는 정부를 3대 전략으로 설정했으며, 7대 핵심과제로 재정혁신, 인사・조직・성과평가, 국민의 정책참여, 열린 정부, 협력하는 정부, 공정하고 깨끗한 공직사회, 국민 중심 행정혁신 등을 제시했다(신열, 2019: 53). 그리고 혁신을 추진함에 있어서 전반적인 가치 기준으로 '사회적 가치'를 특별히 강조했다.[8]

2 행정체계의 변화

문재인 행정부는 출범 이후 정부조직법 개정을 통하여 중소벤처기업부, 소방청, 해양경찰청을 신설하였다. 미래창조과학부는 과학기술정보통신부로 개편되었으며, 행정자치부와 국민안전처는 통합되어 행정안전부로 개편되었다. 그리고 과학기술혁신본부, 통상교섭본부, 재난안전관리본부 등 업무전문성 강화를 위한 차관급 기구 세 개가 신설되었으며, 국가보훈처는 다시 장관급으로 격상되었다.

문재인 정부 출범 초기부터 지속적으로 부각된 정부시책은 '적폐청산'이었다. 이와 관련하여 이미 출범 전 대선 공약으로 '공직배제 5대 원칙'이 발표된 바 있었으며, 출범 이후 '7대 비리관련 고위공직 후보자 인사검증 기준'이 발표됐다. 이후 관련 법률 제정을 거쳐 2021년 1월 고위공직자범죄수사처(공수처)가 설치되었다(오석홍, 2020: 389-390).

과거정부와 대비되는 문재인 행정부 혁신의 특징은 개혁을 국민참여의 행태로 추진했다는 점과 민관협력 차원에서 정부혁신 민관협의체인 정부혁신추진협의회가 주도했다는 점을 들 수 있다. 과거의 정부개혁이 정부 주도의 하향식 중심이었다면, 문재인 행정부의 경우에는 하향식과 상향식을 병행하여 추진하였으며, 일부는 국민 주도로 추진되고, 그 성과도 국민의 체감과 국민의 신뢰와 공공성 확보라는 측면에서 확인하려 했다는 점이 강조된다(신열, 2019: 53).

한편 전술한 공수처 설치와 부동산정책 등의 관련 제도 변화 과정에서 국민들 간에 극심한 의견대립을 가져왔고, 이러한 대립의 격화는 원활하고 안정적인 국정 운영이라는 측면에서 우려를 던져주기도 했다.

---

8) 사회적 가치는 '사회, 경제, 환경, 문화 등 모든 영역에서 공공의 이익과 공동체의 발전에 기여할 수 있는 가치', 또는 '한 지역(사회)의 경제적, 사회적, 환경적 복리'를 지칭하는 개념으로, 사회적 기본권을 보장하는 헌법적 가치로서 사회의 건전한 발전을 지향하는 개념으로 제시됐다(이용건, 2018: 15).

제 7 부

한국 행정개혁의 성찰과 미래 행정의 모색

제17장

행정개혁의 방향과 관료제

1980년대를 기점으로 각국에서는 강도 높은 개혁을 시도하여 왔다. 이러한 개혁은 기본적으로 관료제에 대한 비판에서 시작되었으며, 다양한 이론과 사례들이 축적되면서 개혁의 방향성이 정립되고 있다. 그러나 한편으로는 이러한 개혁 내용들을 관료제에 어떻게 원활하게 접목시킬 수 있는가가 여전히 과제로 남아 있다.

이하에서는 지금까지 논의되어 온 대안적 국정 운영 모형의 기본적인 내용들을 다시 한 번 정리하고, 이러한 내용들이 관료제에 적용되기 위한 전제조건, 또는 문제점들을 고찰하고자 한다.

제1절 대안적 국정 운영 모형의 방향

각국 정부에서 추진하는 행정개혁은 전통적 관료제의 역기능과 병리 현상을 제거하는 데 초점을 두고 있다. 관료제의 역기능과 병리 현상으로는 형식주의와 번문욕례(red-tape), 무사안일주의, 할거주의(sectionalism), 변화에 대한 저항, 과잉동조(over-conformity), 전문화로 인한 무능(trained incapacity), 상관의 권위에 의존, 목표와 수단의 전도 현상 등을 들 수 있다.

오늘날 정부 관료제는 국민 전체를 위해 공익을 추구하기보다 관료집단의 제도적 이익을 추구하는 하나의 이익집단으로 기능하며, 관료제 조직의 각종 규칙과 규정은 국가경쟁력과 국가발전을 저해하는 장애로 기능한다는 극단적 비판까지 대두되고 있는 실정이다.

여러 학자가 지적하는 공공부문 저생산의 원인은 크게 두 가지로 나누어 볼 수 있다. 하나는 공공부문의 고유한 성격에 기인하는 원인이며, 다른 하나는 관료제 조직의 설계 원리와 관리 방식에서 원인을 찾아볼 수 있다.

공공부문의 고유한 특성으로는 공공부문의 독점성, 복합적 목표의 추구와 산출물 측정의 어려움, 정치·사회적 환경과의 관계 등을 지적할 수 있다. 공공부문에는 독점성이라는 그 본질적 특성으로 인해 시장 원리의 적용에 한계가 있다. 독점에 따른 경쟁의 부재로 생산성이 저하되고, 관료제 조직의 영구성·폐쇄성·배타성이 공무원들의 무사안일과 보신주의, 그리고 집단이기주의를 부추기게 된다는 것이다.

관료제의 비판자들은 조직의 능률성을 확보하기 위해 도입된 분업·계층화의 원리, 규칙·절차·명령에 기반한 관리와 통제, 서비스의 규격화와 표준화 등 관료제 조직의 여러 설계 원리와 관리 방식이 오히려 능률성을 저해하는 요인이 된다고 지적한다. 즉 계층적 권한에 기반한 통제 중심의 관리 방식은 구성원들의 창의력과 동기를 억제함으로써 생산성을 저하시킨다는 것이다.

전통적 관료제는 공공재의 독점적 생산·공급을 지향하고, 공급자 중심의 행정을 추구하며, 정부의 규제와 기획 기능을 강조하는 특성을 지닌다. 대안적 국정 운영 모형들은 이러한 문제점을 개선하기 위해 공공 서비스의 경쟁적 공급과 공공부문의 축소를 권고하고, 그 대안으로 민영화·민간화·계약·외부 조달 등의 방법을 제시한다. 또한 공급자 중심의 행정 편의적 행정보다는 수요자 중심의 행정을 지향할 것을 주창하고, 민간부문의 창의력과 에너지가 활성화될 수 있도록 정부의 각종 규제를 완화할 것을 강조한다.

그리고 조직구조상의 특징을 살펴보면 전통적 관료제 조직은 조직구조의 항구성을 지향하고, 분업과 계층제를 설계의 기본 원리로 하여 집권화를 추구하며, 조직의 대규모화를 처방한다. 이에 반해 대안적 모형들은 비항구적・유기적・비계층적 조직 구조를 처방하고, 분업화보다는 집단적 업무 처리를 중시하며, 하급 구성원과 고객에게 권한을 위양하여 이들의 잠재력과 아이디어를 정책 과정에 투입하고, 조직을 기능에 따라 소규모로 분절화할 것을 주창한다.

또한 조직의 관리 방식과 관련하여 전통적 관료제는 통제(control)를 중시하고 투입・과정・규칙 중심의 관리를 지향하며, 종신고용과 상근(full-time) 직원 중심의 관리 체제, 폐쇄형 인사제도, 연공서열 중시, 강력한 신분 보장, 고정임금제 등의 비경쟁적 인사관리 체제를 지향하는 것으로 특징지을 수 있다. 이에 반해 탈관료제 모형들은 통제보다는 하급 구성원들에게 권한을 부여하고(empowering) 산출 중심의 관리를 지향하며, 임시직 충원을 확대하고 개방형 인사제도를 지향하며, 연공서열보다는 능력과 성과를 중시하고 성과급제와 같은 변동임금제를 처방하는 경쟁적 인사관리제도를 선호한다. 또한 관료제의 대안적 모형들은 정책 형성에서 관료들의 주도적 역할을 인정하고, 관료들을 통제하기보다 그들에게 권한을 위양하고 자율성을 부여할 것을 제안한다.

<표 17-1>은 전통적 관료제의 병리 현상을 제거하기 위해 여러 대안적 관료제 모형에서 제시하는 행정개혁의 대상 영역과 개혁의 방향을 나타낸 것이다.

인간이 고안한 어떠한 사회적 제도도 진선진미하다고 할 수 없다. 19세기 후반 미국에서 '악의 상징'으로 지탄받은 엽관주의도 그것을 미국 사회의 본격적 정치의제로 제기한 1829년 당시의 잭슨(Andrew Jackson) 대통령은 대단한 개혁주의자로 칭송받았다. 정부혁신의 내용과 기법은 결국 시대 상황에 따라 탈관료제의 원리를 제도화하거나 또는 거꾸로 관료제의 조직 원리를 처방하는 것이라고 할 수 있다. 앞서 밝혔듯이, 각 정부가 추구한 행정개혁의 여러 접근법은 이미 알려져 있는 여러 처방 가운데 강조점을 달리하거나 꾸러미의 내용을 달리하여 특정 이론 모형으로 포장한 것이라 할 수 있다.

〈표 17-1〉 행정개혁의 대상 영역과 방향

행정개혁의 대상 영역		개혁의 방향
이념 및 정책 지향의 변혁	이념 및 국정기조의 변화	– 자유주의 ↔ 간섭주의(interventionism) – 시장경제 체제 ↔ 정부 주도 경제 체제 · 규제 완화 · 시장 메커니즘 강조 등 – 감축관리 지향 ↔ 복지정책 지향
행정환경과의 관계 재설정	뉴거버넌스 지향	– 시민사회와 정부의 관계 재설정 – 정책공동체의 활성화 – 공공부문의 축소 및 공공 서비스의 경쟁적 공급
	대민 서비스 개선	– 수요자 중심 행정의 구현 및 대민 서비스 수준 제고 · 시민헌장제, one-stop service 제도 도입 등 – 행정정보에 대한 접근성 제고 및 투명성 강화
내부 관리 시스템의 혁신	조직관리 혁신	– 조직구조, 기능 및 인력의 재조정 • 조직개편 및 기능 재조정 • 비항구적 · 유기적 · 비계층적 구조로의 전환 – 업무 과정의 재설계 • 분권화, 전자정부 구축 등 – 평가 시스템의 구축 및 성과관리 체제 도입 • 산출 중심의 관리 – 관료에 대한 통제의 이완과 재량권 부여
	인사제도 개혁	– 경쟁적 인사관리 – 신분 보장의 약화 및 개방형 인사제도 • 임시직 충원 확대 – 능력 · 성과 중시 • 성과급제 도입 – 행태 및 가치관의 변혁 • 공익에의 봉사, 창의성, 쇄신성, 적극성 제고
	재무관리 개선	– 재정의 효율성 제고 – 재정의 투명성 제고 – 재정의 건전성 확보

출처: 이종수(2002: 86). 〈표 3-1〉 '관료적 패러다임의 대안적 거버넌스 모형의 특징'의 내용을 일부 수정.

제 2 절 관료제를 위한 변명

20세기 후반기 이후, 전통적 정부관료제는 본질적으로 비능률적이며 비민주적이라는 반관료제 정서(antibureaucratic sentiment)가 보편화되고 있다. 카우프먼(Kaufman, 1981)은 이를 '만연하고 있는 전염병(raging pandemic)'에 비유하고 있을 정도다. 그러나 관료제는 지난 세기의 산업사회에서 아주 효율적인 조직 구성의 원리로 사회 각 분야에 걸쳐 막대한 영향력을 행사했을 뿐 아니라, 오늘날의 탈산업화 사회에서도 법집행 부서 등 적지 않은 정부조직과 군대조직 그리고 일상기술을 사용하는 대규모 조직 등 특정 분야에서는 아직도 유효한 조직 원리로 채택되고 있다.

밀워드와 레이니(Milward & Rainey, 1983)는 미국의 관료제가 비능률적이거나 권력적인 것이 아니라 사기업에 못지않게, 오히려 그보다 더 능률적이며 합리적으로 운영되고 있다고 주장하며, 굿셀(Goodsell, 1985) 또한 관료제를 적극적으로 옹호하고 있다. 이러한 일련의 관점들이 블랙스버그 선언(Blacksburg Manifesto)이라는 하나의 학문적 운동으로 표출되었다. 이들은 1960년~1970년대에 걸쳐 미국 사회에 만연했던 반관료제적 어조를 비판하며 관료제가 위상을 회복하고 행정이 정당성(legitimacy)을 인정받을 수 있는 방안들을 제시했다.[1)]

또한 대안적 국정 운영 모형 가운데 일부 저통제정부 모형(deregulated government model)의 주창자들은 전통적 관료제 구조가 수용 가능할 뿐만 아니라 일부 조직환경에서는 효과적일 수 있다고까지 주장한다. 즉, 산업사회의 대량생산 조직, 경찰, 군대 등 법집행 부서에서는 관료제 구조와 관리 방식이 분명 능률적일 수 있다는 것이다.[2)]

---

1) 이들은 관료들에 대한 사회적 비판의 주요한 원인 중 하나는 민간부문에 비해 공공부문이 상대적으로 비효율적이라는 믿음에 있으나, 이러한 주장이 근거 없는 것임을 다음과 같이 설명하고 있다. 즉, 관료제의 고객들 대부분이 서비스와 처우에 흡족해하고 있으며, 공공부문의 생산성이 민간부문보다 낮다는 점을 입증할 명백한 근거는 없고 오히려 전체적으로는 생산성이 더 높으며, 변화에 대한 저항이 공공부문의 속성이라는 주장 또한 더 이상 적절하지 않고, 낭비와 비효율이 민간부문보다 공공부문에 팽배해 있다는 주장도 더 이상 적절치 않다는 등의 주장을 펴고 있다(Wamsley et al., 1987: 297).

2) 물론 정치적 우익 성향을 지닌 일부 주창자들은 시장모형(market model)이 국방 분야이든 사회적

이러한 관점에서 본다면 관료제의 조직설계가 본질적으로 비능률적이라고 하는 명제는 받아들일 수 없을 것이다.

그리고 공공부문도 관리가 얼마나 철저하게 이루어지느냐에 따라 민간부문보다 더 효율적일 수 있다는 주장도 제기되고 있다. 즉, 일반적으로는 민간부문의 생산성이 공공부문의 생산성보다 높다는 실증적 연구가 많으나, 이와 반대되는 결과를 밝힌 분석도 있다. 미국 몬태나 주에서는 쓰레기 및 오물 수거를 지방정부에서 직접 수행하기도 하고 민간기업에 위탁하기도 했는데, 한 실증적 분석은 지방정부에서 직접 수행하는 것이 민간기업의 경우보다 효율성과 생산성이 높다는 사실을 밝히고 있다(최광 · 이창환, 1997: 68−71). 이러한 관점에서 본다면, 공공부문의 효율성 여부는 관료제 구조의 본질적 특성이라기보다는 관리 방식과 생산자 간 경쟁의 유무라는 환경적 요인에 달려 있다고 할 수 있다.

그리고 대부분의 공공기관은 하나의 핵심기능을 위해 봉사하기보다는 국민 전체의 공익을 위한 복합적 기능을 수행하고 있으며, 행정을 인도하는 가치 기준도 능률성 · 효과성 · 형평성 · 민주성 등 다양하다. 이러한 점에서 이윤과 같은 하나의 목표를 추구하는 사기업과 여러 측면에서 차이가 있다고 할 수 있을 것이다. 즉, 행정은 공익을 위해 다양한 가치가 함축된 복합적 기능을 수행하며, 때로는 특정 행정행위가 상충관계에 있는 가치를 동시에 추구하는 경우도 있다. 즉, 공공부문의 정책은 대개 복합적 목표를 추구하기에 계량화할 수 있는 목표치를 제시하기가 어렵고, 따라서 그 성과를 정확하게 측정할 수 있는 객관적 지표의 개발이 힘들다.

특히 공공 서비스에서는 소비자로서 사회구성원의 선호를 정확하게 파악 · 계측하기 힘들기 때문에 그 산출물에 대한 계량화가 어렵다. 물론 최근 공공부문의 생산성 측정기법이 발달함에 따라 성과 중심 관리가 가능한 영역이 점차 넓어지고 있으나

서비스 분야이든 간에 효과적이고 능률적이라고 주장하기도 한다(Peters, 1995). 그러나 일반적으로 시장모형은 일부 시장성 있는 서비스의 공급에는 적합하고 바람직할 것이나, 교육 및 사회적 서비스 분야와 같은 다른 분야에서는 부적절한 것으로 인식되고 있다. 마찬가지로 참여모형(participatory state model)은 도시계획이나 환경문제의 경우에는 적합성을 지닐 수 있을 것이나, 범죄문제의 영역 등에서는 적용이 곤란할 것이며, 임시모형은 마약통제와 같은 복잡한 문제나 재난구조와 같은 일시적 문제의 대처에 적합할 수 있을 것이다.

(OECD, 1994; 윤건영, 1997), 아직 정부 생산성을 나타내는 객관적인 척도는 많이 개발되지 않고 있는 실정이다.

공공부문 성과물 측정의 이와 같은 어려움 때문에 그동안 대부분의 영역에서는 대리지표로 산출 대신 투입을 사용하고, 성과보다는 투입과 절차를 통한 통제 절차를 발전시켜 왔다. 이와 같이 투입을 성과의 대리지표로 사용할 수밖에 없는 영역과 상황에서 성과를 승진과 보상의 획일적 기준으로 삼을 것을 주창하는 시장 모형의 적용에는 한계가 있을 수밖에 없다.

특정 제도는 그 사회의 사회 · 문화적 환경의 산물이다. 어떠한 조직모형과 관리방식이 성공적으로 운영될 수 있는지의 여부는 그 사회 환경적 상황 조건에 적합하냐가 관건이다. 요즈음 여러 나라에서 행정개혁의 이념적 준거로 운위되는 시장 체제가 성공적으로 도입되기 위해서는 먼저 시장이 성숙되고 시장의 기능 장애가 선행적으로 개선되어야 할 것이다. 시장 여건이 성숙되지 않은 상황에서는 공공부문을 시장으로 무조건 밀어낼 경우, 오히려 행정통제의 영역을 벗어나게 함으로써 공익성만 훼손될 우려가 없지 않다.

현실적으로 존재하는 시장은 불완전한 경우가 대부분이다. 각국의 사회 · 경제적 환경에 따라 상대적 성숙도에 차이가 있는바, 한국의 경우에는 시장의 성숙도가 상대적으로 낮다고 할 수 있다. 경쟁 체제가 갖추어지지 않은 시장 속으로, 치밀한 사전검토 없이, 공공부문을 무조건 밀어낸다고 효율성이 자동적으로 제고될 수는 없을 것이다. 이러한 실험적 개혁은 정부독점을 또 다른 형태의 독점, 즉 민간독점으로 바꿀 뿐이다. 특히 산업의 특성상 자연독점이 불가피할 경우에는 외부 조달이 내부 생산보다 반드시 효율적이라고 할 수는 없을 것이다.

대안적 국정 운영 모형들은 정부 예산을 절감하고 공공부문의 능률성과 효과성을 제고하는 데 기여할 수 있을 것으로 기대된다. 그러나 다른 한편 이러한 접근은 공공부문의 다른 중요한 가치들 예를 들면 책임성 · 안정성 · 공익성 등을 훼손할 우려가 있다. 이러한 공공가치의 훼손은 장기적으로는 오히려 공공부문의 능률성과 효과성을 떨어뜨리는 결과를 초래할 수도 있다. 신분을 불안정하게 하는 비항구적 고용 양태 또한 구성원의 공적 가치를 자극하고 동기를 유발하기보다는 구성원들이 형식적 · 가시적·단기적 목표에 치중하게 함으로써 조직의 장기적 목표 달성을 오히려 저해할 수도 있다.

시장 모형 등 새로운 접근에서는 또한 시민을 정부정책의 수혜자 및 소비자로 개념화하는 경향이 있다. 이러한 관점은 시민에게 권능을 부여하는 동시에 시민의 품위를 떨어뜨리기도 한다. 영국의 시민헌장(Citizen's Charter), 캐나다의 PS2000 속에는 이러한 소비자주의(consumerism)의 요소들이 많이 포함되어 있다. 그러나 정부를 단순히 서비스를 구매하고 판매하는 것만으로 볼 수는 없다. 시민이 단순한 소비자로 환원될 경우, 그 정치적 역할의 중요성이 경시되는 셈이다(Peters, 1995).

전통적 관료제 조직의 항구성이 조직구성원의 행태와 조직풍토에 미치는 역기능은 잘 알려져 있다. 항구성은 정책의 지나친 보수화의 원인으로 간주되어 왔으며, 이러한 조직풍토 속에서 구성원들은 다른 무엇보다도 자신의 자리를 유지하고 조직의 생존을 유지하는 데 주된 관심을 갖게 된다. 관료제 조직의 항구성은 이와 같이 국정 운영의 효과성과 능률성에 중대한 문제를 야기할 수 있다.

그러나 전통적 관료구조는 안정적 인력과 그에 따른 안정적 정책 운용의 장점을 분명히 갖고 있다. 항구적 인력 구조는 거시적 정책 방향을 제시하고 새 정책 입안에 필요한 경험적 지식을 제공하는 데 유리하다. 그리고 공공봉사에 대한 도덕적 관여는 그 자체가 동기 유발 효과를 가진다. 공공부문의 업무를 임시적으로 처리하게 할 경우 공공봉사에 대한 도덕적 관여 수준은 저하될 수밖에 없다. 이러한 관여 수준의 저하는 동기 유발을 저해하고, 나아가 공공 업무의 성과를 기대할 수 없게 할 것이다. 공공가치 그 자체는 공공부문의 존재 이유이기도 하다.

우리 사회의 시장 조건의 미성숙은 시장 모형 등 대안적 국정 관리 모형의 도입·적용을 어렵게 하는 요인이 된다. 우리나라의 경우 역사·문화적 요인에 의해 서구와 같은 시장 경제적 토대가 발달하지 못했다. 비경쟁적 시장 질서 등 구조적 시장실패가 상존하는 우리의 현실에서 공공부문을 무책임하게 시장으로 밀어내는 이러한 조치는 오히려 새로운 민간독점만을 초래할 뿐이다. 여건이 성숙되지 않은 상황에서 민간에 위탁 경영된 공공부문의 경영권이 정부에 다시 회수되거나, 정부가 그 손실을 보전해 주는 사례들을 우리는 실제로 경험하고 있다.

일반적으로는 시장 모형의 처방에 따라 사업성이 강한 정부기능을 책임운영기관화할 경우 공공 서비스의 생산성이 향상될 것으로 기대할 수 있다. 그러나 시장의 성숙, 낙하산 인사 풍토의 개선 등 다른 여건이 개선되지 않은 환경에서의 책임운영기관화는 방만한 공기업 경영 이상의 능률성을 기대할 수 없을지 모른다. 그리고 독점 상태의 공기업을 그대로 민영화할 경우 기업 이윤의 확대를 위한 공공요금 및 사용료의 인상밖에 기대할 것이 없을지 모른다.

결국 책임운영기관 또는 특수법인의 설립을 통한 집행기능의 분리 및 민영화는 공공부문을 행정통제의 사각지대로 밀어냄으로써, 새로운 형태의 부실 경영 조직을 만들어 내거나 공공요금의 인상을 초래함으로써 오히려 공익이 훼손되는 부작용을 낳을 수 있다. 또한 외주화 등의 수단을 잘못 도입할 경우, 공공부문은 축소되지 않은 채 외주화에 따른 추가비용만 늘어나는 불합리한 결과를 초래할 수도 있다. 일본의 경우, 민자 유치 등을 통한 공공시설의 민영화가 엄청난 공공요금의 인상을 초래함으로써 결과적으로 공익을 훼손한 경험을 우리는 교훈으로 받아들여야 할 것이다.

무사안일에 빠진 관료제 문화를 혁파하기 위해서는 공공부문에 경쟁 원리를 도입해야 한다. 그러나 경쟁 원리를 도입하기 위해서는 성과를 명확하게 측정할 수 있도록 계량화된 목표를 제시할 수 있어야 하고, 성과를 모니터링할 수 있는 기준과 기법이 개발되어야 한다. 성과 측정 기법 자체가 정착되지 않은 상황에서 성과 중심 관리체제의 성공적 도입은 원초적으로 불가능하다. 성과 관리 체계는 성과 측정 능력의 유무에 그 성패가 달려 있다.

많은 경험적 연구는 공공부문의 성과 측정 업무가 아주 어려운 작업이라는 점을 강조해 밝히고 있다(Metcalfe & Richards, 1990; Boston, 1992). 성과를 단순한 활동의 수준이 아니라 산출 또는 영향의 수준에서 측정하고자 할 경우 특히 그러하다. 이러한 측정의 문제로 인해 성과계약제나 관리주의는 시장성(市場性)이 있거나 측정 가능한 서비스를 생산하는 아주 제한된 행정 영역에만 적용될 수 있을 것이다.

대안적 국정 운영 모형의 여러 처방은 침체에 빠진 관료제의 조직풍토를 쇄신하고 능률성을 제고하는 데 효과적인 수단이 될 수 있다. 심화된 관료제의 병리 현상을 타파하기 위해서는 경쟁에 기반한 시장 원리의 도입이 불가피하다. 그러나 시장 원리가 곧 만병통치약은 아니며, 시장의 성숙도 · 사회적 유동성 등 특정 사회의 환경적 특성에 따라 그 치유 효과도 달라질 것이다. 이론적으로 바람직하다고 하여 우리 사회의 특수한 조직문화 등을 고려하지 않고 도입하는 여러 실험적 개혁 조치들은 아무런 실효성도 거두지 못한 채 많은 노력과 비용의 낭비를 가져올 뿐이다.

그러나 제국 건설(empire building)의 늪에 빠져 여러 병리 현상을 노출하고 있는 관료제 조직은 분명히 개혁되어야 한다. 경쟁의 원리는 사회와 조직의 총체적 발전을 위해 인류가 발견한 최상의 효과적인 수단이다. 공공부문에 경쟁의 원리를 도입하는 것은 가장 기본적이고 효과적인 정부혁신의 수단이 될 것이다. 그러나 다른 한편 관료제 구조의 원칙을 무조건 깨뜨려 부수는 것만이 능사가 아닐 것이다. 오히려 관료제의 구성 원리와 관리 원칙이 원래의 설계대로 작동하도록 철저하게 관리 · 감독하는 것이 또 다른 형태의 행정개혁이라고 할 수 있다.

제18장

한국 행정개혁의 성찰과 과제

제1절 한국 행정개혁의 성찰

"이성적인 것은 현실적이고, 현실적인 것은 이성적인 것이다(Was vernünftig ist, das ist wirklich, und was wirklich ist, das ist vernünftig)"라는 헤겔의 명제를 빌리지 않더라도 특정 시점의 현실은 그 자체로 하나의 균형점을 이루고 있다. 사회적 제도는 권력과 부 그리고 명예와 같은 사회적 가치의 배분 원칙이 고형화된 균형점이다. 그러한 균형점을 인위적으로 깨뜨리기 위한 제도개혁은 그만큼 힘들고 성공 가능성이 낮다. 우리나라의 역대 정권, 그 가운데서도 민주화 이후의 여러 정권은 수많은 행정개혁 작업을 추진해 왔다.

그러나 그 성과는 공고한 관료제 구조에 어느 정도의 자극을 주었다는 점 이외에는 그다지 긍정적이지 않다. 즉, 방만한 행정조직과 인력의 팽창에 대한 경계심이 대두되고, 효율성과 성과에 대한 감수성이 증대한 것 등은 결코 작지 않은 성과라 하겠으나, 그럼에도 불구하고 여전히 행정부패, 행정책임성, 행정 과정의 민주적 통제 등의 영역에서 뚜렷한 성과를 거두지 못한 것으로 평가받고 있다.

행정개혁의 성과가 당초의 기대에 미치지 못한 데는 여러 원인이 있을 것이다. 행정개혁에 대한 뚜렷한 비전과 의지도 없이 규범적 구호만으로 개혁정책을 가장(假裝)할 경우는 차치하고라도, 뚜렷한 이론적 기반이 없이 상충적일 수 있는 여러 처방을 복합적으로 혼용할 경우 개혁은 성공하기 어렵다. 이 경우 개혁정책의 목표와 선호체계가 모호해지고 일관성이 상실됨으로써 실효성을 거두기 힘들게 된다. 예를 들면, 김대중 행정부 시절 전반적인 국정기조는 복지국가를 추구하면서 경제정책은 시장질서 지향을 강조하는 한편 실제적으로는 정부개입을 강화하고 또한 행정개혁은 신자유주의 이념에 기반한 구조조정을 추구했다는 점에서 이념적 혼란은 물론 상호 효과를 상쇄하는 모순적 정책들이 처방된 것이다.

또한 문화적 정합성을 고려하지 않은 채 검증되지 않은 외국의 이론과 개혁 사례를 껍질만 형식적으로 도입한다든지, 조직문화가 상이한 기업조직의 개혁 논리를 정제하지 않은 채 공공조직에 그대로 적용하려 할 경우 개혁이 성공적으로 추진되기 어렵다. 1990년대 이후 우리나라의 행정개혁에서는, 동 · 서양의 문화적 기반이 서로 다르고 게다가 공 · 사조직의 조직문화와 추구하는 목표가 판이함에도 불구하고, 서구의 기업식 경영관리에 기원을 둔 신공공관리적 처방들이 무비판적으로 도입되었다.

지나치게 잦은 '개혁의 과잉' 또한 개혁에 대한 내성을 기르고 개혁 피로감을 초래하게 된다. 그리고 무엇보다 개혁 자체에 대한 신뢰를 떨어뜨리게 된다. 5년간의 집권 기간 동안 4차례나 정부조직이 개편되는가 하면, 바로 전년도에 만든 중앙 부처를 그 이듬해에 또다시 바꾸고, 정권 출범 시 장관급 기관으로 격하시켰던 부처를 다음해에 부총리 부처로 다시 격상시키는 이러한 '아랫돌 빼서 윗돌 괴기'식의 시행착오는 결코 개혁의 이름으로 합리화되어서는 아니 될 것이다.

중앙정부조직을 한 번 개편하는 데 10여 년 동안 여러 정권을 거치면서 설계를 다듬고 신중하게 접근하는 일본의 경험은 우리에게 많은 시사를 준다. 개혁 강박 관념에 빠진 새 정권이 집권 초기 성급하게 추진하는 어설픈 개혁은 제도와 행태를 개선하기는커녕 그나마 작동하던 기존 제도마저 망가뜨리는 부작용을 초래한다. 그리고 막대한 사회 · 경제적 부담을 초래한다. 제도 개혁 시 선부르고 잦은 제도 변경은 문제가 많으며, 새로운 제도나 정책의 효과가 충분히 발휘될 수 있도록 충분한 성숙 기간을 갖도록 하는 것이 중요하다(최종원, 2003).

또한 집권 초기 의욕적으로 추진하던 개혁 작업이 시간이 흐르면서 흐지부지되거나, 개혁 추진 과정에 국정 책임자와 일반 국민의 관심과 지지가 시들해질 경우에도 개혁 작업은 성공을 거두기 힘들다. 행정개혁을 추진할 때는 집권 세력의 개혁 의지가 가장 강력한 불쏘시개가 된다. 집권 세력이 비록 개혁의 상징성(symbolic meaning)만을 탐닉, 진정한 개혁 의지가 부족하다 하더라도 이들의 의지가 후퇴하지 않도록 궁극적 수혜자로서 사회구성원들이 강력하게 뒷받침하고 추동할 필요가 있다. 사회구성원들은 또한 기득권 집단의 저항에 부딪쳐 개혁이 좌절되지 않도록 사회적 압력을 행사해야 한다.

그리고 미묘한 관료제 문화의 특성에 대한 정치·행정적 이해 없이 성급하게 개혁을 추진하거나, 정교한 전략의 수립을 결한 채 되는 대로 적당히 개혁을 추진하려 할 경우, 허시만(Hirschman, 1963)의 이른바 '개혁 의지와 개혁 능력 간의 괴리(motivation-outruns-understanding)'로 인해 혁신 작업은 성공을 거두기 힘들 것이다. 즉, 개혁의 구체적 추진 일정, 혁신 리더와 혁신 일꾼의 육성과 훈련, 그리고 개혁에 대한 잠재적 저항집단이 누구이고, 저항의 원인이 무엇이며 그것을 어떻게 극복할 것인가 등에 대한 정교한 전략이 뒷받침되지 않고는 혁신 작업의 성공을 기대하기 어려울 것이다.

제 2 절 한국 행정개혁의 방향과 과제

행정개혁을 추진할 때는 '세계 일류 국가의 건설'과 같은 원대한 비전과 분명한 목표를 설정할 필요가 있다. 19세기 중반 영국의 글래드스턴과 그의 동료들에 의해 추진된 광범한 행정개혁은 해가 지지 않는 대영제국의 국력을 뒷받침하기 위한 분명한 목표 아래 추진되었으며, 1980년대 대처(Margaret Thatcher) 수상에 의해 추진된 영국의 행정개혁과 1990년대 미국 클린턴 행정부에 의해 추진된 정부혁신은 세계 선도국가로서 기울어가는 국력을 되살리기 위한 큰 틀의 정책목표 아래 추진되었다. 또한 19세기 중엽 일본의 메이지유신은 세계 일류 국가 건설의 큰 비전을 지향하는 국가 체제의 정비였다. 당시 일본은 영국, 프랑스, 독일 등 서구 여러 나라의 앞선 국가 체제를 도입함으로써 지난 150여 년간 지속된 국가 번영의 초석을 다졌다.

우리나라에서도 시대의 변화 흐름에 따라 지속적으로 행정개혁을 추진해 왔다. 그러나 일부 성과에도 불구하고, 많은 문제점이 제기되고 있기도 하다, 개별적인 제도는 각 정부마다 상이하고, 앞에서 다양한 내용들이 제시된 바 있으므로, 이하에서는 정도의 차이는 있으나, 개혁의 방향성과 시스템이라는 측면에서 역대 정부에 공통적으로 적용될 수 있는 문제점과 개선점을 제시하고자 한다.

첫째, 우리나라의 행정개혁은 세계 일류 국가 건설 또는 21세기의 선도 국가 건설과 같은 원대한 비전을 결여하고 있다는 점을 지적할 수 있다. 즉, 서구 여러 나라에서 추진하는 행정개혁의 유행에 휩쓸려 개혁의 절박성에 대한 논리적 뒷받침 없이 막연하게 개혁이 추진된 감이 없지 않다. 그 결과 지속적이고 장기적인 개혁보다는 정부별로 단발성 개혁을 추진하는 현상이 반복되어 왔다.

둘째, 분명한 개혁 목표가 결여되어 있다. 물론 개혁을 추진할 때마다 목표를 명시적으로 제시하기는 하나, 그러한 목표들이 일관성 있게 추구되기보다는 하나의 장식물처럼 내세워질 뿐 구체적 개혁 조치와 연결되지 않는다는 의미에서 목표 결여를 지적할 수 있다. 즉, 우리나라에서 추진된 그간의 행정개혁은 상충될 수도 있는 잡다한 목표를 망라적으로 제시한 복합적 개혁으로 개혁 수단 간의 일관성이 부족했다는 점을 지적할 수 있다. 행정개혁은 조직관리의 여러 수단이 밀접하게 연관되어 추진되어야 시너지 효과를 거둘 수 있는 오케스트라 연주와 같은 작업이라고 할 수 있다. 그런데 우리나라에서 그간의 개혁 작업은, 정부정책의 기조는 실업자 등 사회적 약자를 배려하는 복지사회를 지향하면서 다른 한편에서는 시장 메커니즘에 의한 공·사조직의 구조조정을 강력하게 추구하는 모순된 모습을 보이기도 했다.

셋째, 구체적 전략이 결여되어 있다. 즉, 우리나라의 개혁 작업은 규범적 차원에서 개혁의 방향만 제시한 채 추진 메커니즘과 관련된 구체적 전략이 결여되어 있다는 문제점을 지적할 수 있을 것이다. 혁신 리더 및 혁신 일꾼의 양성, 그들에게 필요한 역량을 기르기 위한 교육훈련, 저항집단 및 저항 원인에 대한 분석과 처방, 그리고 무엇보다 조직문화를 혁신하고 공무원의 행태를 개선하기 위한 인적자원 관리 방식 등에 대한 치밀한 전략적 고려 없이 주먹구구식으로 개혁이 추진되는 현상을 종종 발견할 수 있다.

넷째, 정치적 목적의 행정개혁이 배제되어야 한다. 우리나라의 행정개혁은 흔히 집권 세력이 취약한 정통성을 보완하고 관료집단을 장악하기 위한 하나의 정치적 수단으로 추진되는 경향을 찾아볼 수 있다. 즉, 개혁의 상징성만을 노려 집권 초기에는 의욕적으로 개혁을 추구하는 모습을 보이나 집권 후반기 들어 흐지부지되는 현상을 우리는 자주 경험했다.

다섯째, 정권 교체와 상관없는, 일관성 있는 개혁이 추진되어야 한다. 우리나라의 행정개혁 작업은 정권 차원의 근시적 관점에서 지나치게 잦게 추진된다는 문제점을 지적할 수 있다. 정부조직 개편이 연례행사처럼 한 정권 기간 동안 4~5차례나 이루어지는가 하면, 이전 정권보다 단 1개의 부처라도 줄였다는 평가를 받기 위한 목적으로 조직개편을 시도하는 등의 혁신 작업은 국민과 공무원들에게 '개혁 피로감'을 초래하고 개혁에 대한 신뢰를 떨어뜨리는 부작용을 초래할 뿐이다. 일본의 행정개혁이 여러 정권을 거치면서 다듬어지고 신중하게 실천되고 있다는 점은 우리에게 많은 시사점을 준다.

여섯째, 행정개혁 추진기관이 지나치게 많아 개혁 추진에 오히려 장애가 초래된다는 점을 지적할 수 있다. 과거 우리나라는 정부에 따라서 정도의 차이는 있으나, 비록 업무 영역이 상호 다르다는 점을 고려하더라도 개혁 관련 기관들이 지나치게 많이 존재하여 업무의 혼선을 가져온 사례가 있다. 이러한 점을 고려하여 관련 기관과 위원회는 개혁 업무의 효율적 추진을 위해서 일관성 있게 정비되어야 할 것이다. 이를 위해서 다양한 개혁 관련 기구를 하나의 기관으로 통·폐합하여 행정개혁과 관련된 일체의 연구와 집행, 그리고 교육을 일관성 있게 지속적으로 추진하게 하는 것이 한 방안이 될 수 있다.

개혁은 물론 환경변화에 부응하여 이루어져야 하고, 그에 적합한 적실성 있는 제도가 설계되어야 한다. 그러나 개혁이 정당성과 효과성을 확보하기 위해서는 먼저 개혁에 대한 기본적인 시각과 시스템이 정립되어야 한다. 그리고 이와 관련된 위의 문제점들을 극복하고 실효성 있는 행정개혁을 추진하기 위해서는 결국 궁극적 수혜자로서 국민들의 강력한 지지와 이해, 정치지도자들의 올바른 의식과 굳은 의지, 그리고 개혁 전문가들의 사려 깊은 전략 개발이 뒷받침되어야 할 것이다.

참·고·문·헌

국내 문헌

강신택(1999a). 국가 재편성기의 행정이론. 「최신 행정이론의 조명」. 서울행정학회. 「동계 학술대회 논문집」.

강원택(2001). 행정개혁과 관료저항. 「한국사회와 행정연구」, 12(3): 3−17.

______(1999b). 한국행정에 있어 행정과 경영. 한국행정학회. 「하계학술대회 논문집」.

______(2002). 포스트모더니티의 행정이론. 윤영진 · 김태룡 외. 「새행정이론」. 서울: 대영문화사.

강인재 외(1998). 「한국행정론」. 서울: 대영문화사.

강재호 역(1997). 「일본의 행정과 행정학」. 부산대학교출판부. 西尾勝(1993). 「行政學」. 東京: 有斐閣.

권해수(2005). 참여정부 행정개혁에 대한 비판적 고찰. 「한국사회와 행정연구」, 16(1): 35−56.

김관보(2007). 「선진정부개혁: 중앙정부조직 개편」. 한반도선진화재단.

김광웅(1995). 「방법론강의: 기초 · 원리 · 응용」. 서울: 박영사.

______(1999). 제2차 정부개혁의 모순과 한계. 「한국행정학회 특별 세미나 논문집」.

김광주(2004). 뉴질랜드 정부개혁 과정분석. 「영남정치학회보」, 15: 55−71.

김규정(1997). 「신판 행정학원론」. 서울: 법문사.

김동원(2005). 행정학의 규범이론을 위한 포스트모더니즘의 인식론적 함의. 「한국행정학보」, 39(3): 1−20.

김번웅 외(1997). 「한국행정개혁론」. 서울: 법문사.

김수영(1996). 「총합행정개혁론」. 서울: 도서출판 법률계.

김순은(2004). 정부혁신과 지방분권 개혁 한 · 일간 비교분석. 한국행정학회. 「춘계학술대회 논문집」.

김재훈(2007). 작은 정부론: 관리론적 시각에서 본 한국의 행정개혁. 서울행정학회. 「동계학술대회 발표 논문집」.
김정렬 · 한인섭(2016). 「행정개혁론: 차세대 정부의 도전과 변화」. 서울: 박영사.
김정하(2016). 「잃어버린 한국행정 :한국행정의 재설계」. 서울: 박영사.
김종술(1999). 포스트모더니즘을 통해서 본 행정학의 이해. 「정부학연구」, 5(1).
김태룡(2000). 행정학의 신패러다임으로서 신공공관리모형의 적실성에 관한 연구. 「한국행정학보」, 34(1).
______(2010). 「행정이론: 행정사와 이론을 중심으로」(개정판). 서울: 대영문화사.
김태룡 외(2006). 「새한국정부론」. 서울: 대영문화사.
박경원 · 김희선(1998). 「조직이론 강의: 구조, 설계 및 과정」. 서울: 대영문화사.
박동서(1997). 「한국행정론」. 서울: 법문사.
______(1998). 행정개혁의 연구와 개혁-궤도 수정. 「한국행정학보」, 32(1).
______(1999). 「한국행정의 쇄신 사례」. 서울: 법문사.
박문옥(1982). 「행정학」. 서울: 신천사.
박세정(2000). 경영의 논리: 행정개혁의 이념으로서의 기여와 한계. 한국행정학회. 「춘계학술대회 발표논문집」.
박용치 · 송재석(2006). 「최신 행정학원론」. 파주: 경세원.
박종민 · 김서용(2001). 신자유주의 정부개혁의 문화적 분석. 정부개혁과 행정학연구. 한국행정학회 「춘계학술대회 발표논문집」.
방민석(2013). '정부 3.0'에 대한 개념적 탐색과 법정책적 과제. 「한국지역정보학회지」, 16(3): 137-160.
배용수(2000). 신관리주의의 한국적 적실성. 「한국행정학보」, 34(2).
서필언(2005). 「영국행정개혁론」. 서울 대영문화사.
신윤창(2011). 김영상 · 김대중 · 노무현 정부의 행정개혁에 관한 탐색적 비교 연구. 「한국비교정부학보」, 15(1): 233-254.
신　열(2019). 문재인 정부의 정부혁신 성과와 과제. 「한국정책연구」, 19(1): 47-67.
신희영(2002). 신공공관리론에 대한 비판적 고찰: 비판적 실재론적 접근. 한국행정학회. 「동계학술대회 발표 논문집」.
안희수(1976). 공무원제도의 사적 발전. 윤근식 외. 「현대정치와 관료제」, 서울: 대왕사.
오석홍(1995). 「행정개혁론」. 서울: 박영사.
______(1998). 「행정학」. 서울: 나남.

______(2012). 「행정개혁론」. 서울: 박영사.
______(2020). 「행정개혁론」(제10판). 서울: 박영사.
오석홍 외(2008). 「행정개혁실천론」. 서울: 법문사.
우윤석(2013). 정부 3.0의 이론적 배경과 해외사례에 관한 연구. 「사회과학논총」, 16: 21-47.
유재원 · 소순창(2005). 정부인가 거버넌스인가? 계층제인가 네트워크인가? 「한국행정학보」, 39(1): 41-63.
유종해 외(1984). 「행정학사전」. 서울: 고시원.
유 훈(1983). 「행정학원론」. 서울: 법문사.
윤건영(1997). 공공부문 생산성 제고를 위한 개념 틀과 현실적 과제. 최광 · 임주형 편. 「공공부문 생산성 제고를 위한 연구(I)」. 서울: 한국조세연구원.
윤은기(2003). 캐나다 정부혁신과 특별운영기관의 분석을 통한 신공공관리론의 적실성에 관한 연구. 한국행정학회. 「추계학술대회 발표 논문집」.
이명석(2002). 신공공관리론, 신거버넌스론, 그리고 김대중 정부의 행정개혁. 한국행정학회. 「춘계학술대회 발표 논문집」.
이 영(2013). 정부 3.0과 연계한 지방 3.0 추진에 대한 고찰 및 제언. 한국정책학회. 「동계학술대회 발표논문집」.
이용건(2018). 문재인 정부의 정부혁신 추진방향: 국민이 주인인 정부와 사회적 가치 구현. 한국정책학회. 「하계학술대회 발표 논문집」.
이종범(1995). 기업형 정부의 구축방안. 「한국행정연구」, 4(1).
이종수(1996). 「행정개혁안의 집행실태 조사」. KIPA 연구보고 96-10.
______(1999). 행정개혁의 준거로서의 Governance 유형에 대한 비판적 고찰, 한성대학교, 「사회과학논집」, 13집.
______(2002). 대안적 거버넌스론. 윤영진 외. 「새행정이론」. 서울: 대영문화사.
______(2005). 「정부혁신의 메커니즘과 전략」. 서울: 대영문화사.
______(2006). 「정부혁신의 미래 비전」. 서울: 한국행정연구원.
______(2008). 우리나라 역대 행정부의 정책체제의 특징에 관한 고찰. 한국행정사학회. 「한국행정사학지」, 23: 77-103.
______(2009a). 「행정학사전」. 서울: 대영문화사.
______(2009b). 한국의 정치-행정 맥락의 분석. 서울행정학회. 「한국사회와 행정연구」,

20(3): 17－39.
______(2010a). 「새 미래의 행정」. 서울: 대영문화사.
______(2010b). 한국 행정학 연구의 역사적 성찰: 주요 쟁점과 과제. 「한국공공관리학보」, 24(4): 1－24.
______(2010c). 탈신공공관리(post－NPM) 개혁전략의 모색. 서울행정학회. 「한국사회와 행정연구」, 21(1): 29－47.
______(2012). 「새행정윤리」. 서울: 대영문화사.
이종수 역(2002). 「일본의 행정개혁」. 도서출판 한울.
이종수 외(2011). 「새인사행정론」(전정7판). 서울: 대영문화사.
______(2012, 2008). 「새행정학」(6정판). 서울: 대영문화사.
임도빈(2002). 지방자치단체 행정서비스헌장제의 비판적 이해: 신공공관리론적 개혁 방법을 중심으로. 한국행정학회. 「춘계학술대회 발표 논문집」.
______(2007). 관료제, 민주주의, 그리고 시장주의: 정부개혁의 반성과 과제. 「한국행정학보」, 41(3): 41－65.
전주상(2013). 지방정부간 협업체계의 발전방향: 정부 3.0 시대의 개선과제를 중심으로. 28(1): 1－20
전주상 외(2018). 「행정윤리론」. 서울: 대영문화사.
정부혁신지방분권위원회(2005). 「참여정부의 행정개혁」.
정승건(2000). 발전주의와 신자유주의를 넘어서: 한국행정개혁이론의 모색. 「한국행정학보」, 34(2).
정용덕(2002). 「현대국가의 행정학」. 서울: 법문사.
정정길(2000). 새로운 시대의 행정관리. 「한국행정연구」, 9(2).
______(2003). 「행정학의 새로운 이해」. 서울: 대명출판사.
조만형(1999). 포스트모더니즘과 행정이론. 서울행정학회. 「하계학술대회 발표논문집」.
조석준(1985). 「조직론」. 서울: 법문사.
조성한(2000). 경영혁신의 허와 실: 이론적 모순과 비합리적 과정. 「한국정책학회보」, 9(1).
______(2005). 거버넌스 개념의 재정립. 한국행정학회. 「동계학술대회 발표 논문집」.
조창현(2006). 포스트모더니즘, 패러다임, 합리화 그리고 정부혁신: 포괄적 가치규범 체계의 가능성을 중심으로. 한국행정학회. 「추계학술대회 발표논문집」.
총무처 직무분석기획단(1997). 「신정부혁신론」. 서울: 동명사.

최광・이창환(1997). 정치적・정책적 과정과 공공부문 생산성. 최광・임주형 편.「공공부문 생산성 제고를 위한 연구(I)」. 서울: 한국조세연구원.

최종원(2003). 시차이론과 행정개혁.「한국행정학보」, 37(2): 289－305.

한종희(2005). 한국의 신공공관리적 정부개혁과 국가역할의 전환: 국가공동화인가 아니면 국가기능의 재확립인가?「정부학연구」, 11(1): 137－170.

홍진이(2002). 일본의 행정개혁과 고령사회. 한국행정학회.「동계학술대회 논문집」.

황혜신(2013). 노무현 정부와 이명박 정부의 정부조직개혁 비교분석.「사회과학연구」, 24(3): 333－360.

국외 문헌

Abueva, Jose V.(1970). Administrative Reform and Culture, in Hahn－Bin Lee & Abelardo G. Samonte(eds.). *Administrative Reforms in Asia*. Manilla, Philippines: EROPA.

Angehrn, Albert A. & Jill E. M. Atherton(2004), A Conceptual Framework for Assessing Development Programmes for Change Agents, in http://www.insead.fr/CALT/Events/Ecis99/ecis99.pdf

Ascari, A., M. Rock & S. Dutta(1995). Reengineering and Organizational Change: Lessons from a Comparative Analysis of Company Experiences. *European Management Journal*, 13(1) 1－30.

Barber, Benjamin(1984). *Strong Democracy: Participatory Politics for a New Age*. Berkeley, CA: University of California Press.

Barnett, H. G.(1953). *Innovation: The Basis of Cultural Change*. N.Y.: McGraw－Hill.

Barrett, M. & B. Luedecke(1996). What Management Says It Wants in Communicating Change. *Communication World*, June/July: 20－31.

Barzelay, M.(1992). *Breaking through Bureaucracy*. Berkeley: University of California Press.

Bellah, Robert, et al.(1985). *Habits of the Heart. Berkeley*, CA: University of California Press.

______(1991). *The Good Society*. New York: Knopf.

Bellone, C. & G. Goerl(1992). Reconciling Public Entrepreneurship and Democracy. *Public Administration Review*, 52(2): 130–145.

Boston, J.(1992). Assessing the performance of departmental chief executives: perspectives from New Zealand. *Public Administration*, 70: 405–428.

Bryner, G. C.(1987). *Bureaucratic Discretion*, New York: Pergamon.

Buchanan, D. & D. Boddy(1992). *The Expertise of the Change Agent: Public Performance and Backstage Activity*. Hempstead: Prentice–Hall.

Caiden, Gerald E.(1969). *Administrative Reform*. Chicago: Aldine Publishing Company.

______(1973). Development, Administrative Capacity and Administrative Reform. *International Review of Administrative Sciences*, 39(4).

______(1978). Administrative Reform: A Prospectus. *International Review of Administrative Sciences*, 44: 106–120.

______(1982). *Public Administration*(2nd ed.). Pacific Palisades, Calif: Palisades Publishers.

______(1994). Globalizing the Theory and Practice of Public Administration, in Jean–Claude Garcia–Zamor & Renu Khator(eds.). *Public Administration in the Global Village*. Westport, CT: Praeger, 45–59.

Caiden, Gerald E. & Heinrich Siedentopf(eds.)(1982). *Strategies for Administrative Reform*. Lexington, Massachusetts: Lexington Books.

Canterucci, J.(1998). Change Project Management SM–The Next Step. Transition Management Advisors(http:www.corpchange.com).

Carnall, Colin A.(1995). *Managing Change in Organizations* (5th ed.). New York: Prentice–Hall.

Carroll, J.(1995). The Rhetoric of Reform and Political Reality in the National Performance Review. *Public Administration Review*, 55(3): 302–312.

Chapman, Richard A.(1982). Strategies for Reducing Government Activities, in Gerald E. Caiden & Heinrich Siedentopf(eds.). *Strategies for Administrative Reform*. Lexington, Massachusetts: Lexington Books.

______(1992). The End of the Civil Service ?, *Teaching Public Administration*, 12(2): 1–5.

Chapman, Richard A. & Barry J. O'Toole(1995). The Role of the Civil Service: A Traditional View in a Period of Change, *Public Policy and Administration*, 10(2): 3–20.

Christensen, Tom & Per Lægreid(eds.)(2001). *New Public Management. The Transformation of Ideas and Practice*. Aldershot: Ashgate.

______(eds.)(2006). *Autonomy and Regulation.: Coping with Agencies in the Modern State*. Northampton, Massachusetts: Edward Elgar Publishing, Inc.

______(eds.)(2007). *Transcending New Public Management: the Transformation of Public Sector Reforms*. Burlington, VT: Ashgate Publishing Company.

Christensen, Tom, Amund Lie, & Per Lægreid(2008). Beyond New Public Management: Agencification and Regulatory Reform in Norway. *Financial Accountability & Management*, 24(1), February: 0267−4424.

Clark, K. B. & S. C. Wheelwright(1997). *Organizing and Leading "Heavyweight" Development Teams. Managing Strategic Innovation and Change: A Collection of Readings*. New York: Oxford University Press.

Clinton, D.(1997). Building the Capacity to Change: Andersen Consulting Research Programme Results. *Focus on Change Management*, November: 3−5.

Connor, P. E. & L. K. Lake(1994). *Managing Organizational Change*. Westport: Praeger Publishers.

Cooper, Philip J. et al.(1998). *Public Administration for the Twenty−First Century*. Harcourt Brace.

Daft, Richard L.(2010). *Understanding the Theory and Design of Organizations*(10th ed.). South−Western.

David Hutton Associates(2005). Change Management, in E:\reform\data\Process.htm

Denhardt, Janet V. & Robert B. Denhardt(2000). The New Public Service: Serving Rather than Steering. *Public Administration Review*, 60(6).

______(2003). *The New Public Service: Serving, Not Steering*. Armonk, NY: M. E. Sharpe.

Denhardt, Robert B.(1981). *In the Shadow of Organization*. Lawrence, KS: Regents Press of Kansas.

Denison, D. R., Hooijberg, R. & R. E. Quinn(1995). Paradox and performance: a theory of behavioral complexity in managerial leadership. *Organization Science*, 6(5): 524−541.

Dover, Phil(2004). Change Agents at Work, http://www.babsoninsight.com/contentmgr/

showdetails.php/id/570

Drewry, Gavin & Tony Butcher(1988). *The civil service today*. New York: B. Blackwell.

Dror, Yehezkel(1971). *Ventures in Policy Sciences*. N.Y.: American Elsevier Publishing Co.

Dunleavy, Patrick, Helen Margetts, Simon Bastow, & Jane Tinkler (2006). *Digital Era Governance: IT Corporations, The State, and E-Government*. Oxford: Oxford University Press.

Dunphy, D.(1981). *Organizational Change by Choice*. Sydney: McGraw-Hill.

Durnford, Trevor(2004). Building the Foundation for Successful Change. http://www.isixsigma.com/library/content/c040329a.asp

Elms, A. C.(1969). *Role Playing, Reward, and Attitude Change*. Van Nostrand Reinhold Company.

Emmerich, Herbert(1950). *Essays on Federal Reorganization*. University of Alabama Press.

Etzioni. A.(1988). *The Moral Dimension*. New York: The Free Press.

______(1995). *The New Communitarian Thinking. Charlottesville*. VA: University of Virginia Press.

______(2000). Law in Civil Society, Good Society, and the Prescriptive State. *Chicago Kent Law Review*, 75(2): 355-377.

______(2001). *Next: The Road to the Good Society*. N.Y.: Basic Books.

Farmer, D. J.(1995). *The Language of Public Administration: Bureaucracy, Modernity, and Postmodernity*. Tuscaloosa, Alabama: The Univ. of Alabama Press, 강신택 옮김 (1999). 「행정학의 언어」. 서울: 박영사.

Fiorelli, Joseph S. & Howard Margolis(1993). Managing and Understanding Large Systems Change: Guidelines for Executives and Change Agents. *Organization Development Journal*, 11(3).

Fishman, Charles(1997). Change: Few can do it. Few can sustain it. Few can survive it. Fast Company. April/May. Issue 08. http://www.fastcompany.com/magazine/08/change.html

Fox, Charles J.(1996). Reinventing Government As Postmodern Symbolic Politics. *Public Administration Review*, 56(3): 256-261.

Fox, Charles J. & Hugh T. Miller(1995). *Postmodern Public Administration: Toward Discourse*. Thousand Oaks, CA: Sage Publications.

______(1998). Discourse. *The International Encyclopedia of Public Policy and Administration*. Boulder, Colorado: Westview Press.

Frederickson, H. George(1996). Comparing the Reinventing Government Movement with the New Public Administration. *Public Administration Review*, 56(3): 263–9.

Galnoor, I, D. Rosenbloom & A. Yaroni(1998). Creating New Public Management Reforms: Lessons from Israel. *Administration and Society*, 30(4): 393–420.

Gardner, John(1991). *Building Community*. Washington, DC: Independent Sector.

Garret, John(1972). *The Management of Government*. Sussex: Penguin Books.

Gergen, Kenneth J. & Tojo Joseph Thatchenkery(1996). Organization Science as Social Construction: Postmodern Potentials. *Journal of Applied Behavioral Science*, 32(4): 356–377.

Glanzer, Murray & Robert Glaser(1961). Techniques for the Study of Group Structure and Behavior 11. *Psychological Bulletin*, 58(1): 1–27.

Goodenough, W. H.(1963). *Cooperation in Change*. N.Y.: Russel Sage Foundation.

Goodsell, C.(1985). *The Case for Bureaucracy: A Public Administration Polemic*(2nd ed.). Chatham, N.J.: Chatham House Publishers.

Gormley, William T.(1989). *Taming the Bureaucracy: Muscles, Prayers and Other Strategies*. Princeton: Princeton University Press.

Goss, S.(2001). *Making Local Governance Work: Networks, Relationships and the Management of Change*(5th ed). Houndmills: Palgrave.

Gouldner, A.(1956). Exploration in Organizational social Science. *Social Problems* 3.

Gowan, P.(1987). The Origins of the Administrative Elite. *New Left Review*, 162: 4–34.

Greenaway, J. R.(1992). British Conservatism and Bureaucracy. *History of Political Thought*, 13(1): 129–160.

______(1996). Politicians, Civil Servants and the Liberal State in Britain. *Jahrbuch für Europäische Verwaltungsgeschichte*, 8: 213–31.

______(1998). Who Benefits from Administrative Reform?, in Hunt, Michael & Barry J. O'Toole.(eds.) *Reform, Ethics and Leadership in Public Service*. Brookfield, Vermont: Ashgate.

Halligan, J.(1997). New Public Sector Models: Reform in Australia and New Zealand', in J.

E. Lane(ed). *Public Sector Reform: Rationale, Trends and Problems*. London: Sage.

Harmon, Michael(1981). *Action Theory for Public Administration*. New York: Longman.

Harquail, Ceilia V. & Taylor Cox, Jr.(1994). Organizational Culture and Acculturation, in Cox, Jr.(ed.). *Cultural Diversity in Organizations*. Berret Koehler.

Hassard, John(1996). Exploring the Terrain of Modernism and Postmodernism. in Organization Theory, in David M. Boje, Robert P. Gephart, Jr. & Tojo Joseph Thatchenkery(eds.). *Postmodern Management and Organization Theory*. Thousand Oaks, CA: Sage Publications.

Hennessy, Peter(1989). *Whitehall*. New York: Free Press.

Hewart(the Lord Hewart of Bury)(1929). *The New Despotism*, Ernest Benn.

Hirschman, Albert O.(1963). *Journeys Toward Progress: Studies of Economic Policy-Making in Latin America*. New York: The Twentieth Century Fund.

Hood, Christopher(1991). A Public Management for all Seasons?, *Public Administration*, 69(1): 3-19.

______(1996). Of Shocks and Long-Tenure, in J. P. Olsen & B. G. Peters(eds.). *Lessons from Experience: Learning About Administrative Reform*. Oslo: Scandinavian University Press.

Hughes, Owen E.(1998). *Public Management and Administration: An Introduction* (2nd ed.). Basingstoke: Macmillan Press Ltd.

______(2003). *Public Management & Administration: An Introduction*(3rd ed.). Macmillan.

Huse, Edgar F. & James L. Bowditch(1977). *Behavior in Organizations: A Systems Approach to Managing*(2nd ed.). Addison-Wesley.

Ilwin, Patrick H. & Frank W. Langham, Jr.(1966). Change Seekers. *Harvard Business Review*(Jan-Feb).

Ingraham, P.(1997). Play it again Sam; it's still not right: searching for the right notes in administrative reform, *Public Administration Review*, 57(4): 325-331.

Jacobs, M.(1998). A Strategic Approach to a Changing World. *Credit Union Magazine*, September, 4(9): 17-18.

Jenkins, Simon(1993). Sir Humphrey has a Place. *The Times*, 24 November.

Jennings, E. E.(1960). *An Anatomy of Leadership*. N.Y.: Harper.

Johns, E. A.(1973). *The Sociology of Organizational Change*. London: Pergaman Press.

Jones, G. N.(1966). Strategies and Tactics of Planned Organizational Change. *Philippine Journal of Public Administration*, 10(4): 320-342.

Jun, Jong S.(2009). The Limits of Post-New Public Management and Beyond. *Public Administration Review*, January/February.

Kaboolian, Linda(1998). The New Public Management: Challenging the Boundaries of the Management vs. Adminstration Debate. *PAR*, 58(3).

Kamensky, J.(1996). Role of the "Reinventing Government" Movement in Federal Management Reform. *Public Administration Review*, 56(3): 247-255.

Kanter, R. M., B. A. Stein & T. D. Jick(1992). *The Challenge of Organizational Change: How Companies Experience It And Leaders Guide It*. New York: The Free Press.

Kaufman, Herbert(1956). Emerging Conflicts in the Doctrines of Public Administration. *American Political Science Review*, 50(4): 1057-1073.

______(1981). Fear of Bureaucracy: A Raging Pandemic. *PAR*, 41(1): 1-9.

Kelly, R.(1998). An Inclusive Democratic Polity, Representative Bureaucracies, and the New Public Management. *Public Administration Review*, 58(8): 201-208.

Kemp, Anne(2001). Human Resources and Managing Strategic Change. http://www.bdrconsultants.com/agent_role.pdf

Kickert, W.(1997). Public Governance in the Netherlands: An Alternative to Anglo-American 'Managerialism.' *Public Administration*, 75: 731-752.

Kilduff, Martin & Ajay Mehra(1997). Postmodernism and Organizational Research. *Academy of Management Review*, 22(2): 453-481.

King, Cheryl & Camilla Stivers(1998a). *Government Is Us: Public Administration in an Anti-government Era*. Thousand Oaks, CA: Sage Publications.

King, Cheryl & Camilla Stivers(1998b). *Public Administration in an Anti-Government Era*. 오수길 외 옮김(2001). 「반정부시대의 행정」. 서울: 대영문화사.

Kliem, R. L.(1996). Managing the People Side of Client/Server Architecture. *Journal of Systems Management*, January/February: 24-28.

Kooiman, J.(2003). *Governing as Governance*. London: Sage Publications.

Kotter John P. & Leonard A. Schlesinger(1979). Choosing Strategies for Change. *Harvard*

Business Review, March/April.: 106－113.

Kotter, John P.(1995). Leading change: why transformation efforts fail. *Harvard Business Review*, March－April: 59－65.

______(1996). *Leading Change*. Harvard Business School Press.

______(1998). Winning at Change. Leader to Leader. No. 10 Fall http://www.pfdf.org/leaderbooks/l2l/fall98/kotter.html

______(1990). *A Force for Change: How leadership differs from management*. N.Y.: Free Press.

Leach, R. & J. Percy－Smith(2001). *Local Governance in Britain*. Houndmills: Palgrave.

Lichota－Ksiazek, Anna(2003). Sources of Resistance to Change as Challenges for an Internal and External Change Agent. http://www.ania－lichota－ksiazek.info/courses.htm#customized

Lippit, Jeanne Wastom & Bruce Westley(1958). *The Dynamics of Planned Change*. N.Y.: Harcourt Brace and Jovanovich.

Loh, M.(1997). *Re－Engineering at Work*(2nd ed.). Gower.

Lynn, Jr. L.(1998). The New Public Management: How to Translate a Theme into a Legacy. *Public Administration Review*, 58(3): 231－238.

Mansbridge, Jane(ed.)(1990). *Beyond Self－Interest*. Chicago: University of Chicago Press.

______(ed.)(1992). Public Spirit in Political Systems, in *Values and Public Policy*, edited by Henry J. Aaron, Thomas Mann, & Timothy Taylor. Washington, DC: The Brookings Institution.

March, James G.(1994). *A Primer on Decision Making: How Decisions Happen*. New York: Free Press.

March, James G. & Johan P. Olsen(1983). Organizing Political Life: What Administrative Reorganization Tells Us about Government. *American Political Science Review*, 77: 281－296.

______(1989). *Rediscovering Institutions*. New York: Free Press.

Markus, M. L. & R. I. Benjamin(1997). The Magic Bullet Theory in IT－Enabled Transformation. *Sloan Management Review*, Winter: 55－68.

McCabe, Barbara, & Janet Vinzant(1999). Governance Lessons: The Case of Charter Schools.

Administration and Society, 31(3): 361−377.

McCulloch, B. & I. Ball(1992). Accounting in the Context of Financial Management Reform. *Financial Accountability and Management*, 8: 7−12.

McCurdy, Howard E.(1977). *Public Administration: A Synthesis*. Menlo Park, Calif.: Cummings.

McSwite, O. C.(1997). *Legitimacy in Public Administration*. Thousand Oaks, CA: Sage Publications.

Metcalfe, L. & S. Richards(1990). *Improving Public Management* (2nd ed.), London: Sage Publications.

Miller, Hugh, & Charles Fox(1997). *Postmodern "Reality" and Public Administration*. Burke, VA: Chatelaine Press.

Milward, H. B. & H. G. Rainey(1983). Don't Blame the Bureaucracy. *Journal of Public Policy*, 3(2): 149−168.

Minogue, M., C., Polidano & D. Hulme(eds.)(1998). *Beyond the New Public Management*. Northhampton, MA: Edward Elgar.

Montgomery, J. D.(1967). *Sources of Administrative Reform: Problems of Power, Purpose and Politics*. Bloomington, Ind.: Comparative Administration Group.

Morley, J.(1903). *The Life of William Ewart Gladstone*. 3 Volumes. Macmillan.

Mosher, F. C.(1965). Some Notes on Reorganizations in Public Agencies, in R. C. Martin (ed.). *Public Administration and Democracy*. Syracuse: Syracuse University Press.

Nadler, D. A. & Tushman, M. L.(1997). *Competing by Design: The Power of Organizational Architecture*. New York: Oxford University Press.

Nutt, Paul C.(1986). Tactics of Implementation. *Academy of Management Journal*, 29(2).

Nutt, P. C. & R. W. Backoff(1997). Crafting a Vision. *Journal of Management Inquiry*, 6(4): 308−328.

OECD(1994). Performance Management in Government: Performance Measurement and Result−oriented Management, *OECD Occasional Papers*, No. 3, Paris.

Olsen, J. P.(2006). Maybe it is Time to Rediscover Bureaucracy? *Journal of Public Administration Research and Theory*, 16(1): 1−24.

Osborne, David. & Ted Gaebler(1992). *Reinventing Government: How the Entre−*

preneurial Spirit is Transforming the Public Sector. MA.: Addison−Wesley Publishing Company, Inc.

Osborne, David & Peter Plastrik(1991). *Banishing Bureaucracy.* MA.: AddisonWesley.

Ostrom, Vincent(1989). *Intellectual Crisis in American Public Administration.* Tuscaloosa, AL: University of Alabama Press.

Parker, Martin(1992). Post−modern Organizations or Postmodern Organization Theory? *Organization Studies*, 13(1): 1−17.

Pascale, R., M. Millemann & L. Gioja(1997). Changing the way we change. *Harvard Business Review*, 75(6): 126−139.

Pateman, Carole(1970). *Participation and Democratic Theory.* Cambridge, UK: Cambridge University Press.

Peters, B. Guy(1995). The Public Service, the Changing State, and Governance, in B. Guy Peters & Donald J. Savoie(eds.). *Governance in a Changing Environment*, Montreal: Canadian Centre for Management Development.

______(1996). *The Future of Governing: Four Emerging Models.* Lawrence: Kansas Univ. Press.

______(2001). *The Politics of Bureaucracy*(5th ed.). New York: Routledge.

Peters, B. Guy & Donald Savoie(1996). Managing Incoherence: The Coordination and Empowerment Conundrum. *Public Administration Review*, 56(3): 281−289.

Pierre, J.(1995). *Bureaucracy in the Modern State: An Introduction to Comparative Public Administration.* Aldershot: Edward Elgar.

Pierre, J. & Guy. Peters(2000). *Governance, Politics and the State.* New York: St. Martin's Press.

Playfair Commission(1975). Report of the Civil Service Inquiry Commission, P. P., [G1113].

Pollitt, Christopher(2003). Public management reform: reliable knowledge and international experience. *OECD Journal on Budgeting*, 3(3): 121−136.

Pollitt, Christopher & Geert Bouckaert(2004). *Public Management Reform: A Comparative Analysis*(2nd ed.). Oxford University Press.

Putnam, Robert(1995). Bowling Alone. *Journal of Democracy*, 6(1): 65−78.

Quinn, R. E.(1988). *Beyond Rational Management.* San Francisco: Jossey−Bass.

Rhodes, R. A. W.(1996). The New Governance: Governing without Government. *Political Studies*, 44: 652–667.

______(1997). *Understanding Governance: Policy Networks, Governance, Reflexity and Accountability*. Bristrol, PA: Open University Press.

Richards, D. & M. Smith(2002). *Governance and Public Policy in the United Kingdom*. New York: Oxford University Press.

Robbins, Stephen P.(1983). *Organization Theory*. Prentice–Hall.

______(2001). *Organizational Behavior* (9th ed.). Prentice–Hall.

Saint–Martin, D.(1998). Management Consultants, the State, and the Politics of Administrative Reform in Britain and Canada. *Administration and Society*, 30(5): 533–569.

Sandel, Michael(1996). *Democracy's Discontent*. Cambridge, MA: Belknap Press.

Schachter, Hindy Lauer(1995). Reinventing Government or Reinventing Ourselves: Two Models for Improving Government Performance. *Public Administration Review*, 55(6): 530–537.

______(1997). *Reinventing Government or Reinventing Ourselves*. Albany, NY: State University of New York Press.

Searle, G. R.(1990). *The Quest for National Efficiency: A Study in British Politics and Political Thought 1899–1914*. Ashfield Press.

Selznick, Phillip(1949). *TVA and the Grass Roots*. Berkeley: University of California Press.

______(1992). *The Moral Commonwealth*. Berkeley, CA: University of California Press.

Senge, Peter Michael(1990). *The Fifth Displine: The Art and Practice of the Learning Organization*, New York: Doubleday.

Sharkansky, Ira(1978). *Public Administration: Policy Making in Government Agency*, (4th ed.). Chicago: Rand McNally College Publishing Co.

Siedentopf, Heinrich(1982). Introduction: Government Performance and Administrative Reform, in Caiden, Gerald E. & Heinrich Siedentopf (eds.). *Strategies for Administrative Reform*. Lexington, Massachusetts: Lexington Books.

Tearle, Ruth(2004). The role of a change master: From Change Agent to 'Change Master,' http://www.changedesigns.co.za/The_role_of_a_change%20master.htm

Thompson, G., J. Frances, R. Levacic, & J. Mitchell(eds.)(1991). *Markets, Hierarchies and*

Networks: The Coordination of Social Life. London: Sage.

Wamsley, Gary L., et al.(1987). The Public Administration and the Governance Process: Refocusing the American Dialogue. in Ralph C. Chandler. *A Centennial History of the American Administrative State*, 291−317. NY: The Free Press.

Want, J. H.(1995). *Managing Radical Change: Beyond Survival in the New Business* Age. New York: John Wiley & Sons, Inc.

Washington, Marvin, Stephen Hacker, & Marla Hacker(2004). Five Components of Successful Change: The importance of Vision, Leadership, Strategic Plan, Political Plan, and Burning Platform in undergoing Transformation Projects. in http://mwashington.ba.ttu.edu/FIVE%20COMPONENTS%20OF%20SUCCESSFUL%20CHANGE−anahuac.pdf

Whole, Elmer P.(1949). The Hoover Commission Report. *Political Science Quarterly* September: 405−419.

Wilson, J. Q.(1989). *Bureaucracy*, New York: Free Press.

Wright, M.(1969). *Treasury Control of the Civil Service*. Oxford University Press.

찾•아•보•기

ㅅ

ㅊ

ㅋ

저자 소개

이종수(李鍾受)

서울대학교에서 학사, 석사, 박사학위 취득
UC. Berkeley Research Associate
日本 中央大學校 政策文化研究所 招聘研究員
한국행정학회 회장 역임
서울행정학회 회장 역임
한국행정사연구회 회장 역임
한국정치학회 이사
행정고시, 사법고시, 외무고시 출제위원
한성대학교 행정학과 명예교수(현)

[저서 및 역서]
『정부는 공정한가』(대영문화사, 2012)
『새 행정윤리』(대영문화사, 2012)
『새 미래의 행정』(대영문화사, 2010)
『행정학사전』(대영문화사, 2009, 개정판)
『행정학 외래어사전』(한성대학교출판부, 2009)
『새행정학』(대영문화사, 2012, 6정판)
『새인사행정론』(대영문화사, 2011, 개정6판)
『정부혁신의 미래 비전』(한국행정연구원, 2006)
『정부혁신의 메커니즘과 전략』(대영문화사, 2005)
『일본의 행정개혁』(도서출판 한울, 2002)
『한국행정론』(대영문화사, 1998)
『지방자치 이렇게 해야 한다』(한겨레신문사, 1995)
『행정과 가치』(법문사, 1988) 외

전주상(全宙相)

서울대학교 법학사 및 행정학 석사/박사
한성대학교 기획처장, 사회교육원장, 행정대학원장
서울행정학회 회장
각종 공무원 및 자격 시험 출제위원(행정학, 지방자치론, 사무관리론)
한성대학교 사회과학부(행정 트랙) 교수(현)

[저서]
『행정윤리론』(대영문화사, 2018)
『행정』(조명문화사, 2015)
『새행정학 2.0』(대영문화사, 2014)
『공직사회의 낭중지추를 찾아서』(법문사, 2013)
『공정사회와 갈등관리』(법문사, 2013)
『지방자치론』(박영사, 2012) 외

개정판
새행정개혁론

펴낸날 제1판 제1쇄 2013년 1월 5일
개정판 제1쇄 2022년 3월 3일
지은이 이종수 · 전주상
펴낸이 임춘환
펴낸곳 도서출판 **대영문화사**
주소 (본사) 사무실: 경기도 고양시 일산서구 주화로 70
우신프라자 307호 (우) 10387)
(본사) 물류센터: 경기도 고양시 일산서구 덕산로
107번길 68-50 (우) 10205)
등록 1975년 12월 26일 제3-16호
전화 (031) 913-3062, (031) 914-3884~5
팩스 (031) 913-3839
홈페이지 http://www.dymbook.co.kr

ISBN 978-89-7644-863-7
값 20,000원